智慧旅游导论

张建春　主　编
陈　亮　副主编

浙江工商大学出版社
ZHEJIANG GONGSHANG UNIVERSITY PRESS

图书在版编目(CIP)数据

智慧旅游导论 / 张建春主编. —杭州:浙江工商
大学出版社,2015.12(2018.11重印)
  ISBN 978-7-5178-1492-4

  Ⅰ.①智… Ⅱ.①张… Ⅲ.①旅游业发展—研究
Ⅳ.①F590.3

  中国版本图书馆 CIP 数据核字(2015)第 322384 号

智慧旅游导论

张建春主 编 陈 亮 副主编

责任编辑	张婷婷	
责任校对	张春琴	
责任印制	包建辉	
出版发行	浙江工商大学出版社	
	(杭州市教工路 198 号 邮政编码 310012)	
	(E-mail:zjgsupress@163.com)	
	(网址:http://www.zjgsupress.com)	
	电话:0571-88904980,88831806(传真)	
排 版	杭州朝曦图文设计有限公司	
印 刷	虎彩印艺股份有限公司	
开 本	787mm×1092mm 1/16	
印 张	13.5	
字 数	290 千	
版 印 次	2015 年 12 月第 1 版 2018 年 11 月第 3 次印刷	
书 号	ISBN 978-7-5178-1492-4	
定 价	39.00 元	

前　　言

由于信息技术,特别是互联网的飞速发展,传统的旅游产业以时不我待的气势迅速进入智慧旅游时代。智慧旅游依靠现代技术进步与信息传播手段的创新,彻底改变了传统旅游产业的运行模式,极大地提高了旅游产业的运营与旅游管理效率与效益,改善了旅游供求关系,增加了旅游消费者的效用,增强了旅游企业的核心竞争力。

智慧旅游的发展,既符合国家将旅游产业定位为国民经济的战略性支柱产业与人民群众更加满意的现代服务业的发展要求,也是旅游业实现自身产业转型升级的迫切需要,更是旅游消费者个性化与智慧旅行发展的内在需求。随着"互联网＋"、物联网、"大数据"、"云计算"等现代技术手段的日新月异以及"虚拟实景""智慧体验店""智慧旅行""智慧营销"等智慧旅游产品和智慧旅游服务手段的不断创新,可以预见,智慧旅游将显著地改变我们的旅游休闲方式,让我们的生活变得更加美好。

要让智慧旅游惠及全人类,智慧旅游教育与智慧旅游人才培养是根本。培养多样化复合型人才,继承与创新旅游行业技能,促进大学生的创新创业是旅游管理等应用型专业的基本培养目标。旅游管理专业的教育工作者有责任和义务去推进智慧旅游教育与培训的发展。本书正是为了在旅游管理专业的大学生中普及和宣传智慧旅游的理念、方法与手段而编写的一部教材,目的是改进高校旅游管理专业传统教育的教学方法与教学手段,通过网络平台和移动终端,将学习者与智慧旅游市场有机结合起来,实现应用型旅游专业教学源于应用、教学高于应用的教学理念,壮大智慧旅游市场服务人员队伍,从而更加有力地促进我国智慧旅游的蓬勃发展。

本教材在编写过程中得到了浙江航大科技开发有限公司授权提供的实训案例"浙科酒店管理模拟教学软件与实训手册及相关系统操作资料"、杭州卡米信息技术有限公司授权提供的实训案例"景区导游虚拟实训系统软件与实训手册及相关系统操作资料"、宁波君瀚电子科技有限公司和上海金棕榈企业机构授权提供的实训案例"金棕榈智慧旅游系统软件相关系统操作资料"、北京中长石基信息技术股份有限公司开发的实训案例"ShijiPMS 酒店管理系统软件",以及深圳市中视典数字科技有限公司开发的实训案例"三维虚拟酒店实训系统软件"等教材案例资料,在此一并致谢!

限于编者的水平、单位财力,再加上当今智慧旅游的迅速成长,本教材只是一部学习智慧旅游的实训与启蒙教材,今后还需要不断更新软硬件内容以实现与时俱进。书中存在的不足和错误还望广大读者批评指正,共同开创我国智慧旅游新篇章。

目　　录

第 1 章　智慧旅游概述

1.1　智慧旅游兴起

人类社会经历了原始社会、农业社会、工业社会与信息社会，目前正处在信息社会飞速发展期。随着智慧旅游、智慧城市、智慧交通、智慧家居、智慧电网、智慧医疗、智慧农业、智慧物流、智慧社区、智慧校园、智慧环保、智慧安防等"智慧＋"的出现，以及互联网金融、互联网工业、互联网农业、互联网商业等"互联网＋"的出现，现代社会已进入数字化、云平台、全息化的发展阶段，未来社会智慧化发展必将进入泛在化发展阶段。

随着我国经济发展方式转变和产业结构调整，移动互联网、云计算、大数据、物联网等新一代信息技术与现代生产和服务业的融合创新不断催生新的产业业态，互联网及其所覆盖的各行各业将成为推动世界经济发展的新引擎，为经济全球化创造无限的可能，互联网已完全植入社会生产、消费、流通、服务与管理等各领域。

2015 年李克强总理在政府工作报告中首次提出，制定"互联网＋"行动计划，"互联网＋"随即成为全社会关注和讨论的热点。智慧是人类创造性的思维。互联网文明已取代工业文明。

国家旅游局将 2014 年定为"智慧旅游"主题年，阿里巴巴在美国上市，携程、途牛、驴妈妈、去哪儿、阿里旅行、艺龙、众信旅游等一大批互联网在线旅游平台企业利用"互联网＋旅游"或"智慧＋旅游"，在中国甚至在全世界率先抢占智慧旅游市场，从而引发新一轮旅游产业的大发展、大进步。

旅游业本身是一个综合性的产业，涉及面广，信息来源复杂多样，旅游消费者群体也十分庞大，旅游活动在时空上的供需矛盾始终约束着旅游产业的发展，而智慧旅游打破了传统旅游产业的枷锁，通过在线化、自动化、智能化、数字化、智慧化、泛在化、人性化、全息化、便捷化、平台化、个性化、社交化、移动化、大数据化等方法与手段开创了旅游产业发展的新时代。

中国有世界第一的人口资源，中国的固定宽带用户、移动手机用户、网络应用软件用户居全球首位。中国的网络公司，如阿里巴巴、腾讯、百度、京东以及华为、蚂蚁金服、小米等上市或非上市公司均已成为全球知名的互联网公司。随着旅游在线交易量的上升,同程、驴妈妈、携程、去哪儿等 OTA 线上产品占整个旅游产品的比重在不断上升。智慧旅游正引领旅游产业的创新发展,必将以更低的成本、更快捷的服务、更智能化的产品、更人性化的关怀推动旅游产业的飞速发展。

表 1-1 智慧旅游兴起

序号	内容	注释及参考文献
1	智慧旅游源于"智慧地球(Smarter Planet)"以及在中国实践的"智慧城市(Smarter Cities)"理念。2008 年国际商用机器公司(IBM)首席执行官彭明盛(Sam Palmisano)首先提出了"智慧地球"的概念,指出智慧地球的核心是以一种更智慧的方法通过利用新一代信息技术来改变政府、公司和人们相互交互的方式,以便提高交互的明确性、效率、灵活性和响应速度。而"智慧城市"是"智慧地球"从概念到实际,把设想落地到城市的举措。	李云鹏:《智慧旅游规划与行业实践》,旅游教育出版社 2014 年版,第 2 页。
2	2000 年 12 月 5 日,加拿大旅游业协会的菲利普斯(Phillips)在他的演讲中将智慧旅游定义为,"简单地采取全面的、长期的、可持续的方式来进行规划、开发、营销旅游产品和经营旅游业务"。	Phillips S G. The tourism industry association of Canada. www. slideshare. com,2000-12-05.
3	国外将信息技术应用于旅游业的研究和实践开展得比国内早,如欧盟早在 2001 年的"创建用户友好的个性化移动旅游服务"项目、韩国旅游局的"移动旅游信息服务项目"。	王宏星:《移动互联网技术在旅游业中的应用研究》,浙江大学硕士论文,2004 年。
4	2009 年 1 月 28 日,在西班牙马德里举行的联合国世界旅游组织旅游委员会第一次会议上,助理秘书长李普曼(Lipman)号召会员国和旅游业部门努力实现"智慧旅游",而他的定义是把智慧旅游作为旅游服务链的各个环节清洁、绿色、道德和质量 4 个层面。	UNWTO. Tourism resilience ommittee tresses need for"Smart Tourism". www. slideshare. com,2012-03-11.
5	2011 年,英国的"智慧旅游组织"给出了智慧旅游的定义:在旅游部门使用和应用技术称为"数字"或"智慧"旅游。	The use and application of technology in the tourism sector has been called"digital" or "smart" tourism. www. smarttourism. org,2012-03-11.
6	2012 年 3 月,美国圣十字学院助理教授莫兹(Molz)在她出版的一本书中把智慧旅游定义为使用移动数字连接技术创造更智慧、有意义和可持续的游客与城市之间的关联。她认为,智慧旅游代表更广泛的公民深度参与旅游的形式,而不仅是一种消费形式。	Molz J G. Travel Connections:Tourism,Technology and Togetherness in a Mobile World. London:New York:Routledge,2012.
7	2009 年《国务院关于加快发展旅游业的意见》提出,要把旅游业培育成国民经济的战略性支柱产业和人民群众更加满意的现代服务业,发展智慧旅游是实现旅游业两大战略目标的客观要求。2011 年国家旅游局提出:我国将争取用 10 年左右时间,使旅游企业经营活动全面信息化,基本发展成高信息含量、知识密集的现代服务业,初步实现基于信息技术的"智慧旅游"。	李云鹏:《智慧旅游规划与行业实践》,旅游教育出版社 2014 年版,第 3 页。
8	2013 年 11 月 5 日,国家旅游局正式公布"美丽中国之旅——2014 智慧旅游年"。	国家旅游局

序号	内容	注释及参考文献
9	2007 年上海世博会,智慧旅游初步体验。国家旅游局在南京试点"智慧旅游"城市。全市四星级以上酒店、旅游咨询中心等处有 100 多台旅游信息屏。在"总导航"主页面,南京所有景点等信息全部呈现。	王辉,等:《智慧旅游》,清华大学出版社 2012 年版,第 8 页。
10	2010 年江苏省镇江市在全国率先提出"智慧旅游"概念,2011 年 6 月镇江市建设了国家智慧旅游服务中心。	郑耀星、叶颖:《智慧旅游:未来旅游业发展新趋势——基于 4G 技术支撑下的景区转型升级》,《资源开发与市场》2014 年第 30 卷第 5 期,第 607 页。
11	智慧旅游的研究内容分为基础理论研究、智慧旅游发展实践研究、支撑技术、智慧旅游教育、智慧旅游评价指标及游客体验六个方面。	暴莹:《国内智慧旅游研究回顾与展望》,《生产力研究》2016 年第 6 期,第 157 页。
12	智慧旅游产生于以云计算为基础的大数据时,以其独有的"智慧"处在旅游信息化的高级阶段。	周倩:《基于旅游消费市场的智慧旅游本质探析》,《消费经济》2014 年第 10 期,第 128 页。
13	"一心、两端、三网"的智慧旅游系统。"一心"主要指建立旅游超大数据库或者云计算中心。"两端"是指服务端和使用端。"三网"是指物联网、互联网和移动通讯网。	刘军林、范云峰:《智慧旅游的构成、价值与发展趋势》,《重庆社会科学》2011 年第 10 期,第 121—124。
14	张凌云等学者首次提出智慧旅游的 CAA 框架系,即由智慧旅游的能力(Capabilities)、属性(Attributes)、应用(Applications)三个层面构成的智慧旅游研究体系。	张凌云:《智慧旅游:个性化定制和智能化公共服务时代的来临》,《旅游学刊》2012 年第 2 期,第 3—5 页。
15	智慧景区、城市智慧旅游、虚拟旅游社区、智慧旅游服务中心、智慧旅行社、智慧饭店、智能导游、智慧旅游乡村、旅游 APP、旅游电子政务。	资料汇总
16	实现"智慧旅游"就是要在旅游信息化的基础上,通过更全面的数据共享、交换、互联,为旅游者提供更加富有人性,体现个性和更加智能的服务,使我们旅游业的发展实现第二次腾飞。	李梦:《"智慧旅游"与旅游信息化的内涵、发展及互动关系》,选自中国旅游研究院:《2012 中国旅游科学年会论文集》,第 21—27 页。
17	根据 Pho Cus Wright 的数据统计,2015 年欧洲已成为全球最大的在线旅行区域,亚太地区也占据全球旅游市场的 20% 左右。智慧旅游才是旅游业的未来,适合作为对未来旅游业展望的基础,其组成部分可以重新定义为:智能航空、智能酒店、智能旅游目的地、智能旅行社和智能旅游组织者。	唐亮:《"互联网+"背景下智慧旅游带动旅游产业发展分析》,《吉林工商学院学报》2016 年第 6 期,第 13 页。
18	欧盟于 2001 年就把"建立消费者友好的个性移动旅游服务"项目作为旅游发展的目标。伦敦在 3G 网络通信系统的基础上,推出了专门针对游客的智能导游系统。在 2005 年位于美国科罗拉多州的 Steamboat 滑雪场,为了能给游客提供更进一步安全便捷的服务,该滑雪场推出了为游客量身打造的 RFID 定位装置反馈系统。	唐晨铭、李少游:《基于智慧旅游的智慧景区打造研究——以柳州白莲洞遗址公园为例》,《桂林师范高等专科学校学报》2014 年第 4 期,第 70 页。

1.2 智慧旅游内涵

智慧旅游是一个综合概念,智慧旅游是以旅游消费者为中心而创立的,智慧旅游使一切都变得越来越快捷与方便。智慧(Wisdom)在《朗文高阶英汉双解词典》中被解释为"有很好的判断及做出明智决策的能力";新英汉词典解释 Smart 为轻快、敏捷、精明。这表明智慧旅游与传统旅游相比,旅游决策更加精准,旅游出行更加便捷,旅游服务更加智能,旅游体验更加全面,旅游过程更加满意。

近年来,互联网旅游已经成为旅游经济发展的新动力与新引擎。随着新一代信息与通信技术(ICTs)的发展,我们的社会正在经历着翻天覆地的变化。互联网、物联网使大数据与云计算得到应用。互联网加入社会基础设施的行列,不仅大大方便了人类的生产生活,更重要的是提高了人类社会的智慧,延伸了人类的各种感官认知,流量、跨界、平台、教育、社会化等新思维大大提高了人类思维的广度与深度。互联网以大数据作为新生产要素,以云、网、端作为基础设施,以去中介化、定制化、协同化作为新业态,以实现连通一切、融合一切为发展目标。利用互联网旅游产业可以提升传统旅游产业的服务质量,整合各类旅游资源,进行更加科学的旅游规划、营销、服务、管理与运营。

智慧旅游主要是通过互联网以及数字技术将信息、通信技术与传统的旅游配套服务设施融合,使旅游的食、住、行、游、娱、购等传统功能与文化、资讯、信息、环境、教育、制度、秩序等新功能更加有效地融合在一起,并向旅游者提供服务的一种理念与方法。智慧旅游主要包括三个阶段与九个层面:三个阶段指旅行前、旅行中与旅行后的旅游产品生产、消费与服务的智能化;九个层面指智慧旅游餐饮、智慧旅游酒店、智慧旅游交通、智慧旅游景区、智慧旅游文娱生活、智慧旅游通讯、智慧旅游金融、智慧旅游环境与智慧旅游监管。智慧旅游从满足游客价值的角度出发,充分发挥智能导游、导航、导购、导服等功能,提升旅游者体验和旅游活动的品质。智慧旅游使旅游管理更加动态、主动,由事后管理向事中实时与提前预测管理转变。智慧旅游通过旅游大数据分析,发掘旅游热点,为游客定制策划个性化的旅游产品,并进行精准营销,提高旅游服务的科学技术水平,改变传统的以经验、感觉、案例分析判断为主的旅游产品生产服务模式,智慧旅游推动旅游产品策划与设计向精细化、科学化、定制化方向发展。智慧旅游的目的就是尽可能实现让旅游消费者在任何时空条件下与旅游相关联的事物高效便捷地连接起来,以满足旅游消费者在旅游过程中的各种旅游需求,实现旅游企业、政府和消费者无缝对接与共享共赢。

Baggio 和 Del Chiappa (2014)认为:智慧旅游是旅游企业应用技术设施,向消费者提供的网络系统,以便达到创造一个合作共赢、知识共享与开放创新的数字环境。由此可见,旅游不仅仅是一个劳动力密集型产业,也是一个信息密集型产业。智慧旅游的核心就是旅游信息高效与高收益的传播与交流、分享与开发的过程。智慧旅游的在线即时综合旅游服务是其重要的核心。

表 1-2　智慧旅游定义

序号	内容	注释及参考文献
1	智慧旅游是指利用云计算、物联网等新技术，通过互联网（或移动互联网），借助便携的终端上网设备，主动感知旅游资源、旅游经济、旅游活动、旅游者等方面的信息并及时发布，让人们能够及时了解这些信息，及时安排和调整工作与旅游计划，从而达到对各类旅游信息的智能感知、方便利用的效果。	王辉等：《智慧旅游》，清华大学出版社 2012 年版，第 9 页。
2	智慧旅游依托智能旅游的技术基础，凭借先进的智能化手段，将以物联网、云计算、射频技术等最新科技信息革命的成果注入为旅游者服务中去，通过超级计算机和云计算将"物联网"整合起来，实现人与旅游资源、旅游信息的整合，以更加精细和动态的方式管理旅游景区，从而达到"智慧"状态。	李云鹏等：《智慧旅游：从旅游信息化到旅游智慧化》，中国旅游出版社 2013 年版，第 45—46 页。
3	智慧旅游是旅游者个体在旅游活动过程中所接受的泛在化的旅游信息服务。泛在化的旅游信息服务导致了旅游信息流重构、旅游业务重组、旅游组织优化，也引起了旅游信息组织方式、旅游管理方式、旅游营销方式、旅游者接待服务方式发生了根本性改变。	李云鹏：《智慧旅游规划与行业实践》，旅游教育出版社 2014 年版，第 10 页。
4	智慧旅游是通过运用相关智慧技术，促进旅游政务和涉旅企业管理变革，满足游客个性化体验，并最终实现各方利益相关者的价值增值的旅游运行新模式。	暴莹：《国内智慧旅游研究回顾与展望》，《生产力研究》2016 年第 6 期，第 157 页。
5	智慧旅游是一种新的旅游信息交互方式。	周倩：《基于旅游消费市场的智慧旅游本质探析》，《消费经济》2014 年第 10 期，第 129 页。
6	智慧旅游的根本在于旅游业本身特别是旅游者，由于旅游者行为模式和需求变化而引发的新技术应用是智慧旅游的原动力，同时最新技术应用也引导旅游者行为模式和需求变化。	李云鹏、胡中州等：《旅游信息服务视阈下的智慧旅游概念探讨》，《旅游学刊》2014 年第 5 期，第 109 页。
7	智慧旅游是一种融合最新科技成果，以旅游者自主体验为核心，以全方位、一体化的旅游行业信息管理服务活动为基础，服务于旅游者、旅游企业、目的地政府的全新旅游发展理念与运营方式。	付业勤、郑向敏：《我国智慧旅游的发展现状及对策研究》，《开发研究》2013 年第 4 期，第 62—65 页。
8	智慧旅游是依托云计算、移动通信技术，通过物联网实现信息交换，以移动智能终端为操作和体验平台的新兴旅游；智慧旅游发展的最终目的是以消耗最低成本来实现资源共享、利益共赢、环境共建、社会共发展的正趋势。	郑耀星、叶颖：《智慧旅游：未来旅游业发展新趋势——基于 4G 技术支撑下的景区转型升级》，《资源开发与市场》2014 年第 30 卷第 5 期，第 608 页。

续　表

序号	内容	注释及参考文献
9	旅游信息化狭义上讲是旅游信息的数字化,即把旅游信息通过信息技术进行采集、处理、转换,能够用文字、数字、图形、声音、动画等来存储、传输、应用的内容或特征;广义上讲是指充分利用信息技术,对旅游产业链进行深层次重构,即对旅游产业链的组成要素进行重新分配、组合、加工、传播、销售,以促进传统旅游业向现代旅游业的转化,加快旅游业的发展速度。	张凌云、黎巎、刘敏:《智慧旅游的基本概念与理论体系》,《旅游学刊》2012年第5期,第68页。
10	智慧旅游又称智能旅游,是近年来互联网快速发展的产物,其主要从旅游者互动体验角度出发,以物联网、信息数据处理、云计算、4G通信等技术在旅游服务、旅游管理、旅游营销等方面加以应用,有效地将旅游资源进行系统和深度整合,保证旅游者得到最好的服务,旅游企业则获取最大价值的全新的一种旅游形态。	唐亮:《"互联网+"背景下智慧旅游带动旅游产业发展分析》,《吉林工商学院学报》2016年第6期,第12页。
11	将物联网、互联网、移动通信等高科技手段 广泛运用于旅游业,旨在全面提升旅游体验,以实现"吃、住、行、游、购、娱"等要素的重新整合。	蔡蓉蓉、张维亚:《基于结构方程的智慧旅游满意度实证研究》,《资源开发与市场》2015年第31卷第3期,第378页。

1.3　智慧旅游开发意义

旅游产品具有综合性、服务性以及不可移动和不可存储的特点,旅游产品的生产和销售需要在旅游消费与旅游服务的过程中完成。而且旅游产品包含食、住、行、游、购、娱等大量的有形与无形的产品信息,旅游产品受实物物流的制约较少,旅游销售与购买存在一定的时空差距,因此,旅游销售与宣传在旅游产业中占据重要的地位。智慧旅游引导和规划旅游产业要素的合理配置和融合,构建诚信、规范、健康、和谐的旅游产业环境以及多层次、多业态旅游产业集群,促进旅游营销手段的现代化,推动旅游产业转型升级与在更大和更广阔的领域合作创新。

目前,旅游消费领域中的中高端、深度游与延展小包团旅游、自由行、主题游已成为时尚,而旅游信息化、智慧化则可以24小时全天候地开展信息化服务,更有效地将各类旅游信息推介给消费者,最终实现旅游信息流、资金流、人流的互联互通与协调整合,使旅游消费者获得前所未有的流畅体验,大大促进了旅游企业、旅游者与政府之间的信息沟通与交流。

智慧旅游通过"互联网+"等信息化手段,大大推进了旅游产业与关联产业的互联、互通、交叉、渗透、融合、集群与一体化进程,创新了旅游业态,催生了智慧旅游休闲、智慧旅游文化、智慧旅游经济、智慧旅游工业、智慧旅游农业等新业态,拓展了旅游产业链与产品链,促进了旅游产业的规模经济、范围经济与集群经济效益。智慧旅游依托新一代互联网、云计算、大数据分析等信息技术,采用智慧的方式,将旅游资源、旅游需求者与旅游供应商以及旅游管理部门各系统融合整合到云平台上,为旅游市场服务。智慧旅游应该为实现旅游产业的技术创新、产业支撑和促进经济社会发展做出应有的贡献。智慧旅游更是一种观念,即对及时的、可实施的、高价值的产品与思想的追求。

智慧旅游必然改变传统旅游业的运行模式、企业流程及产业联动方式。智慧旅游有利于缓解与解决旅游产业固有的矛盾,即旅游者不断增长的个性化与对价廉物美的旅游产品的需求和相对固定与相对滞后的旅游资源供应企业之间的矛盾。消费者希望降低成本、旅短游长、旅游服务高效快捷,在旅游计划、决策、预订、行程、支付与评估中维护个人利益,达到最佳收益。企业则希望更加有针对性地进行营销、促销,增加旅游产品供应与销售,扩大旅游总体效益。政府旅游管理部门希望尽可能全面、实时、实地地掌握游客的数量、收入、旅游行为,防范不必要的风险。智慧旅游大大促进了旅游产业的重组整合、变革发展与做大做强,较好地解决了旅游产业要素之间的矛盾。具体而言,智慧旅游开发的意义主要表现在以下几方面:

从旅游企业角度来看,互联网思维呈现出多种模式,如跨界思维、平台思维、大数据思维、社会化思维、流量思维、迭代思维、极致思维、简约思维、用户思维。旅游企业的互联网思维是重网络、重规模经营、重锁定客户,讲效率、轻资产。因此,依托大数据进行精准旅游广告投放,可以实现旅游信息的可视化、大规模传播,使得旅游信息的受众范围更大,旅游信息发布更加及时。旅游消费者的智能感知,使得旅游潜在市场开发的价值更高。旅游企业推出更多的定制化的旅游产品和服务,使得景区旅游内容更加丰富,更加贴近生活与娱乐休闲发展。如携程、艺龙、去哪儿、去啊(淘宝旅行)等直接提供服务,而客户可通过网络、App、微信甚至门店直接进行预订。旅游企业的网络化管理,可以对旅游预订、流程、服务、支付系统实行统一的代码体系、核算标准、权限控制、销售及用户管理,能够支持不同时空下所有客户端各项综合需求的管理,使会员、客户、供应商、OTA、淘宝、微信、App、官网、官微、微店等所有渠道系统直连,实现查询、咨询、预订、活动、支付、反馈等手段的多样化,而信息管理数据中心可实现实时对预订、客源、经营、销售渠道等资源的统筹管理。

越来越多的旅游企业利用媒体作为自身的销售平台,如搜索引擎排名、关键词的流行程度、相关性的搜索引擎、在页面取得较高的排名等,广告互换、流量互换、信息发布推广、病毒营销、快捷网址推广等均成为互联网与智慧旅游时代商家重要的营销手段。由此可见,智慧旅游使得各类旅游经营企业可以直接面对市场,进行各类资源的整合与使用,减少传统的旅游中间商的佣金,降低经营成本。智慧旅游使得旅游企业运营、推送手段更加多样化,电子商务交易、手机移动端消费、微信等"四微"宣传、虚拟全景漫游等线上线下创意宣传成为旅游宣传营销的主动力,有利于旅游企业自媒体营销和在线直销的开展,降低管理、服务、营销的成本,增加电子商务的份额,实现旅游企业的转型升级与业绩提升。智慧旅游使得旅游企业绩效提升空间更大,大大提升了旅游服务的质量,如与消费者的沟通更加高效,信息更加安全可靠,面对市场变化的响应与接触力更快更强；智慧旅游使得旅游产品质量有了更大的提升，旅游服务更加及时、准确与可信赖；旅游的成本更低、质量更好，旅游消费者的满意度更高。

从旅游者角度来看，旅游者是智慧旅游建设受益的主体，旅游消费者通过云计算和移动手机得到更好的旅游体验，获取信息更加便利，服务支付成本更低。"互联网＋"的含义就是连接一切，跨界融合，通过智慧网络与大数据使得旅游产品、旅游线路、旅游要素与旅游信息整合成为可能，更加方便旅游消费者的选择。消费者通过智慧旅游网络与平台消费，旅游成本更低，使用产品更加便利，与旅游企业的互联互通更加畅通。如旅游消费者通过线上搜索和比价，最后实现线上预订、支付和分享。同时，旅游消费者通过网络与移动终端主动感知与智能化利用各类旅游信息，并对获得的旅游信息进行更加便捷的咨询、签约与支付，使得旅游者在旅前、旅中与旅后均能享受诸如预订、交易手段的瞬间快捷，使得游客个性化、情感需求以及主动参与产品的设计与制造的愿望得到更好的满足。

从旅游管理角度来看，智慧旅游为旅游行业跨界化管理，进行传统产业与旅游产业融合，在旅游范围和旅游要素不断增加的情况下，使智慧化的旅游管理更加便利高效。如对游客行为追踪，实施电子政务管理；对旅游产品不可控性和多变性进行管控，对旅游路线、旅游产品包装、旅游服务质量、游客反馈意见等各方面进行在线管理。实现了旅游管理，上控资源、中控技术和大数据、下控客源的目的。实施智慧旅游还便于管理者实时统计分析旅游产业的运行态势和变化趋势，通过游客手机来开展定位、消费抽样调查，旅游满意度调查等活动。

智慧旅游政务是指利用物联网、云计算、移动互联网、人工智能、大数据分析、知识管理等技术与手段，提高政府办公、监管、服务、决策的智能化水平，形成高效、敏捷、便民的新型政务方式。智慧旅游时代下的公共服务体系将面对更多散客，用信息与网络将旅游者、旅游供应商、旅游监管部门有机地串联起来是智慧旅游管控系统的基本功能，最终将旅游交通、无障碍旅游、旅游安全、旅游环境、旅游教育培训、旅游政务、旅游救助、旅游志愿者服务等工作快速智慧地组织起来，提高各项工作的时效性和针对性，共同为旅游市场提供服务。

智慧旅游使得政府能够更好地进行旅游信息资讯服务和旅游公共管理服务，更有利于政府通过政策、标准、示范来引导市场建设参与大数据的开发、配套和衔接工作。智慧旅游远比以往任何传统旅游所创造的产品与服务复杂。旅游管理者还可以针对线上线下获取的各类信息进行交互式的动态管理，并且由事后补救管理向事先预防管理转变，利用互联网根治旅游企业各种虚假、欺诈与不良行为等顽症。

未来，国家应该尽快出台智慧旅游行业标准，提升智慧旅游信息化综合服务平台的服务水平，加强旅行社、景区与酒店有机整合，强化区域旅游综合体与旅游集团信息化规划与建设。智慧旅游信息化平台一般需要具备云平台、网络化的管理，实现旅游资源整合共享与一体化管理。

从旅游其他相关利益者角度来看，互联网使得旅游在国际贸易平衡与国内消费潜力增长中发挥更大的作用。智慧旅游可以使旅游产业部门与农业、商贸、文化等部门实现跨界合作，推进区域内旅游企业的智能化。基于大数据的旅游产业监管服务平台可以更畅通地接入公安、边防、高速、民航、航运、公路、移动通信、商贸、文化、教育、健康、医疗、气象、海洋、环保等涉及旅游行业的大数据，从而更好地带动旅游相关产业与部门的发展，促进国家与区域经济及社会的可持续发展。

表 1-3　智慧旅游开发意义

序号	内容	注释及参考文献
1	宏观层面——有助于促进旅游产业转型升级。 中观层面——有助于提升旅游行业的整体竞争力。 微观层面——有助于提高旅游业各要素和环节的服务质量和水平。	陈琳：《智能旅游浅析》，《中国旅游报》2011 年 4 月 25 日。
2	智慧旅游使旅游管理和旅游服务在手段上进一步提升。智慧旅游是旅游业真正迈向现代服务业的重要依托。智慧旅游使旅游产业融合有了更广阔的可落实空间。	李云鹏等：《智慧旅游：从旅游信息化到旅游智慧化》，《中国旅游出版社》2013 年版，第 69—70 页。
3	智慧旅游是基于高科技的基础设施，通过数据统计与智能分析有效配置资源，实现旅游管理的科学决策，为旅游者提供任何时间、地点和人的泛在化服务，提高旅游产业链效率，促进旅游产业结构向资源节约型和环境友好型转变。	康宇航：《基于可视化的三阶段技术跟踪模型及实证研究》，《科学学研究》2009 年第 2 期。
4	智慧旅游是以移动互联网、物联网、云计算、地理信息系统、人工智能等先进技术为基础，主动感知、全面整合、高效开发旅游信息资源，在很大程度上改变旅游的消费方式、经营方式和管理方式；提高旅游服务质量，满足游客的个性化需求，提升旅游体验；促进旅游产业的转型升级。	纪祖宁：《智慧旅游下烟台旅行社的发展研究》，《旅游管理研究》2014 年 1 月下半月刊，第 45 页。
5	智慧旅游依托物联网、大数据、互联网、移动通信技术等，优化旅游活动、提升游客体验，同时帮助旅游企业和行业管理部门实现旅游管理、旅游服务和旅游营销智慧化。	周波、周玲强：《国外智慧旅游商业模式研究及对国内的启示》，《旅游学刊》2016 年第 6 期，第 8 页。
6	2013 年蚂蚁短租、途家、面包旅行、在路上、蚂蜂窝、高德、快捷酒店管家、爱周游、千夜旅游网、穷游网、酒店控、丸子地球、去哪儿、途牛旅游网等先后获得了资本市场的投入。	金准、廖斌：《我国智慧景区的变革与创新》，《北京第二外国语学院学报》2015 年第 1 期，第 74 页。

1.4　实训案例：金棕榈智慧旅游业务流程管理系统

智慧旅游业务流程管理系统是以美国麻省理工学院教授迈克·哈默（M. Hammer）与詹姆斯·钱皮（J. Champy）提出的业务流程重组（Business Process

Reengineering,BPR)的理论为基础,结合中国旅行社行业的经营管理特点及实践,开发出的旅行社规范、标准的业务流程系统及相应的信息技术运行平台的总称。它涵盖了现代旅行社管理的主要业务内容,包括出境出国游、国内游、商务游等,也支持旅行社的各类业态,更顺应了旅行社行业批发、代理、零售的垂直分工的发展趋势。通过本教学软件,老师可以演示 20 余个业务流程系统,学生可以操作 180 多个功能模块和 600 多个按钮,从而全面了解旅行社实际业务运作。

该系统是模拟旅行社计调以及财务工作的整个业务流程,从开始策划线路到最后的财务结算,共有六个主要流程:策划线路——开设团队——团队控制——财务收款——团队结算——财务确认。旅行社业务流程管理系统还模拟了旅行社在工作中会吃力的一些其他问题,包括包团销售、报表统计等。

各模块简介如下:

产品策划模块主要是在旅行社中由计调操控、设计生成产品的模块,包含产品设计、产品生成、设计报价、生成团队等功能。

图 1-1 产品策划模块

团队控制模块主要是在旅行社中有团队操控,可根据已经形成的团队,进行团队跟踪、团队状态改变、修改团队及团队报账等操作。

财务结算模块主要包括单团结算和付款管理,不仅可以对团队进行结算操作,还可以生成并查看各类表单;财务人员可以根据单号查找订单进行付款确认,并可选择对象进行报送。发票管理就是对旅行社业务流程中因需产生的发票进行相应管理。本实验的目的是让同学们练习并熟悉如何在旅行社业务流程管理系统中进行财务结算操作。

标准题库模块让学生在学校接受现代旅行社业务流程学习的同时,也让学校老师能更好地检验学生的学习效果,成功实现了无纸化考试,并在上海旅游培训中心的"旅行咨询师资格认证"考试中得到了成功使用。

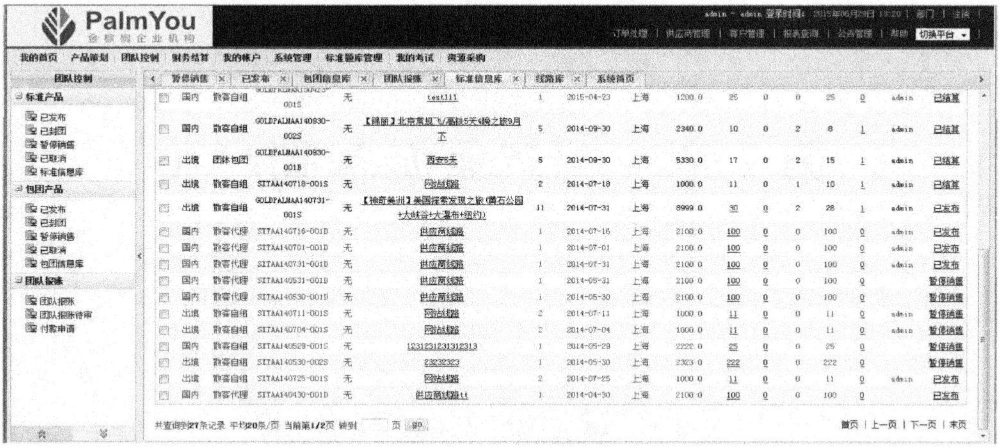

图 1-2　标准题库模块

练　习

1.设计一条线路:上海—黄山,全程四天,7 月 1 日—7 月 4 日,线路名称为"黄山精品四日游",往返交通为 53 人大巴,路程约 5 个小时,报价为 1088 元,项目包括游览黄山,观看日出,住宿条件为三星级酒店,不包含用餐,全程导游陪同,计划人数为 60 人,成团人数为 50 人。

2.根据团队列表中"黄山精品四日游"这个团队,进行封团及团队报账,成本价为600 元,完成后提交至财务。

第 2 章　智慧旅游基础产业

2.1　互联网与智慧旅游

　　旅游互联网平台通过互联互通融合了众多直接或间接为旅游提供服务的行业或企业，首先，实现了旅游客户、旅游供应商、旅游消费者的连接，旅游互联网企业通过对旅游信息的搜集、处理、存储、挖掘、销售和分发，实现了智慧旅游的信息化服务。其次，旅游信息在互联网旅游企业之间及其内部实时的分享，降低了旅游企业的成本，扩大了旅游营销的边界，提高了旅游企业的服务效率与边际收益，特别是互联网旅游企业以近乎零成本的复制来分摊最初投入的一次性开发成本，所获得的收益更大。最后，旅游企业利用网络扩大产品销售与市场营销与管理，通过搜索市场信息、开展旅游电子商务服务等途径，与消费者产生交易，最终达成交易并实时获得消费者的信息反馈。互联网彻底改变了传统线下旅游企业相对缓慢的运营节奏，提高了旅游信息传播的频率与传播质量，使旅游企业运营的速度、效率、灵活性及成本发生了根本变化。

　　互联网在旅游中的运用模式主要有线上查询、预订与线下消费的平台化模式；提供预订服务、信息查询服务以及以行程记录、结伴交友、旅行分享等为功能的旅游类手机应用模式；互联网还可以通过"工具＋景区"，为旅游消费者提供快捷的门禁入园入住以及导航、导游、导购、导服的旅游饭店景区行程应用模式。

表 2-1　互联网与智慧旅游

序号	内容	注释及参考文献
1	在线旅游市场、在线直销平台、移动预订类 APP（去哪儿、携程、驴妈妈、艺龙、同程、到到网、面包旅行），导游类 APP（景点通、百度旅游），分享类 APP（蚂蜂窝、在路上）。	沈左源：《基于 AHP 的旅行社智慧 APP 设计评价研究》，《特区经济》2015 年第 3 期，第 81 页。
2	针对中小旅行社，金棕榈将全力打造基于模式的中小旅行社公共服务平台，平台将整合行业上游资源，为中小旅游企业提供旅游保险、短信通讯、批零分销、组团地接、公共结算、团队上报、电子合同、导游领队、动态信息等多项实用功能。	周鸿、胡超人、姬庆宁：《金棕榈打造智慧旅游公共服务平台——专访金棕榈企业机构董事长潘皓波》，《上海经济》2013 年第 8 期，第 57 页。

序号	内容	注释及参考文献
3	产品供应商:智慧旅游的细分产品主要包括视频监控、门禁、出入口控制、显示屏等硬件以及实景地图、电子商务平台、综合平台、移动终端 APP 等软件。模块产品供应商主要分散在相关领域内,例如安防行业、IT 行业、空间信息行业、移动互联网行业。对于这些企业来说,智慧旅游是其自身产品多元化应用的一个方向。基于大数据技术的大屏幕监控系统,整合旅游市场及企业各类庞大烦琐的基础数据、动态数据,以多元可视化方式全面、完整、系统地呈现,为旅游公司决策、指挥与管理提供支持。	金棕榈企业机构提供
4	解决方案提供商:旅游综合服务企业均大力发展智慧旅游业务,开展行业解决方案的研究与开发。2013 年的 7 月电信成立了旅游行业应用基地,从成立至今,在智慧旅游方面思考了很多,也碰撞了很多,在目前整个的组织架构当中来说,不仅仅是在市场营销方面做了很多的积累,还包括一些支撑服务、产品的研发、平台的运营,以及整个产业链的合作五大纬度,都有相应的专业团队在支撑。在产品方面的话,也是聚焦了政府、涉旅的企业,甚至公众都开发了一整套的解决方案。旅游行业信息化综合解决方案,以宽带、C 网等电信核心业务为基础,结合云计算、数据中心、物联网、电子支付等技术能力,以智能手机、电脑、平板、智能电视、监控大屏为载体,面向旅游监管部门、旅游企业、游客,提供包含行业管理、游客服务、旅游企业营销等信息化解决方案。	金棕榈企业机构提供
5	总包集成商:随着智慧旅游项目建设的深入,景区经营部门及旅游管理部门越来越倾向于采取总包集成模式开展项目建设,具备关联技术、产品、项目建设经验的企业纷纷加入总包集成业务领域(包括解决方案提供商),在项目建设过程中,主要通过业务合作形式,广泛纳入模块产品供应商、工程服务商等企业共同完成项目建设。	金棕榈企业机构提供
6	运营服务商:随着智慧旅游项目建设的深入,多领域融合、多应用集成将必然取代过去单一的旅游服务系统,同时,游客虚拟体验、电子商务、景区营销等专业服务领域将逐步兴起,在客观上催生了智慧旅游运营服务的产生。从目前项目建设进程来看,总包集成商以及专业的智慧旅游投资公司都在积极探索、尝试智慧旅游运营服务业务,例如金棕榈企业机构。	金棕榈企业机构提供
7	金棕榈企业机构是集管理咨询、技术研发、平台运维与专业培训为一体的中国旅游行业第三方平台服务企业。金棕榈企业推出"智慧旅游"解决方案,在"金棕榈 OTA 在线旅行社"的基石上再次出重拳打造 PALMYOU 无线移动终端应用与云端服务系列,旨在为中国旅行社发展与腾飞插上智慧的翅膀,为中国旅游业产业转型与变革注入智能化与高科技的动力。	金棕榈企业机构提供

2.2　大数据与智慧旅游

数据在软件工程中被称为是事实、概念或指令的结构化表示。大数据正在改变着人类的思维模式与产品价值判断，彻底改变了人类传统的统计调查、分析评价，通过模型预测可以快速应对和对突发事件产生响应。大数据具有较大的量级(Volume)、较高的速度(Velocity)以及多样性(Variety)等突出的特点。企业掌握的大数据越多，客户就越多；而客户的需求越多，服务就越多，企业的增长就更快。大数据是指可以使用工具对任何非常规的数量、类型与结构的海量化、多样性和快速增长特征的信息源与内容进行抓取、管理和处理的数据集合。目前，计算和开源技术的发展使大数据统计成为现实，而分布式存储、非关系型数据库和并行处理技术则逐渐发展成为大数据应用实施过程中的关键技术。数据有图像文件等大容量数据，也有临时数据和系统日志等低信息密度数据。不同的数据存储库有不同的类型，如数据文件、关系数据，而关系数据是以表的形式存储，面向对象数据。2012 年 3 月，美国政府投资两亿美元启动"大数据研究和发展计划"。2012 年 4 月，英国、美国、德国、芬兰和澳大利亚研究者联合推出"世界大数据周"活动。

智慧旅游的发展离不开大数据，智慧旅游需要依靠大数据提供足够多且实用的资源，才能"智慧"地发展。智慧旅游采用创新技术和数据分析模型，将大数据转化为智能数据，服务客户，获得最大的经济社会效益。旅游大数据是指在旅游的食、住、行、游、娱、购等六大要素领域所产生的数量巨大、快速传播、类型多样、富有价值的数据的集合，这些数据通过云计算、分布式存储、流运算、大数据算法等大数据技术的关联分析和数据可视化制作，为用户服务，从而使旅游消费者的决策与旅游活动更加有效便捷，提高了旅游消费者的满意度。

旅游大数据首先需要通过源数据连接器的采集操作获得源数据，然后，通过目标数据连接器的目标操作，把数据保存到平台或者中间位置，通过技术和数据分析模型，将大数据转化为智能数据。在智慧旅游基础设施中，有形资源包括计算机、通信产品与其共享技术平台以及数据库，无形资源包括信息技术中所涉及的无形的顾客导向、知识资产、合作与协同等方面。

旅游资源与旅游市场开发所涉及的内容及对象繁杂、多样，急需旅游大数据的支持与应用，而基于大数据建立起来的应用模型对旅游市场进行即时的预测、分析与响应管理发挥着越来越重要的作用。大数据技术在智慧旅游方面的应用主要体现在对各种旅游预订搜索、社交网站和相关数据等进行挖掘及构建模型，并将整理分析出来的信息数据发送到各种环境与状况的终端设备上，为各类旅游消费者服务。智慧旅游使旅游大数据营销成为可能，并将消费者的网络使用行为建成大数据库，通过统计分析掌握消费者的消费行为、兴趣偏好和产品的市场口碑现状，提出针对性的营销方案和营销战略，突显大数据的重要作用。因此,大数据在发掘旅游消费者行为及对其决策进行判断、应对和创造新增产值过程中具有较大的现实意义。

表 2-2　国际大数据发展历程简介

时间	主要内容	备注及参考文献
1887—1890	美国统计学家赫尔曼·霍尔瑞斯开创了数据处理的新纪元。	发明电动器
1944	卫斯理大学图书馆员弗莱蒙特·雷德对大数据时代的到来进行了预见,估计美国高校图书馆的规模每 16 年就翻一番。	出版图书《学者与研究型图书馆的未来》
1961	德里克·普赖斯得出结论:新期刊的数量以指数方式增长而不是以线性方式增长,每 15 年翻一番,每 50 年以 10 为指数倍进行增长。普赖斯将其称之为"指数增长规律"。	出版图书《巴比伦以来的科学》
1980.4	I. A. 特詹姆斯兰德在第四届美国电气和电子工程师协会(IEEE)"大规模存储系统专题研讨会"指出所有数据正在被无选择地保存以避免错失有价值的信息。	报告《我们该何去何从?》
1981	匈牙利中央统计办公室开始实施了一项调查国家信息产业的研究项目,包括以比特为单位计量信息量,这项研究一直持续至今。	
1986.7	哈尔·B. 贝克尔在《数据通信》上发文,预计数据记录密度将大幅增长。	发表文章《用户真的能够以今天或者明天的速度吸收数据吗?》
1993	匈牙利中央统计办公室首席科学家伊斯特万·迪恩斯编制了一本国家信息账户的标准体系手册。	
1997.10	迈克尔·考克斯和大卫·埃尔斯沃思在第八届美国电气和电子工程师协会(IEEE)关于可视化的会议论文集中发表文章。这是在美国计算机学会的数字图书馆中第一篇使用"大数据"这一术语的文章。	发表文章《为外存模型可视化而应用控制程序请求页面调度》
1999.8	史蒂夫·布赖森、大卫·肯怀特、迈克尔·考克斯、大卫·埃尔斯沃思以及罗伯特·海门斯在《美国计算机协会通讯》上发表大数据文章。	发表文章《千兆字节数据集的实时性可视化探索》
2001	美国咨询公司 Gartner 首次开发了大数据模型。	
2001.2	梅塔集团分析师道格·莱尼发表报告指出十年后,3V 作为定义大数据的三个维度而被广泛接受。	研究报告《3D 数据管理:控制数据容量、处理速度及数据种类》
2005	Hadoop 项目诞生。Hadoop 是由多个软件产品组成的一个生态系统,这些软件产品共同实现全面功能和灵活的大数据分析。	

续　表

时间	主要内容	备注及参考文献
2007	著名图灵奖获得者 Jim Gray 在一次演讲中提出,"数据密集型科学发现"(Data-Intensive Scientific Discovery)将成为科学研究的第四范式。	
2008	"大数据"得到部分美国知名计算机科学研究人员的认可,业界组织计算社区联盟(Computing Community Consortium),发文指出:它使人们的思维不仅局限于数据处理的机器,该组织可以说是最早提出大数据概念的机构。	发表白皮书《大数据计算:在商务、科学和社会领域创建革命性突破》
2008	在 Google 成立 10 周年之际,著名的《自然》杂志出版了一期专刊,专门讨论未来的大数据处理相关的一系列技术问题和挑战。2009 年开始"大数据"逐渐成为互联网信息技术行业的流行词汇。	提出了"Big Data"的概念
2009	印度政府建立了用于身份识别管理的生物识别数据库,联合国全球脉冲项目已研究了对如何利用手机和社交网站的数据源来分析预测从螺旋价格到疾病暴发之类的问题。美国政府通过启动 Data.gov 网站的方式进一步开放了大数据的大门。	
2010.2	肯尼斯库克尔在《经济学人》上发表了报告,指出"世界上有着无法想象的巨量数字信息,并以极快的速度增长"。库克尔也因此成为最早洞见大数据时代趋势的数据科学家之一。	大数据专题报告《数据,无所不在的数据》
2010.12	美国总统办公室下属的科学技术顾问委员会(PCAST)和信息技术顾问委员会(PITAC)向奥巴马和国会提交了一份报告,把大数据收集和使用的工作提升到体现国家意志的战略高度。	提交《规划数字化未来》战略报告
2011.2	IBM 的沃森超级计算机每秒可扫描并分析 4TB(约 2 亿页文字量)的数据量,并在美国著名智力竞赛电视节目"Jeopardy"(危险边缘)上击败两名人类选手而夺冠。	纽约时报认为这一刻为"大数据计算的胜利"
2011.5	全球知名咨询公司麦肯锡的全球研究院(MGI)发布了一份报告,这项研究估计 2010 年所有的公司存储了 7.4EB 新产生的数据,消费者存储了 6.8EB 新数据。	发表报告《大数据:创新、竞争和生产力的下一个新领域》
2012.1	瑞士达沃斯召开的世界经济论坛上,大数据是主题之一,会上宣称,大数据已经成为一种新的经济资产类别。	发布报告《大数据,大影响》(BigData, Big Impact)
2012.3	美国奥巴马政府在白宫网站发布了《大数据研究和发展倡议》,这一倡议标志着大数据已经成为重要的时代特征。	发布《大数据研究和发展倡议》
2012.3.22	奥巴马政府宣布 2 亿美元投资大数据领域,使大数据技术从商业行为上升到国家科技战略的分水岭高度。	
2012.4	美国软件公司 Splunk 于 19 日在纳斯达克成功上市,成为第一家上市的大数据处理公司。Splunk 成功上市促进了资本市场对大数据的关注,同时也促使 IT 厂商加快了大数据布局。	

续　表

时间	主要内容	备注及参考文献
2012.7	联合国在纽约发布了一本关于大数据政务的白皮书,全球大数据的研究和发展达到了前所未有的高潮。	发布白皮书《大数据促发展:挑战与机遇》
2012.12	英国人维克托·迈尔·舍恩伯格所著的《大数据时代》在我国出版,他在书中指出,大数据带来的信息风暴正在变革我们的生活、工作和思维,大数据开启了一次重大的时代转型。	
2014.4	世界经济论坛以"大数据的回报与风险"主题。报告认为,在未来几年中针对各种信息通信技术的政策甚至会显得更加重要。	发布《全球信息技术报告(第13版)》
2014.5	美国白宫发布了2014年全球"大数据"白皮书。报告鼓励使用数据以推动社会进步。	研究报告《大数据:抓住机遇、守护价值》

摘自陈颖:《大数据发展历程综述》,《当代经济》2015年第8期,第13—15页。

表 2-3　大数据在国内发展主要进程简介

时间	主要内容	备注
2011.12	工信部在信息处理技术4项关键技术创新工程中,提到了海量数据存储、数据挖掘、图像视频智能分析等大数据内容。	工信部"物联网'十二五'规划"
2012.5	国务院批示《"十二五"国家政务信息化工程建设规划》。	国函〔2012〕36号
2012.7	阿里巴巴集团在管理层设立"首席数据官"一职,负责全面推进"数据分享平台"战略,并推出大型的数据分享平台"聚石塔",为天猫、淘宝平台上的电商及电商服务商等提供数据云服务。	
2012.10	中国计算机学会(CCF)发起组织了CCF大数据专家委员会,CCF专家委员会还特别成立了一个"大数据技术发展战略报告"撰写组。	撰写发布了《2013年中国大数据技术与产业发展白皮书》
2013.11	国家旅游局正式将2014年确定为"智慧旅游年"。要求以信息化带动旅游业向现代服务业转变。	
2013.12	国家自然科学基金、973计划、核高基、863等重大研究计划都已经把大数据研究列为重大的研究课题。清华信息学院、国家实验室也成立了数据科学院。	
2014.1	福建移动联合华为公司开展基于大数据的精准营销工作,采用大数据分析的方法选择外呼目标价值用户。基于大数据分析方法和传统外呼方法分别提供20万目标客户清单,在前台无感知下进行对比验证,确保对比效果不受人为因素影响,经过外呼验证,基于大数据分析方法较传统方法外呼成功率提升50%以上,有效支撑了福建移动4G用户发展战略。	

续　表

时间	主要内容	备注
2014.2	中央网络安全和信息化领导小组成立,习近平总书记亲自当组长,强调网络安全,大数据和互联网是密切联系的。	
2014.11.11	天猫双 11 交易额突破了 571 亿元,活动开场 3 分钟交易额突破 10 亿元,比去年快了 3 分多钟;14 分钟 02 秒,交易额突破 50 亿元。	
2014.12.22	"大数据论坛——数据科学与技术"成功举办,对大数据发展战略和各大数据专项进行了探讨。	陈颖等报道
2015.1.10	携程攻略社区正式宣布成立携程智慧旅游公司,并重磅推出以大数据为核心的四大产品:智慧目的地与景区解决方案、目的地白皮书、携程大数据及携程目的地旗舰店。	

表 2-4　大数据定义及应用

序号	内容	注释及参考文献
1	大数据是一种对采集到的信息或数据进行感知、获取、管理、处理和服务的数据集合。	李国杰、程学旗:《大数据研究:未来科技及经济社会发展的重大战略领域——大数据的研究现状与科学思考》,《中国科学院期刊》2012 年第 27 卷第 6 期。
2	从信息产业角度来讲,大数据是新一代信息技术产业的强劲推动力。而新一代信息技术产业本质上是构建在第三代平台上的信息产业,主要是指大数据、云计算、移动互联网(社交网络)等。	Arthur W B. The second economy. 2011. http://www. images-et-reseaux. com/sites/default/files/medias/blog/2011/12/the-2ndeconomy. pdf.
3	大数据在今后和未来一段时间内,将获得社会极大的重视,这是因为大数据是一种海量、高增长率和多样化的信息资产。	维基百科的定义
4	大数据所涉及的资料量规模巨大到无法通过目前主流软件工具,在合理时间内达到撷取、管理、处理并整理成为帮助企业经营决策目的的资讯。	麦肯锡的定义 维克托·迈尔-舍恩伯格:《大数据时代》,浙江人民出版社 2013 年版。
5	大数据是基于云计算服务与处理而形成的智力资源和知识服务能力。	《浅析大数据的数据构成和管理方式》,http://www. 50cnnet. com/html/2012/dashuju _ 0910/33580. html。
6	大数据宽泛而复杂,需要专业化软件工具和分析专家去收集、管理和挖掘它们。	李文莲、夏健明:《基于"大数据"的商业模式创新》,《中国工业经济》2013 年第 5 期,第 83—95 页。

续　表

序号	内容	注释及参考文献
7	大数据处理的数据是 PB 级代替了 TB 级,大数据是快速动态变化的,数据流动的速度快到难以用传统的系统去处理。大数据要求处理速度快,从各种类型的数据中快速获得高价值的信息,这是大数据与传统的数据挖掘技术有着本质不同的地方。	傅志华:《大数据的前世今生——大数据特征与发展历程》,ht-tp://www.50cnnet.com/show-34-78312-1.html。
8	大数据的"4V"特征表明其不仅仅是数据海量,对于大数据的分析将更加复杂、更追求速度、更注重实效。附:4V特征是指 Volume(大量)、Velocity(高速)、Variety(多样)、Value(价值)和 Online(在线)。	陶雪娇、胡晓峰、刘洋:《大数据研究综述》,《系统仿真学报》2013年增刊,第 142—146 页。
9	美国的 FlyOnTime.us 网站通过交通局的历史航班延误数据和美国联邦航空管理局的机场信息,以及美国国家海洋大气管理局的以往天气报告和国家气象服务的实时状态结合起来,使人们可以交互地判断恶劣天气使某一特定机场的航班延迟的可能性有多大。FlightCaster 公司基于分析过去十年里每个航班的情况,然后将其与过去和现实的天气情况进行匹配,预测是否会晚点。致力于数据分析的 Teradata 的一个公司 eCircle 在 2012 年伦敦奥运会和残奥会期间,通过复杂的数据筛选创建目标邮件,引导伦敦市民通过专门的网站计划他们的旅行以避免热点景区,从而使得 35% 的市民改变了他们的旅游计划,并在赛事期间为伦敦中心减少了 15% 的交通压力。在国内,随着我国智慧旅游试点城市的推进,一些省市开始了涉足数据服务的智慧应用,如成都智慧旅游数据中心集智能搜索、多屏同源、统计分析等功能于一身,为游客提供景区、线路、导航等全方位的信息服务。	乔向杰:《基于大数据的旅游公共管理与服务创新模式研究》,转引自黄先开、张凌云:《智慧旅游:旅游信息技术应用研究文集》,旅游教育出版社 2014 年版。
10	旅游大数据就是利用大数据的方法和技术,有效收集整合旅游监管数据、移动运营商数据、旅游行业数据,实现对游客信息进行多维度的精准分析和有效预测,让数据自己"说话"。	陈海迪:《大数据在智慧旅游中的应用研究》,《当代经济》2015 年第 29 期,第 39 页。
11	"旅游大数据"是指在旅游的"食、住、行、游、购、娱"六要素领域所产生的数量巨大、快速传播、类型多样相关、富有价值的数据集合,并且可以通过大数据技术(例如云计算、分布式存储、流运算、大数据算法、NoSQL 数据库、SOA 结构体系等)进行数据相关性分析和数据可视化,从而使游客消费者的决策更加有效便捷,提高满意度。	刘丹:《大数据在旅游行业的应用及可视化》,http://www.91survey.com/test/cms/news/4276.html。
12	大数据在实际应用中,主要包括了大交易数据、大交互数据和大机器数据三类。第一类大交易数据包括从传统银行、电信的交易数据到各类网银支付数据都包括在内;第二类大交互数据,则主要是指来自脸书、微博等社交网络的非结构化数据;第三类大机器数据,则是指由物联网内各种传感器所产生的数据。	赵伟:《大数据在中国》,江苏文艺出版社 2014 年版,第 117 页。

续　表

序号	内容	注释及参考文献
13	IBM 调研了全球 95 个国家、26 个行业的 1144 名业务人员和信息技术专业人士,结果显示,在超过一半的大数据项目中,受访者均表示其所在组织采用了先进技术分析自然状态的文本。	徐继华、冯启娜、陈贞汝:《智慧政府:大数据治国时代的来临》,中信出版社 2014 年版,第 56—57 页。
14	金棕榈企业机构咨询平台,利用金棕榈大数据服务平台提供的数据订阅途径、数据分析手段与旅游企业技术服务等,辅助国家旅游局和相关旅游企业,及时了解和掌握旅游市场动向,合理地利用有限资源。同时,通过数据分析,纵览行业宏观数据,了解当地旅游市场的发展动态、竞争环境,为旅游局指导当地旅游发展提供决策依据。通过综合运用关联分析、分类分析、异常分析、演变分析等分析方法,建立多种数学模型,为旅游局和旅行社用户提供多种类型的分析报表,挖掘数据中的有效信息,为企业和机构的决策提供强有力的参考依据。	金棕榈企业机构提供

2.3　云计算与智慧旅游

云计算包括应用软件、硬件和系统软件等多个层次。云平台是智慧旅游信息化建设需要具备的基本条件之一。通过网络平台的公有云(阿里云、华为云)与私有云(服务器托管,机房)等实现旅游客户、市场等信息资源共享。云平台首先提供了服务开发工具和基础数据库等软件,而云服务是指在互联网上使用一种标准接口如 Web 服务的标准来实施云服务,访问一个或多个软件的功能。数据在云端,用户数据存储在云数据中心,大数据一般被形象地描述为高速跑车,而云计算则是高速公路,两者互相依赖,相辅相成。云计算技术的运用使得旅游涉及的数以亿计的各类资源、产品、交通与环境的实时动态管理变成可能。

现代互联网消费方式,如移动端的在线电影、移动视频、手机导航、云盘都是一种云计算与云服务。云计算如同水、电、气、网络一样,通过分布式存储与碎片化处理,以及多份存储的特点,保证了文件的安全与实用,资源在各电脑之间进行工作,节约了成本,降低了资源浪费,实现了资源共享,这是云计算最大的特点。

众所周知,云计算的基础架构分为基础设施即服务(IaaS),平台即服务(PaaS)和软件即服务(SaaS)三个基本层次。智慧旅游使用中必然通过 IaaS,PaaS,SaaS,企业外包及云计算中心获得海量的信息和智能运算服务,为旅游交通、人流、环境等行业和部门提供大数据和云计算服务。大数据服务企业可以从用户体验角度以极低的成本提供旅游行业各相关利益方所需的资源、旅游服务和旅游产品的市场信息并提升自身产品的价值。

表 2-5　云计算与智慧旅游

序号	内容	注释及参考文献
1	在智慧旅游平台开发与功能设计应用方面,国内外智慧旅游理论研究成果主要体现在技术平台构架和推广应用,如智慧旅游软件系统(SICSA)、智慧酒店集成系统(IBM)、数字城市系统(伟景行)、城市灾害预警与救助指挥平台、数字景区系统等以及相关技术应用研究的成果。智慧旅游需要的支撑技术很宽泛,包括信息计算与存储、信息通讯、景物感知及安保、旅游资源管理、旅游产品体验、旅游营销等诸多方面。景物感知及景区安保方面需要的技术支撑涉及较广。通过射频识别技术(RFID)、视频技术、红外感应技术、定位追踪技术、激光扫描技术、气体声音感应技术等对文物、灾情高发区、危险景点等进行实时监控,对重要物件、人流等进行定位跟踪或者监控监管。	刘军林:《智慧旅游的技术图谱、构成体系与现实图景研究》,《牡丹江大学学报》2015 年第 11 期,第 36—38 页。
2	智慧旅游是以技术创新应用为核心支撑,以在线信息服务为基本形式,通过旅游信息处理与应用,满足不同使用者便捷地掌控旅游综合信息的需求。	刘军林、范云峰:《智慧旅游的构成、价值与发展趋势》,《重庆社会科学》2011 年第 10 期,第 121—124 页。
3	智慧旅游构建应以旅游云计算中心为核心,以互联网、移动通讯网和近场通讯融合为支撑,以景物感知、旅游决策管理和终端服务为基础,构筑多类型电子设备关联互动的服务体系。终端服务模块由网站营销服务平台、公共信息服务平台、智能终端服务系统构成。系统应用模块包括主动服侍系统、决策支持系统、安保预警系统、环境监控系统等四个主要应用系统。景物感知层主要基于数据采集的物联感知系统,主要包括 RFID 识别系统(智能门禁、一卡通消费以及其他射频感应设备)、摄像监控系统(客流视频监控、火灾视频监控等视频监控感知设备)、GPS 等定位系统(LBS 位置服务、导览导航定位等定位服务)和传感通信网络融合(各种数据采集设备的移动或固定网络融合协议及信息收益问题)。	刘军林:《智慧旅游的技术图谱、构成体系与现实图景研究》,《牡丹江大学学报》2015 年第 11 期,第 39 页。
4	智慧旅游的建设规划与构想主要集中在以下几点:打造智慧旅游中央管理平台、构建智慧交通信息管理系统、建设智慧酒店、完善智慧景区。	裴盈盈、袁国宏:《智慧旅游浅析》,《当代经济》2012 年第 5 期(下),第 46—47 页。
5	伴随着网络技术的发展,旅游企业及用户对网络的使用产生了巨大的海量信息数据,通过对这些大数据的分析挖掘,从中发现出现概率较高的旅游模式或旅游细分市场,为旅游市场营销,线路优化,提供有价值的旅游信息发挥巨大的作用。	雷可为、王小辉、豆晓宁:《基于大数据的旅游市场研究综述》,《科技视界》2015 年第 9 期。
6	在线旅游服务代理商依据数据的挖掘技术,为游客们提供了距离最近的酒店、餐饮与娱乐等服务,同时为不同需求的游客提供了更加匹配的旅游方案。旅游业的在线服务已在旅游市场竞争中占据了一定的优势地位。	樊亚男、梁晶:《大数据时代旅游业发展策略分析》,《商业经济》2015 年第 8 期。

序号	内容	注释及参考文献
7	旅游大数据价值与服务主要体现在以下几方面:第一,旅游大数据挖掘服务。第二,数据的可视化。通过可视化(图表等)工具展现挖掘结果。第三,数据分析库。作为数据分析工具,便于开发人员快速地进行旅游数据挖掘应用。	郭鑫:《旅游大数据与挖掘分析研究》,《电脑知识与技术》2013 年第 14 期。
8	以北京故宫为例,利用 2007 年 1 月 1 日至 2009 年 12 月 31 日间的故宫实际游客量以及"北京故宫""故宫""故宫门票""故宫博物院"等百度关键词搜索数据,利用计量经济学中的协整理论和格兰杰因果关系理论,分析了故宫实际游客量与百度关键词间的关系,主要结论:故宫实际游客量与百度关键词"北京故宫""故宫""故宫门票"间存在着长期均衡关系,并且是正相关,也就是说,随着各个百度关键词搜索指数的增加,故宫实际游客量也会相应增加。根据加入百度关键词后自回归分布滞后模型,可以实现利用当天及滞后 1 至 2 天的百度指数数据预测故宫当天的游客量,可以更加准确、及时地为故宫景区管理部门提供决策的依据,而利用传统预测方法几乎无法实现这种预测效果。	黄先开、张丽峰、丁于思:《百度指数与旅游景区游客量的关系及预测研究——以北京故宫为例》,转引自黄先开、张凌云:《智慧旅游:旅游信息技术应用研究文集》,旅游教育出版社 2014 年版。
9	选取大众点评网(www.dianping.com)作为评价上述景区服务质量的数据,提取网站中有关上述 10 家景区的从 2006 年 1 月 1 日到 2014 年 2 月 14 日的全部评论信息,总计 19397 条有效评论。分析步骤: (1)抓取:通过网络信息抓取软件(NetSpider)对网站评论进行收集,并进行一般性文本处理(比如去除乱码、去除空行等)。 (2)过滤:通过分类(Classification)的方法对文本里的噪音信息进行过滤,剔除可对分析结果有影响的文本信息。 (3)高频关键字分析:通过国内较为流行的 ROST ContentMining(CM 6.0 版本)语义分析软件对过滤后的网络评论信息进行分词和高频词统计。 (4)提取景区服务质量信息高频词:结合国家 5A 景区评定标准对步骤(3)得到的高频词进行进一步过滤,得到基于国家 5A 景区评定的景区服务质量高频词。 对所有 10 家景区网络评论进行高频词提取。 统计结果:景区星级评论比例比较,五星级评价中,有三个景区(颐和园、北海公园和八达岭)的五星评论比例超过了平均水平。景区网络评论中游客关注热度统计根据网络评论关键字搜索数据,我们统计了游客在网络上对 10 家景区在服务质量方面的关注热度。	朱伟、郝志成:《北京旅游景区游客满意度评价——基于大众点评网的数据》,转引自黄先开、张凌云:《智慧旅游:旅游信息技术应用研究文集》,旅游教育出版社 2014 年版。

续　表

序号	内容	注释及参考文献
10	面对目前红色旅游解说信息资源"碎片化"所带来的乱象,我们建议,利用现代信息技术进行"去碎片化",从信息头上杜绝现在各自为战、自搞一套的分散局面,建立红色旅游中央大数据库,同时国家红色旅游的中央大数据"云"平台,将分散在中共中央党校、各类党史研究机构和中国革命历史博物馆的党史研究、革命史研究、革命人物研究;各军事院校和军事研究机构、中国军事博物馆、"三大战役"纪念馆等单位的军事研究、军事题材研究、抗日战争研究、解放战争研究、革命战争案例研究;国家广电总局、新闻出版署等出版发行的红色题材的音(影)像、图书资料的文字、图片、音(影)像、实物(文物)等资料数据化,并进行系统的遴选和审核,形成经权威部门认定的数据源。地方政府、景区、相关企业分别构建红色旅游数据运维中心以及红色旅游目的地城市的"端"接口,通过共享云平台所提供的大数据构建自己特色的红色旅游应用,向红色旅游景区(点)、旅游企业(包括供应商、中间商等)、游客提供各类信息集成服务、信息专题服务等;通过 Apps 提供集影视视频、音频解说、电子图书等多种形式于一身的信息载体;增强现实(LR)和虚幻现实(VR)、情景再现等表现手段,将某一个红色旅游景区(点)的解说和展示置于大历史的背景下,进行全方位、多视角、立体化的"故事化"展示。	原载《中国旅游报》2013年7月26日,有删改。张凌云、乔向杰:《大数据时代红色旅游发展和提升的新思维》,转引自黄先开、张凌云:《智慧旅游:旅游信息技术应用研究文集》,旅游教育出版社 2014年版。

2.4　智慧城市与智慧旅游

从 2006 年开始,美国、欧洲、日本、韩国和新加坡等国家和地区率先提出建设智慧城市的计划与战略设想。IBM 最早于 2008 提出"智慧地球"与"智慧城市"的概念,之后智慧城市成为许多国家政府施政的愿景和目标。我国国家发展和改革委员会等八部委于 2014 年 8 月联合印发了《关于促进智慧城市健康发展的指导意见》,《意见》认为智慧城市是运用物联网、云计算、大数据、空间地理信息集成等新一代信息技术,促进城市规划、建设、管理和服务智慧化的新理念和新模式,建设智慧城市,对加快工业化、信息化、城镇化、农业现代化融合,提升城市可持续发展能力具有重要意义。

智慧城市将互联网、物联网、大数据、云计算等信息技术和网络平台与城市元素结合起来,即将智能化与信息化植入城市规划、安全、城管、文教卫、社保、民生、通讯、环境监测、智慧社区、政务、商务、交通、企业等部门与行业以及综合管理等体系,实现全面立体感知、快速可靠传递、智能安全处理与和谐数字生态的环境,提升城市各行业的科技发展水平、管理水平与居民的生活品质,以达到资源共享、互联互通、高效可持续发展的目的。

智慧城市依托相关的技术手段、软件平台、传感器、观测数据,对信息资源进行传输、采集、存储、建模,为城市社会经济与文化生活等各方面需求提供在线服务,以满足政府、企业和居民的各种个性化信息需求。智慧城市的物联网具有低成本,低功耗,高可靠性,微型化与时空不受限制的无线传感、精准定位,以及多信息、多角度、多方式、多时段的采集信息资源等特点,使城市管理者能够及时、准确、全面把握各方面信息。智慧城市主要通过多层次智慧城市信息综合管理系统,对城市的各项基础设施与交通通信、人口民生、经济社会、能源环境、文化教育、医疗、公共安全与政府监管等多方面时空海量、异构的事件与资源,进行处理、建模和整合,并根据用户需求,提供不同层次的信息服务与智能化管理,实现城市建设、管理与服务手段的信息化。智慧城市建设可以有力地提升城市品质、增强城市核心竞争力。

云平台是智慧城市的基础,通过智慧的交通网络实现交通管理、导航和电子收费等,与旅游相关的云平台包括旅行信息系统(ATIS)、车辆控制系统(AVCS)、商业车辆运营系统(AC-VO)、不停车收费系统(ETC)等。

表 2-6　智慧城市与智慧旅游

序号	内容	注释及参考文献
1	IBM 的"智慧城市"理念把城市本身看成一个生态系统,城市中的市民、交通、能源、商业、通信、水资源构成了子系统。这些子系统形成一个普遍联系、相互促进、彼此影响的整体。	李云鹏:《智慧旅游规划与行业实践》,旅游教育出版社 2014 年版,第 2 页。
2	智慧旅游城市是在智慧城市背景下,围绕旅游产业,综合利用物联网、云计算等信息技术手段,结合城市现有信息化基础,融合先进的城市运营服务理念,建立广泛覆盖和深度互联的城市信息网络,对城市的食、住、行、游、购、娱等多方面旅游要素进行全面感知,并整合构建协同共享的城市信息平台,对信息进行智能处理利用,从而为游客提供智能化旅游体验,为旅游管理和公共服务提供智能决策依据及手段,为企业和个人提供智能信息资源及开放式信息应用平台的综合性区域信息化发展过程。	李云鹏等:《智慧旅游:从旅游信息化到旅游智慧化》,中国旅游出版社 2013 年版。
3	武夷山从 2001 年开始先后完成七期工程,成为国家"智慧旅游试点城市""智慧城市""云政务示范区",是福建省"数字福建"的两个示范区之一和省物联网两个示范区之一。2013 年 10 月,武夷山已建成"一个支撑""三个平台""六个应用""九大看点"的智慧旅游城市框架。	《武夷山建成智慧旅游城市框架》,http://www.cnta.gov.cn/html/2013-10-2013-10-21-15-51-20901_1.Html。
4	大数据技术的发展使社会从 IT(Information Technology)时代进入了 DT(Data Technology)时代。新的基础设施、要素与结构,是信息时代生产力的三个要素。智慧旅游的内涵主要包括基础设施现代化、信息服务、泛在化、业务管理职能化和产业发展集约化四个方面。	赵阳:《智慧旅游背景下我国旅行社企业信息化建设探究》,《产业经济》2016 年第 6 期,第 68 页。

序号	内容	注释及参考文献
5	2015 年 10 月在《中共中央十三五规划建议》提到实施"互联网＋"行动计划,发展分享经济,实施国家大数据战略。智慧旅游简单地说,就是游客与网络实时互动,让游程安排进入触摸时代。据统计,2014 年在网上预订过机票、酒店、火车票或旅行度假产品的网民规模达到 2.22 亿,手机预订机票、酒店、火车票或旅行度假产品的用户规模达到 1.34 亿。根据国家旅游局公布的数据,2014 年由旅行社组织的国内游人数占全年国内出游总人数的 3.6％,出境游中 65％的客源不是由旅行社提供服务。中国旅游研究院院长戴斌认为,"我的行程我做主"的个性旅游新时代开始了。	刘晓杰:《智慧旅游时代背景下旅行社发展策略分析》,《职业技术》2016 年第 2 期,第 16—17 页。
6	旅游大数据分析平台一般以全国或区域性智慧旅游大数据服务中心为基础设施,以互联网服务体系为架构,以大数据的整理、选择、合成、提取、挖掘、分析和交互式可视化分析等关键技术为支撑,通过形式多样、以互联网为纽带的智能终端为旅游企业或旅游行政管理部门等不同对象与目标用户提供包括旅游数据库、旅游相关数据分析服务、旅游相关数据服务接口、旅游相关数据查询服务、旅游相关数据交换服务以及旅游大数据管维运营服务等多项服务。	赵东晖、李立奇、彭庆:《运营商大数据引入方案分析》,《移动通讯》2013 年第 12 期,第 69—73 页。
7	趣多多:依靠大数据玩转愚人节营销。在愚人节营销活动中,趣多多利用社交大数据的敏锐洞察,精准锁定了以 18—30 岁的年轻人为主流消费群体,聚焦于他们乐于并习惯使用的主流社交和网络平台,当日进行全天集中性投放,围绕品牌的口号展开话题,实时且广泛地与用户沟通机制并深度渗透,使品牌在最佳时机得到有效曝光,也令目标消费者在当天能得到有趣和幽默的体验。最终,创造了 6 亿多次页面浏览并影响到近 1500 万独立用户,品牌被提及的次数增长了 270％。	《2014 大数据应用案例 TOP100》,谢然:《大数据应用案例 TOP100》,《互联网周刊》2015 年第 6 期。
8	大数据挖掘技术主要包括关联分析、序列模式、分类、聚类、异常检测等。在旅游大数据应用中可以采用关联分析对旅游数据进行搜索,并从中找出出现概率较高的模式,或者通过数据的聚类与分类,分析旅游数据的相似性,将相似的数据存放在一起,为决策者提供决策支持。	郭鑫:《旅游大数据与挖掘分析研究》,《电脑知识与技术》2013 年第 14 期,第 3216 页。
9	大数据挖掘通常与计算机科学有关,并通过统计、在线分析处理、情报检索、机器学习、专家系统和模式识别等众多方法实现数据分析的目标。	徐继华、冯启娜、陈贞汝:《智慧政府:大数据治国时代的来临》,中信出版社 2014 年版,第 108—109 页。
10	利用数据挖掘技术来挖掘隐藏的旅游信息,为旅游行业提供有价值的数据,比如在旅游电子商务中数据挖掘主要表现在挖掘有价值的旅游信息和潜在旅游客户,优化旅游线路,并成功地将相关信息推荐给旅游消费者。	罗建华、陈建科:《基于旅游电子商务中数据挖掘应用的研究》,《电子商务》2011 年第 8 期,第 28—29 页。

2.5　实训案例:金棕榈智慧旅游大数据平台

　　金棕榈智慧旅游大数据平台是一款整合了旅行社电子行程单、上报系统所有数据的平台,其主要功能是各个实时数据的监控,进行数据分析与数据监管,方便监管部门在第一时间查询和分析数据,得到第一手资料。它依托全国旅游团队服务管理系统,有效整合旅游监控数据、旅游行业数据,对旅游团队动态、游客信息、质检执法人员、导游领队动态进行多方精准的掌握和有效预测。数据主要分为动态数据和静态数据,动态数据包括旅游团队动态分布、景区景点流量监测/预报、导游领队带团足迹等,静态数据包括景区基础信息全景展示、旅行社及门店基础信息全景展示、酒店宾馆全景展示等。平台的特色在于动态数据变化情况更直观,对基础数据的把握更全面,应急定位处理更迅速,市场预知决策更科学,系统开放管理更高效。

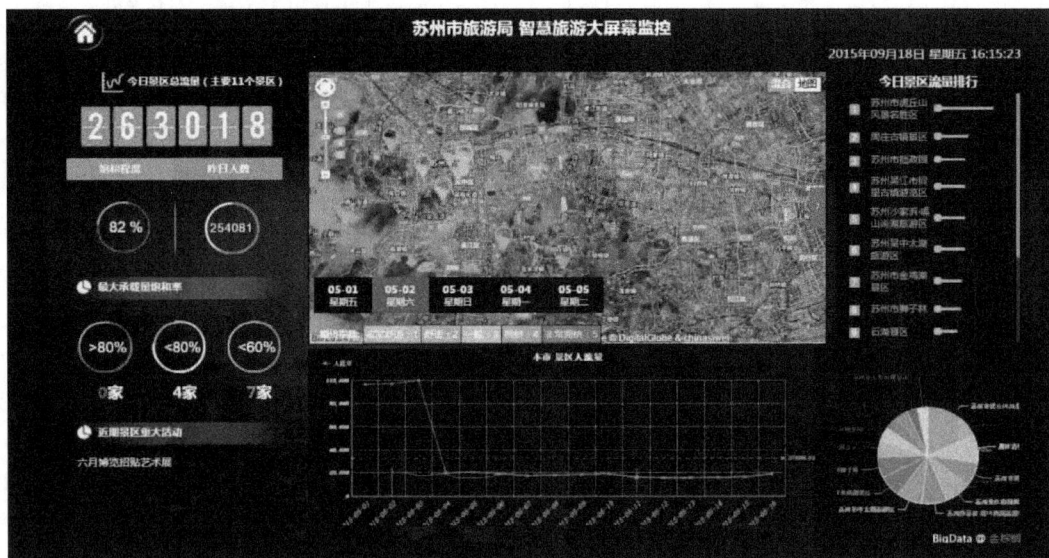

图 2-1　苏州市旅游局智慧旅游大屏幕监控

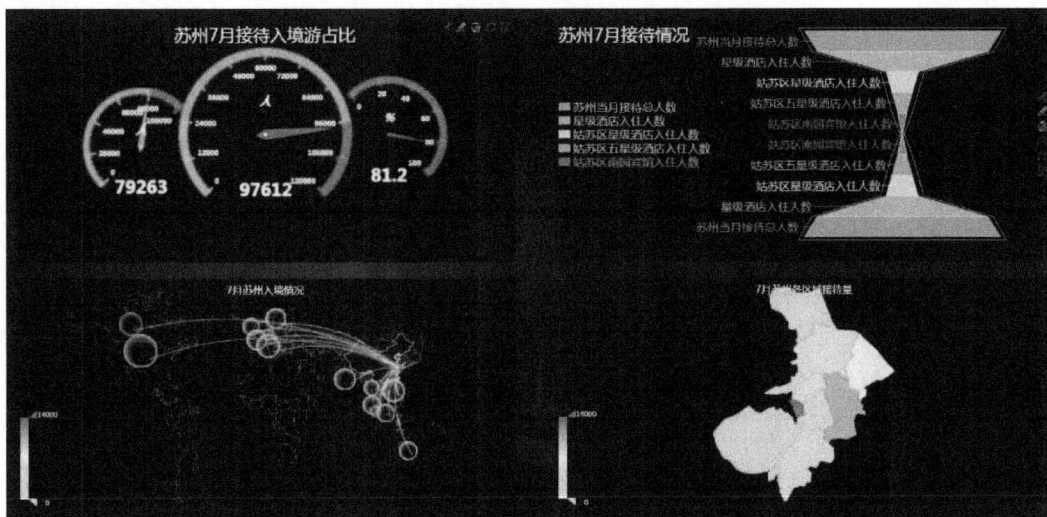

图 2-2 北京联合大学旅游学院智慧旅游大屏幕监控

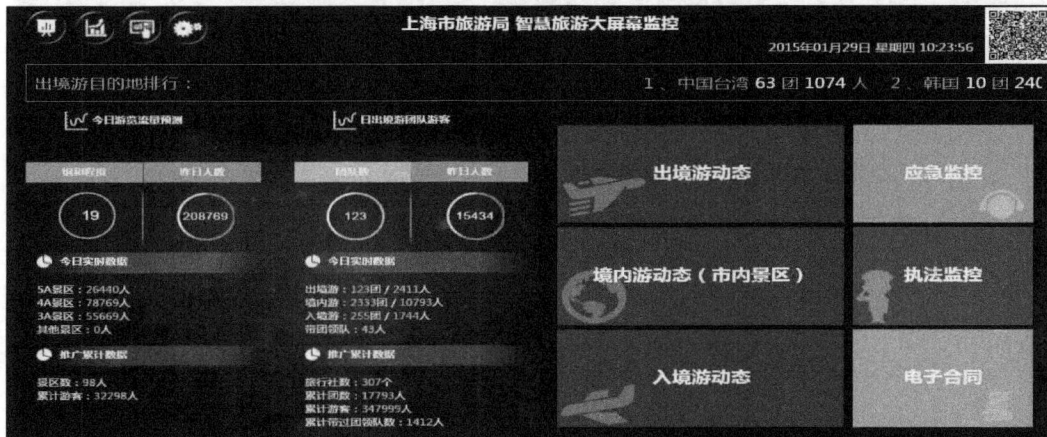

图 2-3 上海市旅游局智慧旅游大屏幕监控(一)

图 2-4 上海市旅游局智慧旅游大屏幕监控(二)

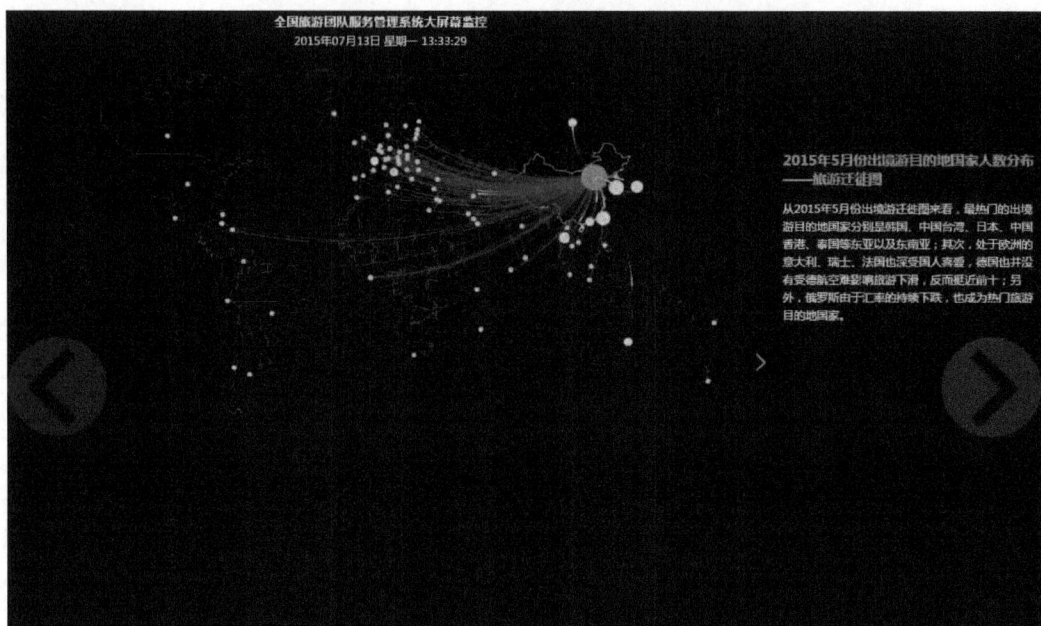

图 2-5　全国旅游团队服务管理系统大屏幕监控（一）

图 2-6　全国旅游团队服务管理系统大屏幕监控（二）

实训案例 1：金棕榈智慧旅游财务管理系统

　　金棕榈智慧旅游财务管理系统是旅行社财务部门适用的软件，系统包含旅行社所有涉及资金流的管理与账本的管理，以及相关凭证的保管。

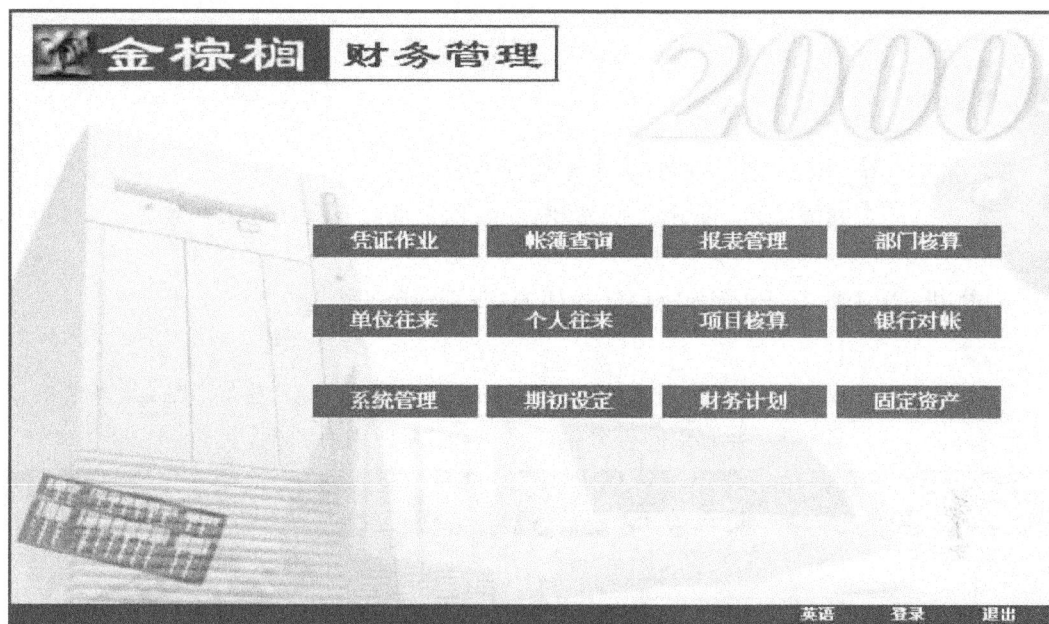

图 2-7　财务管理系统

图 2-8　机制凭证输入

练　习

1.根据系统中每一笔业务情况,制作会计凭证。
2.进行月末利润结转、费用分配、费用分摊、税金计算等自动转账业务。

实训案例2:金棕榈智慧旅游供应商管理系统

金棕榈智慧旅游供应商管理系统主要适用于旅行社,是计调发布产品,分享给供应商售卖的一个共享平台,类似于同行分销平台,但实际使用对象不同。

图2-9　线路管理图

练　习

根据数据库中已有的团队发布产品,发布产品过程中选择需要的供应商,可单选,可多选,可全选,之后给响应的供应商开设账号,供应商根据开设的账号进行线路的售卖。

实训案例 3：金棕榈智慧旅游旅保宝保险销售平台

金棕榈智慧旅游旅保宝保险销售平台主要适用于保险产品在线投保、代理投保、理赔项目等一些代理营销项目。

图 2-10　旅保宝销售平台

图 2-11　旅保宝订单管理

练　习

根据保险平台数据库中已有的保险产品，进行一次代理投保，投保完成后进行一次退保操作,之后在报表中验证是否成功。

实训案例4:金棕榈智慧旅游呼叫中心系统

金棕榈智慧旅游呼叫中心系统主要适用于旅行社的电商部门,用于接到客户投诉、电话咨询、客户电话预订等时,将问题进行记录、反馈或转交后台。

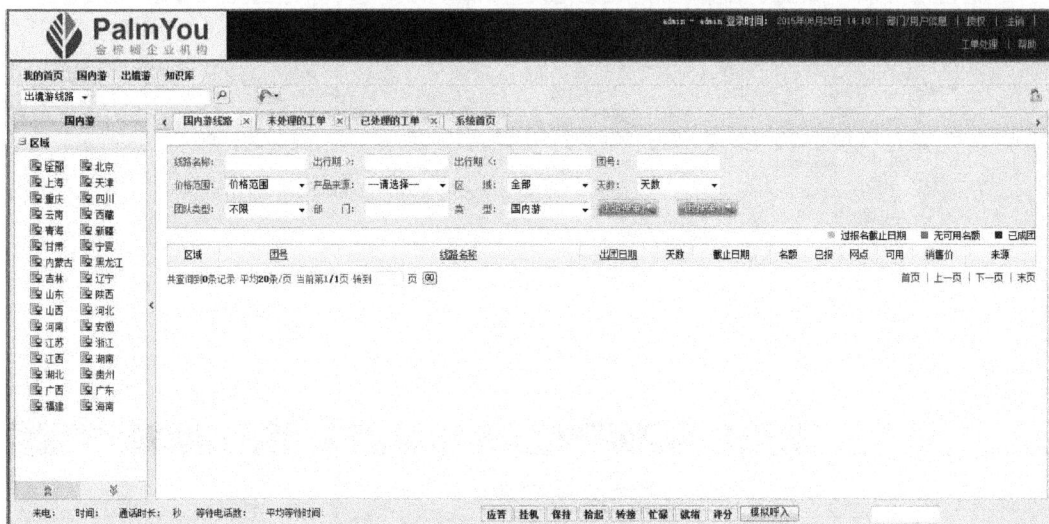

图 2-12 境内线路

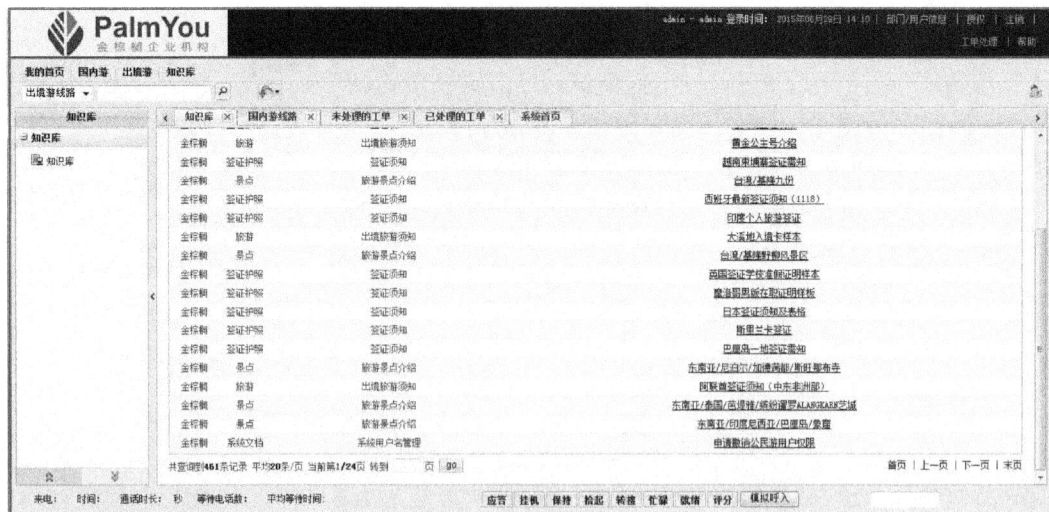

图 2-13 出境线路

练　习

进行一个模拟呼入，电话号码自拟，客户姓名为李玲，性别女，需要咨询的项目为英国签证需要的资料，然后进行一个上海—杭州的二日游报名。

实训案例 5：金棕榈智慧旅游客户关系管理系统

金棕榈智慧旅游客户关系管理系统主要功能是根据客户的信息，进行客户维护，会员卡的开设分配，客户分析，回访关怀，主要适用于数据分析部门，根据客户的信息及时跟进；还提供积分服务，可进行兑换产品的设计及产品的兑换。

图 2-14　客户管理系统

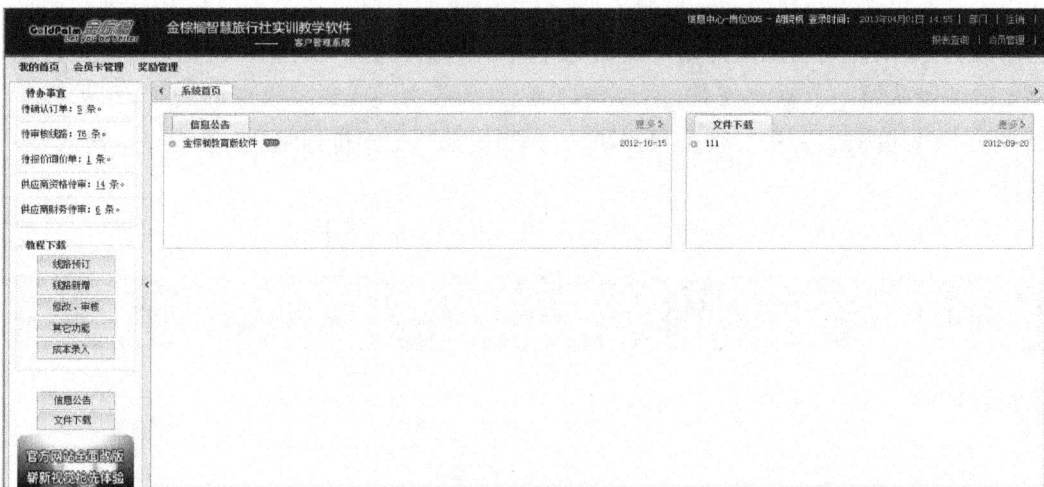

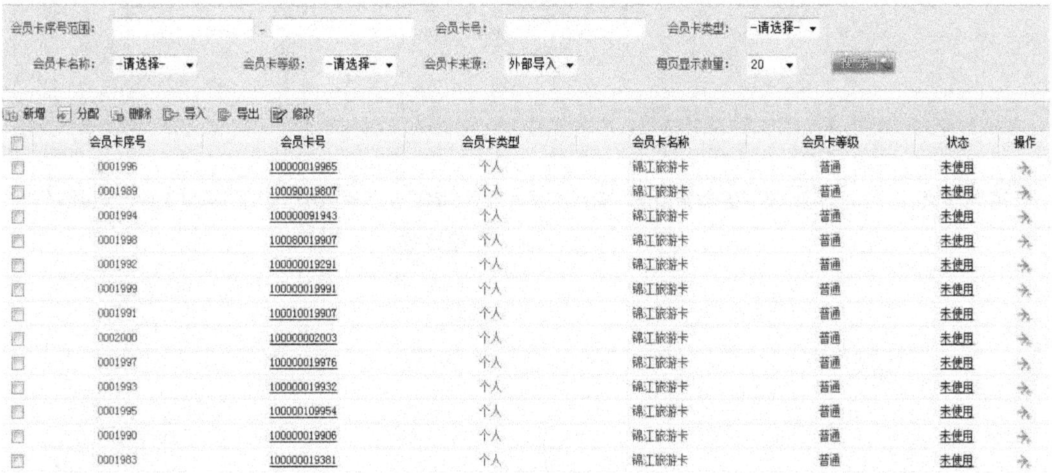

会员卡序号	会员卡号	会员卡类型	会员卡名称	会员卡等级	状态	操作
0001996	100000019965	个人	锦江旅游卡	普通	未使用	
0001989	100090019807	个人	锦江旅游卡	普通	未使用	
0001994	100000091943	个人	锦江旅游卡	普通	未使用	
0001998	100080019907	个人	锦江旅游卡	普通	未使用	
0001992	100000019291	个人	锦江旅游卡	普通	未使用	
0001999	100000019991	个人	锦江旅游卡	普通	未使用	
0001991	100010019907	个人	锦江旅游卡	普通	未使用	
0002000	100000002003	个人	锦江旅游卡	普通	未使用	
0001997	100000019976	个人	锦江旅游卡	普通	未使用	
0001993	100000019932	个人	锦江旅游卡	普通	未使用	
0001995	100000109954	个人	锦江旅游卡	普通	未使用	
0001990	100000019906	个人	锦江旅游卡	普通	未使用	
0001983	100000019381	个人	锦江旅游卡	普通	未使用	

图 2-15　会员管理

练 习

1.首先将客户王峰录入系统,姓名王峰,性别男,1982 年 8 月 4 日出生,手机号为13636311119,之后进行会员卡的开设,领用会员卡后,将会员卡与王峰进行绑定。

2.在奖励管理中录入一个新的奖励,奖励信息可自拟。

实训案例 6:金棕榈智慧旅游地接管理系统

金棕榈智慧旅游地接管理系统是模拟旅行社地接业务的整个流程,由供应商向旅行社提供酒店、景点等资源,由旅行社计调进行策划实收的过程。地接管理系统在旅行社中主要适用于入境部门和当地接团部门,其中两大主要模块分别是团队计划和团队计划落实,团队计划和团队计划落实由两个计调人员操作。团队计划主要功能是将需要接待的团队做一个整合安排,类似预订酒店,安排用车,景区景点的安排,用餐安排等;团队计划落实主要功能则是根据团队计划中的一些安排,将这些安排一一落实,生成订单。

具体包括资源采购、计调询价、计调落实、计调确认等模块。

图 2-16 旅行社地接管理系统(一)

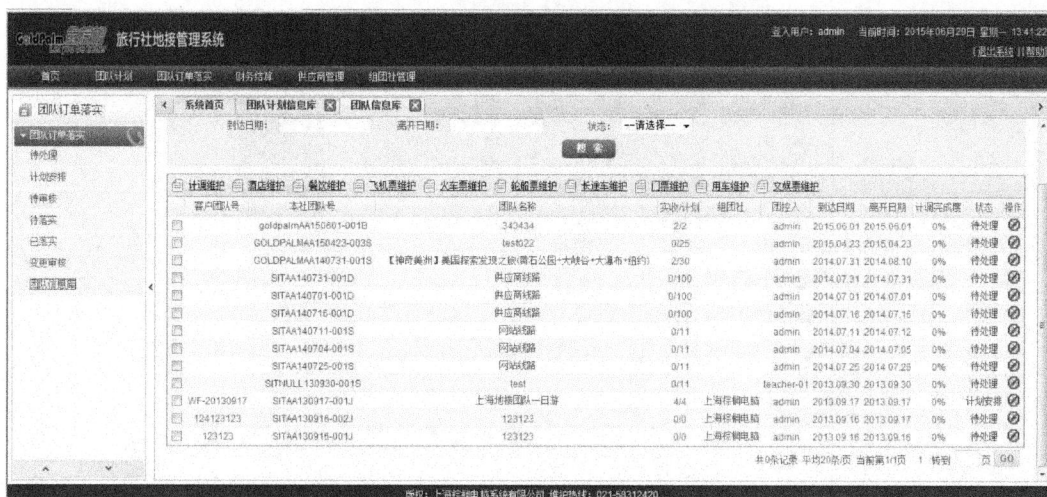

图 2-17 旅行社地接管理系统(二)

练 习

现在需要接待一个团队,团队一共 28 人,7 月 4 日从香港出发,7 月 5 日到达黄山,游览黄山全山,观看日出,入住酒店标准为四星级酒店,安排 35 人中巴车,用餐标准为每人每顿 12 元,全程需要一个领队一个全陪。

实训案例 7:金棕榈智慧旅游电子行程单系统

金棕榈智慧旅游电子行程单系统是旅行社改变纸质化合同的一种方式,解决了以往纸质合同过于烦琐的问题,改用电子行程单在设备上进行行程发布,执法部门可根据行程单二维码扫描进行检测。

图 2-18 全国旅游团队服务管理系统

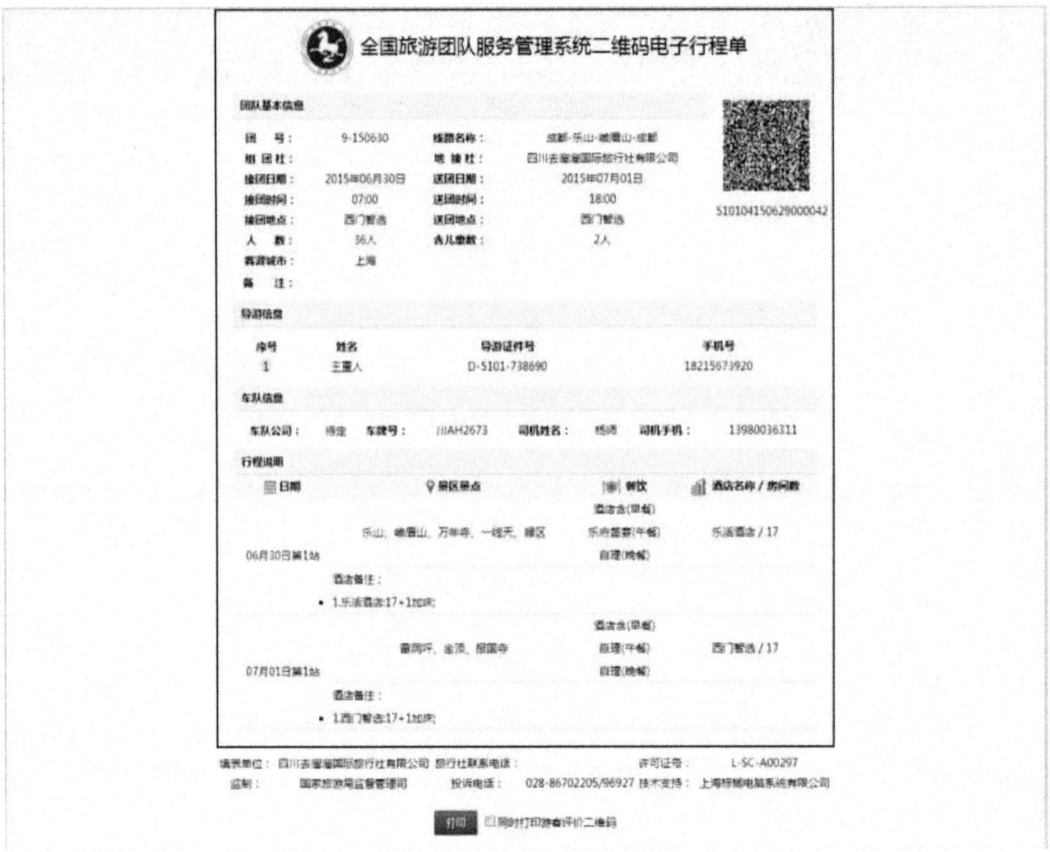

图 2-19　二维码电子行程单

实训案例 8：金棕榈智慧旅游全景互动系统

金棕榈智慧旅游全景互动系统主要是将线路库中已有的线路进行线路的导入和将线路推荐成线路促销状态，方便门店的展示及推广。

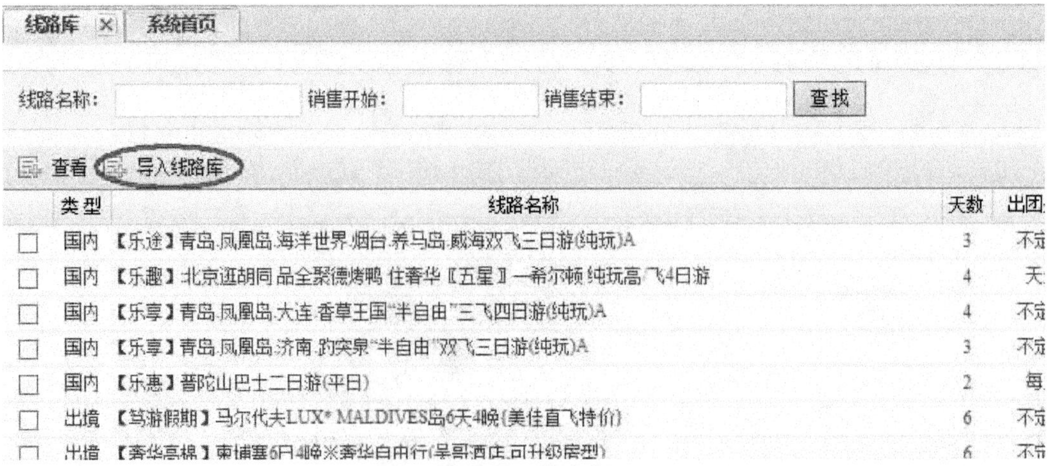

图 2-20　线路库

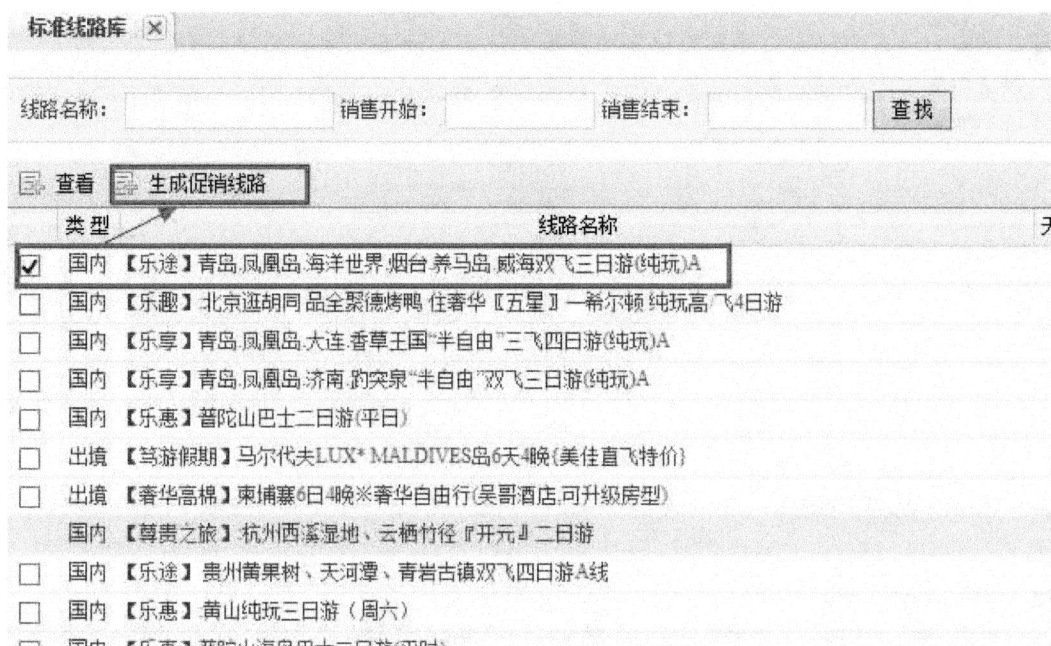

图 2-21　标准线路库

练　习

将业务系统中线路库中已有的热销线路导入系统,之后将一些热门线路推荐为热门促销线路,进行线路的介绍。

实训案例 9:金棕榈智慧旅游同行分销管理系统

金棕榈智慧旅游同行分销管理系统适用于多家旅行社互相分享产品并互相作为各方代理的操作,由各个旅行社将成熟产品登记到同行平台上,进行产品的销售,最后归类合并。

图 2-22　旅行社同行分销管理系统

图 2-23　旅行社同行分销管理系统

练　习

自选平台上任意一条线路,进行报名,报名信息自拟,之后根据流程提交后台并接手。

实训案例 10：金棕榈智慧旅游团队监管系统

金棕榈智慧旅游团队监管系统主要是旅行社与监管部门使用的系统,系统分为两方——旅行社与监管部门,旅行社进行上报,监管部门进行审批及监控。

图 2-24 团队管理系统

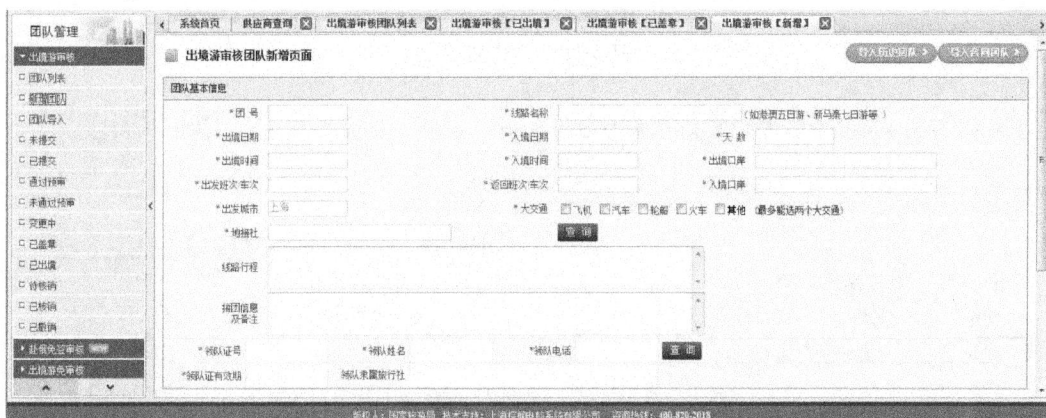

图 2-25 团队管理系统

练 习

在系统中新增团队,填入相应信息进行上报,再由监管部门进行审批,之后可在数据报表中监控团队。

实训案例 11:金棕榈智慧旅游网站管理系统

金棕榈智慧旅游网站管理系统主要适用于旅行社中,将已有线路按标签进行归类,按主题分类发布至网上,做到网上销售。

图 2-26　广告管理

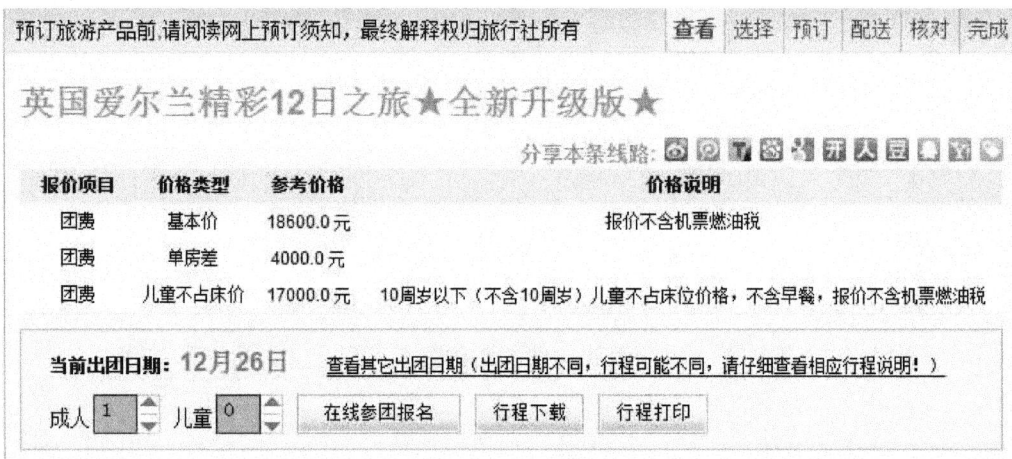

图 2-27　行程管理

练　习

根据线路库中已有的线路，进行标签分类、主题维护、图片上传，之后发布在网站上，在网站前台进行网上报名预订。

实训案例 12：金棕榈智慧旅游微商店管理销售平台

金棕榈智慧旅游微商店管理销售平台是掌上产品适用的一款产品，主要用于手机、Pad 等硬件，是方便游客从不同的角度去观看产品的功能模块。

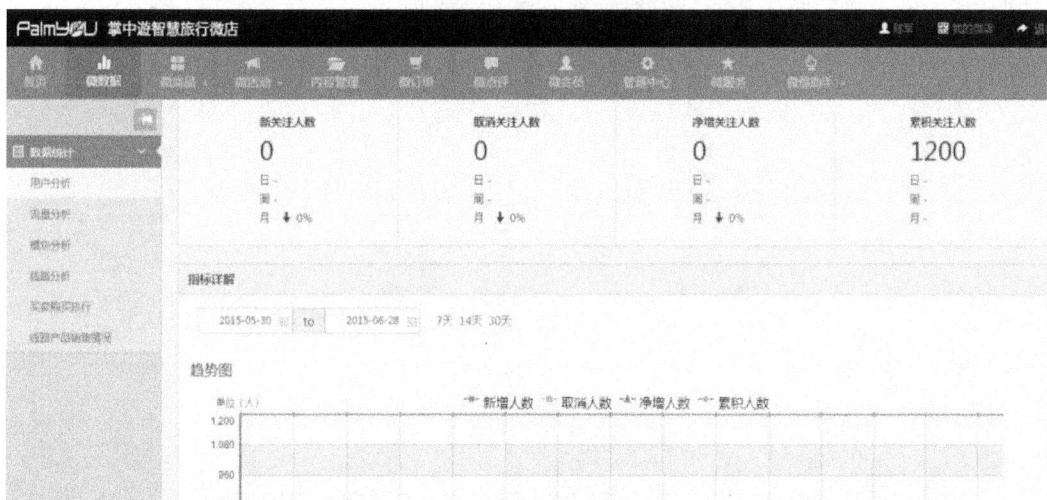

图 2-28　旅行微店

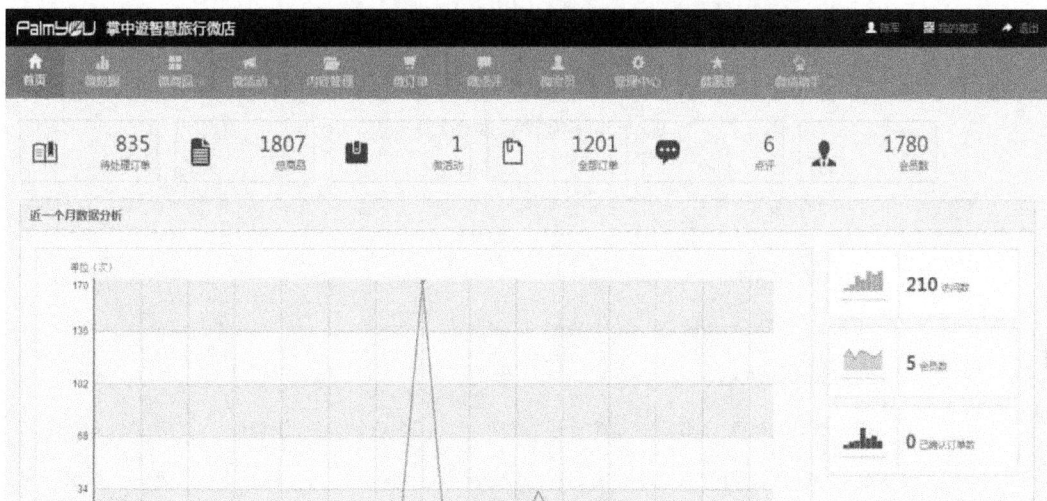

图 2-29　旅行微店

练　习

根据数据库中现有数据，将任意一条数据导入微商店平台，根据已有数据的内容进行线路团队的发布及销售，并从数据分析模块中查询销售情况。

实训案例 13：金棕榈智慧旅游邮轮管理系统

金棕榈智慧旅游邮轮管理系统主要是在一些港口城市的包含邮轮项目的旅行社开展业务，邮轮系统包含邮轮整体管理、航线管理、岸上游管理、航期管理、前台销售及知识库功能，其中最主要的两项功能是航线管理及岸上游管理。

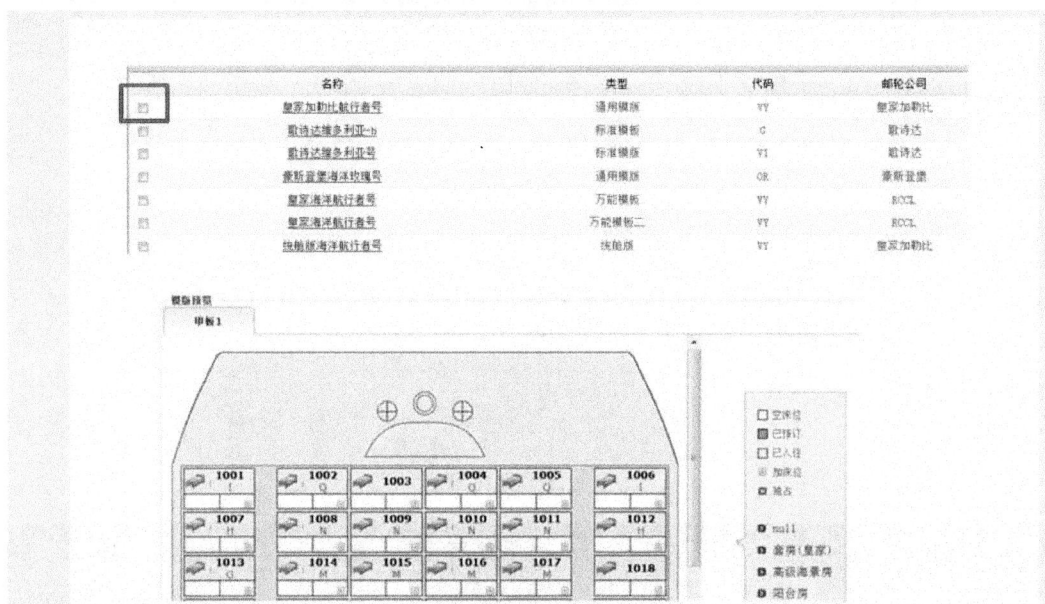

图 2-30　邮轮管理系统（一）

图 2-31　邮轮管理系统（二）

练　习

设计一条邮轮航线,航线名称为"歌诗达邮轮福冈航线"。7 月 4 日起航,7 月 9 日返航,共计 6 天 5 晚。其航线行程是 7 月 4 日 16:00 从上海出发,7 月 6 日到达福冈,岸上游玩 5 小时,7 月 6 日 16:00 从福冈出发返航,7 月 9 日到达上海。其舱位分为高级海景套房 5222 元,海景房 4600 元,家庭套房 4200 元,内舱房(4 人间)3800 元,邮轮上包含项目为用餐、游泳池等,自费项目为 KTV、舞厅、绿色网吧、酒吧。

第3章 智慧旅行社

3.1 概 述

智慧旅行社是指利用互联网,融线上线下旅游资源与精准化服务为一体,基于云平台,以大数据为驱动,以手机端为核心载体,与财务、营销、服务系统等各方实现无缝对接的一种旅行社新模式,目的是实现全业务、全方位在线功能,提高行业的服务效率和服务水平。智慧旅行社主要具有融合性、便捷性、低成本性、智能化、平台化、社交化、移动化、可视化、大数据化等特征。

传统旅行社(TA)、在线旅行社(OTA)与智慧旅行社(ITA)在客源地的范围、接待与经营方式、从业人员素质、依托的设备与技能手段、经营业态等方面都有着本质的区别。传统旅行社(TA)与在线旅行社(OTA)客源地多以国内和本地区为主,接待与经营方式以旅游组团、接待、旅游预订营销为主;从业人员具有旅游业务经验;以线下服务或以基于互联网的线上服务为主;利用传统的手工作业或辅助电脑系统;经营方式以门店和客户营销及网络营销为主。而智慧旅行社更多面向全球客源地,以旅游资源整合发布、旅游预订营销和有创新精神和掌握新技术的高技术从业人才为主;基于电子商务平台和便携的终端上网设备开展业务,以移动互联网营销为主。智慧旅行社综合采取O2O,B2C,B2B等形式,通过线上线下,不同手段、不同方式进行旅行社产品的预订、签约与交易。O2O模式实现线上完成交易,线下消费体验,同时具有在线数据、在线通讯、在线互动、在线保验、在线体验、在线呼叫平台、在线支付、在线销售、在线操作的特点。OTS则是以旅游线路及旅途服务类产品经营为主,如线上携程、驴妈妈、去哪儿、八爪鱼等。

表 3-1　智慧旅行社定义

序号	内容	注释及参考文献
1	"智慧旅行社(ITA)",也被称为"智能旅行社",就是利用云计算、物联网等新技术,通过互联网/移动互联网、借助便携的终端上网设备,将旅游资源的组织、游客的招揽和安排、旅游产品的开发销售、旅游服务等旅行社各项业务及流程高度信息化、在线化、智能化,实现高效、快捷、便捷和低成本规模化运行,创造出游客满意和旅行社企业赢利的共赢格局的企业。在线旅行社(OTA)是智慧旅行社的基础。	李云鹏:《智慧旅游规划与行业实践》,旅游教育出版社 2014 年版,第 198 页。
2	OTS 模式,即在线资源型旅行社模式(Online Travel Service),是大数据时代旅行社发展的一种新模式,是以旅行服务为核心业务,超越一般的旅行代理与中介业务,以应用互联网与移动互联网及大数据技术为手段,通过直采旅游资源,按照市场需求设计策划产品,通过社交媒体和网络媒体等新媒体营销,以及在线预订和在线支付等便捷电商平台,提供旅游消费者用户体验和满意度,从而提升企业的核心竞争优势,提高毛利收入以促进企业的可持续发展。	金棕榈企业机构提供(宋杰:《金棕榈云端 OTS2.0 解决方案》,2016 年北京金棕榈大数据与智慧旅游大会)
3	大数据时代的智慧旅行:游前精准营销、游中个性化旅行线路推荐、游后在线旅行的网络口碑。	钟栋娜:《大数据时代的智慧旅行 PPT》,2016 年北京金棕榈大数据与智慧旅游大会。
4	用智慧的方式做传统旅游:OTA(现阶段最成熟的在线旅游盈利模式,以旅游产品全产业链或单个细分元素渠道销售为主,依靠佣金盈利),垂直搜索(利用比价模式兴起的垂直搜索引擎,依靠流量盈利)以及 UGC(用户自行产生旅游需求的网站,以攻略模式为主,依靠广告盈利)。	金棕榈企业机构提供

3.2　意　义

　　智慧旅行社客观上修正了传统旅游产业模式出现的供需不平衡、旅游淡旺季、"零负团费"现象等瓶颈问题,加速了传统旅游行业和旅行社的整合,降低了交易成本,削弱了旅行社信息垄断,提高了旅行运营的效率,更好地满足了旅游者个性化、多样化与网络化的要求。当然,传统旅行社的产品制造及后端服务是线上旅行企业无法取代的,而线上旅行企业的分销功能及产品多样化也是线下旅行社的痛点。因此,智慧旅行社需要结合线上线下,以客户需要为核心,以提高旅游服务水平和服务质量为根本。

　　智慧旅行社可以实时掌控境内外团队及导游领队、导游轨迹等跟踪信息,并随时对带团质量进行监控,进行游客咨询管理,及时对游客的意见进行反馈处理,为旅游服务品质和导游领队评级定薪提供依据。

　　金棕榈是全国较早开展智慧旅行社业务的企业,在推动旅游全行业、全产业链、全业态产品系列数据连接方面起了带头与表率作用。智慧旅行社系统构建了门票预订分销平台、业务流程平台、在线预订电子商务网站、呼叫中心与会员管理。

表 3-2　智慧旅行社的意义

时间	内容	注释及参考文献
1	智能旅行社和智能旅游组织者的目标都是通过自己的销售点或网站,实现旅游服务套餐的直销,同时向客户提供动态组合套餐系统的入口。	唐亮:《"互联网+"背景下智慧旅游带动旅游产业发展分析》,《吉林工商学院学报》2016 年第6 期,第 14 页。
2	智慧旅行社(ITA)要求利用云端计算、物联网等新技术,通过互联网/移动互联网,借助便携终端上网设备,将旅游资源组织、游客安排、旅游产品开发销售以及旅游服务等旅行社各项业务与流程达到高度信息化、在线化和智能化,实现高效、快捷、便捷与低成本规模化运行,推动游客和旅行社的共赢发展,相互促进。	沈左源:《基于AHP 的旅行社智慧 APP 设计评价研究》,《特区经济》2015 年第 3 期,第80 页。
3	根据艾瑞网的监测数据,2014 年我国在线旅游市场交易规模为3077.9 亿元,在线渗透率达 9.2%。到 2015 年,我国在线旅游市场交易规模已达 4237.2 亿元,同比增长 37.67%,在线渗透率突破 10%。OTA 转型升级为 OTP(一站式旅行服务平),OTS(Online Travel Service),即在线资源型旅行社,就是具备互联网思维、融在线旅游与传统旅游及旅途服务为一体的新型企业运营模式。	赵阳:《智慧旅游背景下我国旅行社企业信息化建设探究》,《产业经济》2016 年第 6 期,第69 页。
4	传漾科技利用大数据为芬兰航空进行精准营销。传漾科技首先对芬兰航空进行需求分析,通过技术平台实现区域定位,再经数据筛选,找到目标人群,为芬兰航空进行精准的广告投放。当目标用户在上网站浏览时,网站广告位通过快速向传漾的 AdPlace 网络广告交易平台发送广告售卖请求,让 AdPlace 可以对用户属性进行快速判断分析,根据芬兰航空的品牌需求,对平台所管理的广告位进行匹配,从而决定广告的投放位置,并通过网络竞价,激活这些网页广告位,将动态信息直接定向送到可能有购买机票需求的用户面前。	《2014 大数据应用案例 TOP100》,转引自谢然:《大数据应用案例 TOP100》,《互联网周刊》2015 年第 6 期。
5	旅游大数据分析使得旅行社能够总览本社业务情况、市场地位,统筹安排各项业务。提供数据精准营销分析,协助旅行社定位客源市场,从而成功的利用旅游大数据平台分析将大数据转化为商业价值。比如,2014 年十一黄金周预测九寨沟七天首日客流量最低,准确预测低谷日且误差仅 2.58%;2013 年春节黄金周预测赴台游客数 5.78 万,预测的误差仅 0.3%;2013 年十一黄金周预测赴日市场同比增长 130%,该数据为日本旅游局直接采用;2010 年上海世博会预测单日次高入园人数,预测的数据为行业内最准确。金棕榈 2013 年春节黄金周赴台游客人数预测以及 2014 年劳动节我国出境与黄山市国内市场预测,金棕榈上海世博会 184 天日入园人数预测,均获得了较大的成功。	金棕榈企业机构提供

3.3　服　务

　　智慧旅行社拥有旅行设计平台，专门为旅游出行用户进行路线设计和定制服务；旅行设计师和旅行服务商可以通过网络发布服务和产品，打造旅行定制环境，减少中间环节，构建一个旅行路线设计与预订的自媒体生态系统。旅游者也可以通过智慧旅行社提供的定制化服务获得自助选配的旅行方案。区别于传统旅行社，智慧旅行社由旅行设计师精心一对一策划，每条路线都可以做到量身定制。智慧旅行社更易于通过互联网与大数据将经营触角伸向上游交通和下游客户终端，集中优势资源，实现规模化、范围化经营。

　　旅游者的智慧旅行需要随时上网、通讯、交通、购物、数据存储、充电续航、签署电子旅游合同等功能的保障。在线旅行社主要服务包括：在线智能审批与电子合同签名，实时监管团队动态，旅游突发事件预警预案，在线支付，出险救援，多语种服务，沟通无障碍。例如目前市场上的专车服务，就是利用移动互联网和大数据技术，创新交通出行服务模式，搭建起旅游或商务用车的信息服务平台，满足市民或旅游者多元化出行需求的服务。

表 3-3　智慧旅行社服务

序号	内容	注释及参考文献
1	1981 年，中国国旅引进美国 PRIME550 型超级小型计算机系统，用于旅游团数据处理、财务管理和数据统计。	张超：《信息技术对中美旅行社业务的影响比较研究》，《北京第二外国语学院学报》2003 年第 1 期，第 19—23 页。
2	广之旅携 IBM 启动"广之旅转型升级信息化建设项目"。广之旅与 IBM 合作，共同启动"广之旅转型升级信息化建设项目"，实现广之旅以客户为中心的业务转型。结合自身深刻的行业洞察与全面的旅游专业经验，广之旅与 IBM 通过涵盖整合营销、社交网络管理、会员管理、产品管理、渠道管理的全面信息化转型，在实现新的客户关系管理模式，重建旅游管理平台，打造基于数据分析的决策机制，强化电子商务能力以及构建统一的内容管理和企业门户等方面获得全面突破。	《2014 大数据应用案例 TOP100》，转引自谢然：《大数据应用案例 TOP100》，《互联网周刊》2015 年第 6 期。
3	这些数以亿计的数据，其中既包括在线旅游预订网站中用户的预订频率、价位，也包括旅游攻略网站中用户对酒店床垫软硬的评价，对旅游景点公共服务设施是否齐全的描述，还包括景区、酒店内部管理信息系统、视频监控系统、感知系统等所有智慧旅游系统所产生的大量数字、文字、视频数据，这些数据类型繁多，价值密度低。	罗成奎：《大数据技术在智慧旅游中的应用》，《旅游纵览月刊》2013 年第 8 期。

序号	内容	注释及参考文献
4	2014 年中国在线旅游市场交易规模突破 3000 亿元,在线旅游预订行业主要分为机票预订、酒店预订以及度假预订。从 OTA 市场份额来看,携程以超过 50％的市占率遥遥领先第二名。依托携程 2.5 亿用户总量 APP8 亿累计下载量社区用户高达 1.41 亿日活跃用户超过 200 万。	2016 年金棕榈北京大数据与智慧旅游会议携程"数字旅行 PPT"提供(ht-tp://you. ctrip. com/In-telligence. html)

3.4　实训案例:金棕榈智慧旅游核心系统

金棕榈导游领队管理教学系统以能力为本位,以就业为导向,系统以最新的旅游业务核心业务系统为蓝本而设计,采用成熟而稳定的"G 模型组合"跨平台技术开发,全 B/S 结构,囊括了以导游领队管理和服务为核心的旅游团队管理和服务流程,系统操作紧密贴合旅行社导游领队管理人员的派团管理操作场景、导游领队带团管理场景、游客信息查询场景、游客投诉反馈场景的实际操作,切实帮助学生模拟导游领队的实际管理和带团操作,使学生的学习更轻松高效,让老师的备课和教学更得心应手。

这一系统特别适用于中职、技校、大专等院校,学生通过金棕榈导游领队管理教学系统可以进行导游领队管理的核心管理和相关服务仿真操作,让学生在校期间就体验到旅游的实际业务工作,增强专业技能,求学就业零距离。

3.4.1　金棕榈导游领队管理平台教学系统(服务旅行社管理人员)

(1)派团管理。

主要用于导游领队管理的平台部门的业务处理,旅行社导游领队管理部门根据业务部门提供的导游领队具体需求,在导游领队的数据资料库中查询符合需求的导游领队人选,并设置所选导游领队的派团计划,实现导游领队网络化、电子化、一体化经营和管理,有效提升日常业务处理效率及工作协同性。

派团管理列表

| 行程日期 | – | | 性别 | | 前往地(国内) | | 前往地(国外) | | 签证有效国家 | |

姓名	性别	手机号码	带团状态	历史带团数	新增派团
张新宇	男	15608767588	带团中	58	3
张新宇	男	15608767588	带团中	58	3
张新宇	男	15608767588	带团中	58	3
张新宇	男	15608767588	带团中	58	3
张新宇	男	15608767588	带团中	58	3
张新宇	男	15608767588	带团中	58	3
张新宇	男	15608767588	带团中	58	3
张新宇	男	15608767588	带团中	58	3
张新宇	男	15608767588	带团中	58	3
张新宇	男	15608767588	带团中	58	3

第 < 1 > 总 18 显示 10 ▼ 总178条数据

图 3-1 派团管理列表

(2)导游领队资料库管理。

建立旅行社的导游领队数据库,包括导游领队的个人信息、导游证/领队证信息、护照和签证、身份证等信息,同时根据游客的反馈情况建立导游领队的个人带团记录评分体系,为旅行社管理人员提供相关证件的有效期提醒服务。

王晟曦

性别:男
英文姓名:alex
联系手机:18707135552
生日:1981-08-28
出生地:上海

导游证信息

导游类型:xxxxx
导游级别:A
导游证号:2489858
有效期:.2016-08-18

领队证信息

领队证号:76239875
有效期:2016-09-10

台湾领队证信息

台湾领队证号:7326845784
有效期:2016-10-10

身份证信息

身份证号:320881198109285465
签发地:菏泽
有效期:2020-10-18

港澳通行证信息

港澳通行证号:45785656
签发地:上海
发证日期:2014-09-20
有效期:2015-09-19

赴台证信息

赴台通行证号:75834785
签发地:上海
发证日期:2014-09-20
有效期:2015-09-19

护照信息

护照号:45747574
签发地:上海
发证日期:2014-09-20
有效期:2016-09-15

签证国家信息

签证国家名称:美国
签证种类:旅游
有效次数:3
签发地:上海
签发日期:2014-10-18
生效日期:2014-10-18
有效期:2015-08-23
签发地:上海

图 3-2 导游领队数据库

（3）游客反馈管理。

针对游客提交的反馈建议和满意度评价进行相关处理和备注，方便旅行社进行统一管理和控制，提高服务质量。

团队详情

团号-57384674568

线路名称：三亚5日自由行 两晚三亚 两晚情侣套餐
导游/领队名称：王升旭
联系手机：18707135552

详情	投诉	满意度

基本信息

行程日期：2015/03/18-2015/03/23	游客数（含儿童）：40	客源城市：上海
接团时间：2015/03/18	接团地点：三亚	游览天数：5天
送团日期：2015/03/23	送团地点：三亚机场	

行程信息

D1 前往地-三亚

图3-3　团队详情

3.4.2　实训案例：金棕榈智慧旅游棒导游管理平台

智慧旅游门店销售管理系统是模拟旅行社销售人员进行收客的系统，主要面向旅行社门店的销售人员，门店销售人员根据计调向发布的团队进行售卖推广，可以实现出境游、国内游、自由行等各类旅游产品查询、询价、销售、收银以及包团业务的询价、报价、销售、收银管理等业务流程。

其主要模块分为国内游、出境游两类，内容分布明确，有 4 个主要的流程，具体包括查询线路——报名——填写订单——收款。另外，还有包团销售和收银管理等其他功能。线路查询是指通过分类检索、专题查询、个性化搜索等功能，门店销售人员可以快速、便捷地向游客推荐最适合的旅游线路，并及时为游客打印、发送行程单，同时支持E-mail、电子传真等多渠道发送。收客报名是指游客查询线路后，门店销售人员可查看线路的报名额度、收客情况、占位情况，从而选择相应线路进行预订，操作简单明了。同时，还可对订单进行模糊查询、确认取消等操作，大大提高订单管理效率。包团是由销售发起向计调询价并最后确认成团的过程，整个流程需计调和销售互相配合使用。而包团销售是由销售发起填写询价单,并确认报价的模块。收银管理是销售人员收取欠款并让财务进行确认的模块。

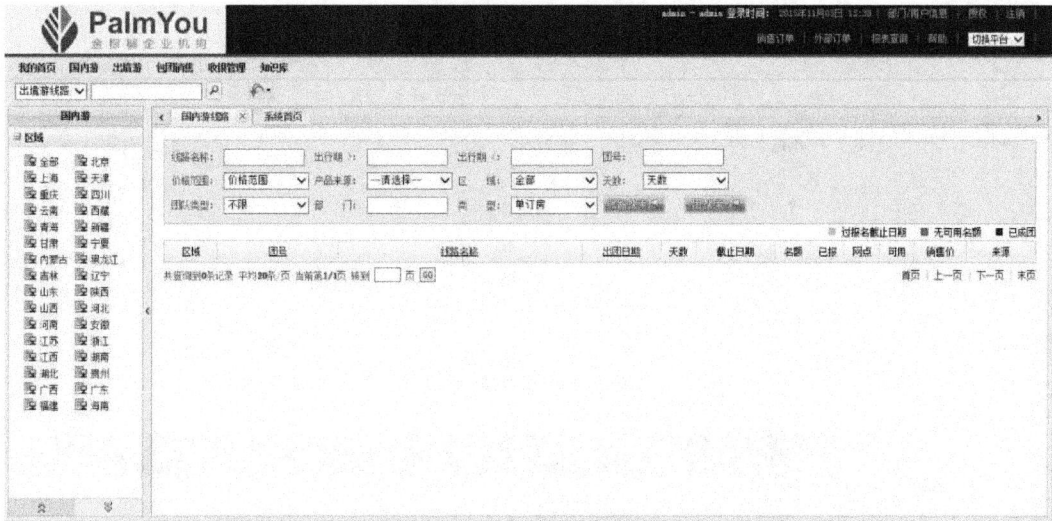

图 3-4　国内游平台

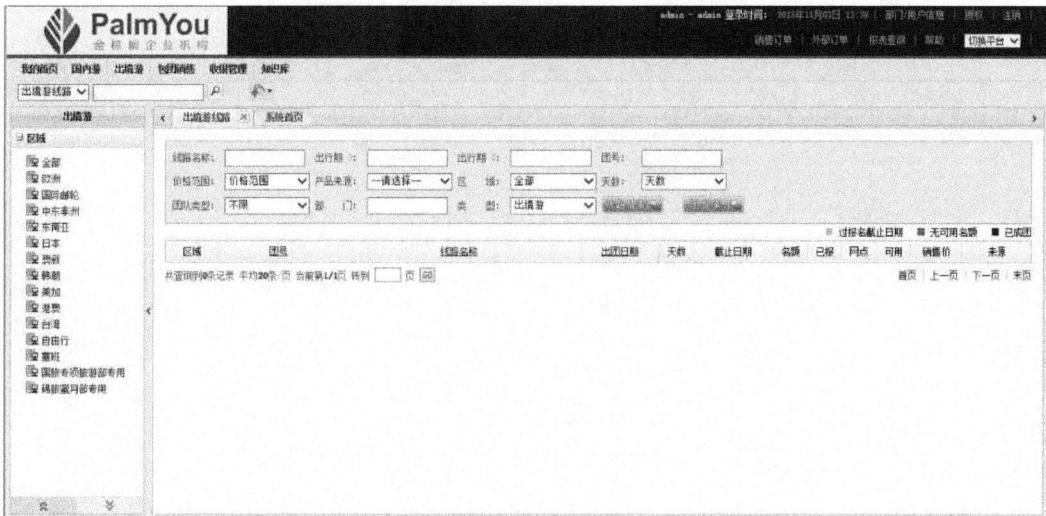

图 3-5　出境游平台

图 3-6 包团销售

图 3-7 收银管理

练 习

选择系统中任意一条在售的线路,进行线路报名预订及报送财务操作,报名游客名字为王溢,非会员,一人代替三人报名,另三人名字为王峰、蔡骏、刘家义,价格以报名线路的价格为准,并将报名后的收入报送财务。

3.4.3 解决方案提供商

金棕榈智慧旅游棒导游管理平台可以让导游根据自身的特点,在手机 APP 端以自由销售的模式进行推广,让游客根据自身的需要选择导游,接单后进行游览。

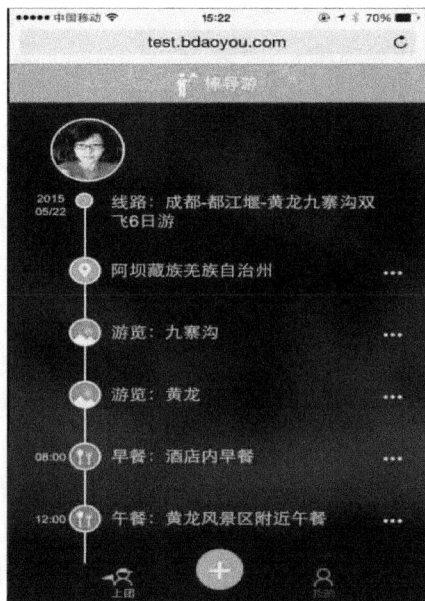

图 3-8　棒导游系统

图 3-9　团队信息

练　习

将导游信息录入棒导游系统,进行在线注册,姓名刘丽敏,性别女,年龄 23,有导游证,所属公司可自拟。

3.4.4　智慧旅行社网站管理平台

为旅行社提升日常营销工作搭建了一个可实现在线报名、实时订房订票、在线咨询、在线支付、游记分享等功能的实时交易平台。

可以进行网站的页面管理,换图片,换 title。

可以进行标签的维护,明确地域分区,管理网站页面整洁。

标准化网站,可实时显示后台发布的数据。

支持网站显示和后台管理实时互动。

相关在线帮助系统功能和在线指引功能。

第4章 智慧景区

4.1 概 述

智慧景区将成为现代景区的服务标准之一。智慧景区主要在智慧旅游预订、智慧旅游体验、智慧旅游营销、智慧景区管理、智慧景区经营等方面实现智慧旅游。智慧景区信息管理系统是智慧景区服务的核心资源,通过对智能传感器、无线传感器、物联网、对地观测传感网和导航定位,以及采用云计算、大数据、空间地理信息的综合集成,对海量的景区旅游资源、游客身份、设施设备、安防监控、射频识别、红外感应、设施设备、工作人员以及大气、水文、植被、景观、人流、三废排放等不同尺度的时空数据进行传输、处理、记录、控制、存储和合成显示,并将数据直观、形象地展现给管理者,为景区各项事务的决策提供依据和支持。

智慧景区基于物联网和云计算的智慧环境系统,在感知、传输、应用三个层面为游客提供智慧旅游服务。底层感知层数据采集端,由自动监控设备实时采集的传感器组成,收集环境基础信息和监测数据及视频信息;中层是以数据传输为主的网络传输层;上层为云计算平台,是整个系统的云数据中心和云服务中心。云平台上的数据包含基础数据、监测数据、视频监控数据、统计分析数据、空间数据、政务数据等,实现数据整合和数据共享。

智慧景区通过完善景区信息网络基础设施与数据中心,实现景区景点实时导航、景点查询、定位监控、报警处理、应急预案、调度管理、天气预报、交通信息、旅游宣传等功能,目的是提高景区管理效率和实施动态管理。同时,智慧景区有利于科学合理地设计规划景区项目与内容,控制景区游客流量与保护景区资源,丰富旅游产品,使游客可以自己选择线路,智能地感知云平台所提供的动态信息,显著提升旅游景区服务质量与服务水平,满足旅游者个性化与现代化的旅游需求。

表 4-1　智慧景区定义

序号	内容	注释及参考文献
1	"智慧景区"是在"数字地球"向"智慧地球"转型这一重大背景的基础下,结合景区特性,运用人类最新文明成果,构建智慧网络,实现景区智能化发展;将最新管理理念同最新技术成果(尤其是物联网)高度集成,全面应用于景区管理,从而更有效地保护旅游资源,为游客提供更优质的服务,实现景区环境、社会和经济全面、协调、可持续发展。	李云鹏等:《智慧旅游:从旅游信息化到旅游智慧化》,中国旅游出版社2013年版本,第226页。
2	"智慧景区"概念是"景区在全面数字化基础之上建立可视化的智能管理和运营,包括建设景区的信息、数据基础设施以及在此基础上建立的智能化管理平台和决策支持平台"。	邵振峰、章小平、马军等:《基于物联网的九寨沟智慧景区管理》,《地理信息世界》2010年第5期,第13—38页。
3	"智慧景区"指利用现代科学技术集合形成智慧网络,并结合创新的服务理念与管理理念,实现更加精细和动态方式管理景区,达到景区运营最优状态,实现景区环境、社会和经济全面协调可持续发展。	申屠振峰:《"智慧景区"的构成、价值及发展趋势》,《中国管理信息化》2015年第4期,第188页。
4	智慧景区是基于数字景区建设的基础之上,依靠物联网、云计算等现代通信与信息技术,实时、及时为游客和景区提供信息,实现景区信息化和智慧化服务管理体系的平台。邵振峰等(2010)在基于物联网技术的研究下,认为智慧景区是指景区在全面数字化基础之上建立可视化的智能管理和运营,包括建设景区的信息、数据基础设施以及在此基础上建立的智能化管理平台与决策支撑平台。	王春霞、单文君:《杭州西溪国家湿地公园智慧旅游现状及发展策略研究》,《现代商业》2016年第17期,第82页。
5	智慧景区是指景区在全面数字化基础之上建立可视化的智能管理和运营,包括建设景区的信息、数据基础设施以及在此基础上建立的智能化管理平台与决策支撑平台。	邵振峰、章小平等:《基于物联网的九寨沟智慧景区管理》,《地理信息世界》2010年第10期,第12页。
6	智慧景区就是结合景区特点,将物联网、云计算等新兴信息技术集成起来构建信息与决策网络,增强人类感知、控制和管理的能力,更加精细和动态地管理景区,达到"智"状态(李洪鹏等,2011)。"游客感知系统、决策支持系统和游客服务系统"是智慧景区的建设核心。所谓智慧,是指对事物能迅速、灵活、正确地理解和解决的能力(《新华字典》第10版,商务印书馆)。	陈建斌、郑丽、张凌云:《智慧景区IT能力模型及其核心构成研究》,《旅游科学》2014年第2期,第14—18页。

4.2　意　义

由于手机等移动终端的使用,智慧景区所展示的信息化旅游产品具有形象化、数字化、功能智能化以及具有在线支付与信息反馈等网络化的特点。智慧景区的各类结构与非结构数据异常丰富,既有实时观测的旅游人流、设施设备、环境变化、交通流量、财务营收等实时数据,也有景区宣传介绍等资料存档数据信息。从数据类型上分类,智慧景区既有文本数据、影像数据、视频影音、矢量数据、位置数据,也有平面与立体地形等三维数据。这些信息与格式多元、异构的数据通过对信息资源的标准化处理与建模,使得智慧景区的软件数据处理更显重要。除了数据层,在智慧景区软件系统中还有组件层、服务层、功能层和应用层等软件层次结构。应用层主要完成智慧景区的智能化营销宣传、智能化服务与管理、智慧化监管及突发事件的预警、应急响应和事件评估决策的信息服务需求。

智慧景区可以利用搜索网站的大数据,提前预测景区的拥挤度,提前收集游客的兴趣、决策、行动、体验、游客的口碑等消费者行为,并对旅游产品进行网络营销、采购、咨询、生产、销售与结算并开展网络考评、大数据开发,满足游客的食、住、行、游、娱、购,以及导游、导航、导购、导娱、导服、GPS 车辆调度、网络售票、景点视频在线播放等需求,实现智能定位、智能语音、智能查询、智能支付、智能分享、用户自助旅游等功能与服务诉求。通过智慧景区二维码可观看景点视频,APP 自动导播、导航,景区的导游、交通、客服等可为客户提供"随时随地、随叫随到"的服务,故智慧景区对深化旅游产品开发,满足旅游者的兴趣爱好与激发旅游者的消费潜能方面具有重要意义。

表 4-2　智慧景区开发意义

序号	内容	注释及参考文献
1	陈杨、党安荣总结智慧景区建设的体系结构,将智慧景区分为信息基本设施的网络层(网络通信管理、网络安全管理)、数据基础设施的数据层(数据查询与分析、数据编码与管理、数据传输与备份等)、共享服务体系的应用层(用户管理、安全管理、信息访问交换,以及业务管理、旅游管理公共服务等)、决策支撑体系的决策层(综合评价、情景分析、预测模型等)。	陈杨、党安荣、张艳:《智慧景区建设促进低碳旅游发展》,《九寨沟》2011 年第 1 期,第 12—17 页。
2	智慧景区管理平台可以为游客提供餐饮娱乐消费引导、远程预订、导游、导航、门票预订和紧急救助等智慧旅游服务;为景区提供资源管理、市场营销、游客流量控制、车船调度、远程监控、设施设备监控以及抢险救灾等智慧经营管理服务;为监管部门提供环境监测、交通协调、资源调度和应急处置等政务管理服务。	申屠振峰:《"智慧景区"的构成、价值及发展趋势》,《中国管理信息化》2015 年第 4 期,第 189 页。
3	"智慧服务"是在物联网、地理信息系统技术等现代化技术的基础上,以游客为中心,整合并智慧化景区各类服务平台,在为游客提供旅游信息服务的同时,能够满足游客的个性化和人性化服务需求的服务模式。	王春霞、单文君:《杭州西溪国家湿地公园智慧旅游现状及发展策略研究》,《现代商业》2016 年第 17 期,第 82 页。

序号	内容	注释及参考文献
4	旅游景区和旅游饭店根据 Wi-Fi,可以了解抓取用户数据,包括进入旅游景区或饭店用户数据和 VIP 用户数据,利用旅游景区和饭店网络,打通线下景区与饭店和线上的 Wi-Fi 与 VIP 账号。当旅游者进入景区或饭店,他的手机连接上 Wi-Fi,后台就能认出来,通过以往顾客档案资料,顾客的喜好、个性化需求便会在后台呈现。旅游景区则可以通过对顾客的电子门票、磁卡、行走路线、停留区域的分析,来判别旅游者对旅游产品与环境的喜好,分析旅游消费者行为、旅游频率和对景区或饭店所有产品观赏与使用习惯。通过累积旅游者对相关旅游产品的喜爱程度的数据,依托景区或饭店的相关数据,可以推导今后改进管理与提高营销手段的意见,态调整和不断创新的营销活动,所有的营销、招商、运营、活动推广都围绕着大数据的分析报告来进行的大战略。	《2014 大数据应用案例 TOP100》,转引自谢然:《大数据应用案例 TOP 100》,《互联网周刊》2015 年第 6 期。
5	目前我国现有的与游客流量显示有关的大数据统计系统主要包括国家旅游局目的地营销系统平台、国家旅游局旅游统计系统、全国"黄金周"假日旅游预报系统。	王锐杰、尹怡欣:《假日旅游流量预测模型的研究》,《计算机应用》2008 年第 28 卷第 6 期,第 344 页。

4.3　服　务

　　智慧景区可以发挥物联网的人流识别、红外线识别、定位、跟踪、监控与管理功能,对智慧景区的交通、环境保护、管理监测、景区安全、游客活动、智能消防、资源管护进行管理。

　　智慧景区的游客可以通过佩戴射频识别装置,在景区范围内证明身份,打开自己的房间门,购买食物和纪念品,进行游玩与娱乐活动。智慧景区的电子巡更系统还可对景区工作人员定点岗位工作状态进行跟踪管理,将视频系统与身份跟踪系统融合,确定景区旅游者与工作人员的轨迹定位,实现及时语音信息沟通。智慧景区的触控系统还可在售票大厅、重要旅游景点供旅游者进行实时操作,使旅游者按自己个人的意愿对信息进行选择、收集、整合并形成双向式传播。各类智能设备实现了景区场景再现、现实感增强,使景区游览娱乐化,大大增强了景区的旅游功能。

　　智慧景区可以通过分析大数据,预判景区的旅游热度,为广大游客提供交通避堵疏通的信息服务。智慧景区根据实时客流、票房数量、实时收入情况,以及景区周边道路、恶劣天气、景区和人员密集场所的人流量,进行实时发布和预测,同时,发布实时统计的景区游览舒适度指数。

　　智慧景区系统的电子门票与二维码技术以及微信功能可以实现智能购票。智慧景区提供全程免费 Wi-Fi 网络,使游客在智能导航、导游、导购的服务下,完成景区旅游。

而景区 APP 的应用,可以让游客身临其境地获得虚拟导游的讲解及图文并茂的景区自然、历史与文化的重现图像。智慧景区的管理者通过景区电商平台,收集游客数量及行为特征数据,并进行后台分析,开展有针对性的、精准的宣传营销服务;并通过微信、微博、网站进行宣传,在线投放当地土特产、文化娱乐旅游、旅游出行的各种信息服务。景区电商平台还可以通过在线服务实时与游客保持沟通与联系,并为游客提供咨询、求助、诉求、安全等服务。

表 4-3 智慧景区服务

序号	内容	注释及参考文献
1	景区智慧旅游的"智慧"主要体现在在旅游服务智慧、旅游管理智慧和旅游营销智慧三方面。"智慧景区"建设需要在"数字景区"的基础上实现"信息数字化、应用网络化、服务人性化"。	李云鹏:《智慧旅游规划与行业实践》,旅游教育出版社 2014 年版,第 125 页。
2	智慧服务:餐饮商户选择和知名度高的 APP(如天猫、支付宝)进行合作。智慧营销:商户选择与专业团购 APP(美团、百度糯米、大众点评)合作,与"行呗"APP 合作。智慧管理:通过实时监控,管理游客的行为,控制人流量。	王春霞、单文君:《杭州西溪国家湿地公园智慧旅游现状及发展策略研究》,《现代商业》2016 年第 17 期,第 83 页。
3	智慧景区的实质则是用智慧技术和科学管理理论的高度集成来取代传统的某些需要人工判别和决断的任务,达到各项工作业务的最优化,推进景区管理和服务电子化、瞬时化、便捷化、系统化、精准化和高效化,营造出一个个运作规范、高效的智慧景区。	葛军莲、顾小钧、龙毅:《基于利益相关者理论的智慧景区建设探析》,《生产力研究》2012 年第 5 期,第 183 页。
4	景区智能管理系统、信息服务智能系统、智慧游览系统、智慧预报系统、旅游电子支付、景区综合智能系统、景区安全救助智能系统、景区智能交通系统和景区资源保护智能系统 9 个方面进行智慧景区的建设。	汪侠、甄峰、吴小根:《基于游客视角的智慧景区评价体系及实证分析——以南京夫子庙秦淮风光带为例》,《地理科学进展》2015 年第 4 期,第 448 页。
5	智慧黄山景区数据仓库系统,包括矢量空间数据、栅格影像数据、DEM 等基础数据库,也包括资源保护数据库、环境监测数据库、视频音频数据库、规划管理数据库、业务管理数据库、游客服务数据库以及数据分层交换体系和数据安全保障体系。	梁焱:《基于云计算的智慧黄山景区数据基础设施规划方案》,《中国园林》2011 年第 9 期,第 27 页。
6	2010 年九寨沟提出建设"智慧九寨"智慧景区伊始,智慧景区开始进入游客的视野。2011 年国家旅游局提出智慧旅游发展战略后各地开始了智慧旅游探索。截至 2012 年共有 62 个省市提出了智慧旅游发展战略。各地旅游手机客户端:南京游客助手、i Travels 上海、挥客、ITRAVELS 象山手机导航平台、乐游龙城、"杭州智慧旅游"手机 APP、壹旅图探索系列——背着手机玩云南、智游鼓浪屿。	金准、廖斌:《我国智慧景区的变革与创新》,《北京第二外国语学院学报》2015 年第 1 期,第 76—80 页。

序号	内容	注释及参考文献
7	智慧景区泰山目标内容:泛在感知、互联互通、智能处理; 智慧景区黄山目标内容:资源保护、旅游服务、经营管理、安全防范、持续发展; 智慧景区九寨沟目标内容:资源保护数字化、运营管理服务智能化、旅游服务信息化、产业整合网络化; 智慧景区中山陵目标内容:智慧服务、智慧管理、智慧营销; 智慧景区奉化大佛目标内容:导游、导航、导购、导览; 智慧景区颐和园目标内容:古建保护与修缮管理信息系统、公园绿化网格管理信息系统、文物管理展示信息系统; 智慧景区镇江醋文化博物馆目标内容:提升游客体验。	张凌云:《中国智慧旅游建设的现状与发展趋势》,转引自黄先开、张凌云:《智慧旅游:旅游信息技术应用研究文集》,旅游教育出版社 2014 年版,第 292—293 页。

4.4　实训案例:智慧景区导游模拟实训系统

网络版教学:系统为 50 节点网络版,可以同时安装在 50 台电脑上,满足 50 个学生同时进行自主学习实训。

教学模块:分为固定线路及自主漫游模式,其中固定线路为系统设置好的导游线路,系统自动进行。在行进到知识点的时候会有该知识点的信息窗口弹出,窗口内容包含视频的导游词解说、文字介绍以及图片等多媒体信息。自主漫游模式下操作者可以通过鼠标键盘的操作在场景中无限制地漫游,通过点击景点名称切换至点击的景点同样会有该景点的多媒体窗口显示。

备课模块:以教师为导向,方便老师对信息点内容进行修改、增加和删除,主要是针对教学工程中的视频、音频、文字等进行修改增减;方便教师根据实际情况,进行灵活备课。

实训模块:包含在线互动问答、景点讲解实时录制、系统录制等实训功能。其中在线互动问答功能在学生通过账户密码登录后能够形成在线交互圈,在练习的时候能够相互帮助,同样也能请教在线的老师。景点讲解实时录制功能可通过摄像头录制学生实训过程中的讲解内容及讲解时候的形象并保存在数据库内,在系统中提取查看。系统录制功能可让学生在老师发布任务的时候对整个场景的操作以及老师的讲解内容与行为仪态进行录制,录制完成后能够提交老师审核。

场景介绍模块:对每个场景进行细致的整体性讲解。

导游突发事件模块:通过高清摄像拍摄手段实现,重现相关学校(老师和学生)参与模拟中实际发生的特殊事件过程:旅行团遭遇自然灾害(包含遭遇地震、遭遇台风、遭遇泥石流等)措施,游客遭遇特殊事件(包含游客骨折、蜜蜂毒虫蛰咬、游客中暑、游客溺水等)应急措施,出国旅行团遭遇群体事件处理以第三者视角为主视角,完整演绎事件全过程;另外,还包含课程介绍、名师介绍、教案连接、其他视频功能。

出国旅游领队工作过程导向演绎模块：通过高清摄像拍摄手段实现，相关学校（老师和学生）实际参与模拟的主要工作内容是在出境的机场，集合客人，为游客换发登机牌，填写出境报关单、出境卡，协助客人登机。监督地接导游的工作，协调游客的食、住、行、游、购、娱等各项内容，回国时在机场填写报关单、出境卡等相关流程；另外还包含课程介绍、名师介绍、教案连接、其他视频功能。

旅游心理学案例演绎模块：通过相关学校（老师和学生）真实人物并配合某地景点，通过高清拍摄手段，淋漓尽致地展现导游心理的变化以及处理事件的整个过程。包含五个心理学案例的高清视频，并配以详细解说。另外还包含课程介绍、名师介绍、教案连接、其他视频功能。

导游工作流程模拟软件（中英双语）通过高清摄像拍摄手段再现，相关学校（老师和学生）模拟实际工作过程，如接团、上车、入住、就餐、带团、送团等，以第三者视角为主视角，完整演绎工作全过程。另外还包含课程介绍、名师介绍、教案连接、其他视频功能。

导游技能大赛电子评分系统模块：软件具备三个基本控制模块，包含"主持控制端""后台管理端"与"评委评分端"。

（1）主持控制端能在跨屏模式下分屏显示大屏幕显示窗口及桌面控制窗口。

①桌面控制窗口包含大屏幕显示窗口的控制功能，显示隐藏相关的显示信息，包含大赛赛项选择功能、选手编号显示选择功能、赛项控制选择功能、赛项资料（图片、音频、视频、PPT）打开同步显示功能、计时器自动控制功能、赛项进程控制功能（赛项的开始、结束、评分控制等）、评委的连接状态及评分提交状态显示功能、评委数量设置、选手组别选择功能。

②大屏幕显示窗口能根据桌面控制窗口的操作，同步显示动态资料展示区、当前赛项名称、计时器、选手得分资料、选手准备信息，每个功能都可以通过桌面控制端进行同步操作显示。

（2）后台控制端能够新建赛项、添加参赛学校及主办学校信息、添加评委信息及评委照片（在打分时能在大屏幕显示端实时显示当前提交评分评委的照片）、添加选手编号、新建选手的比赛组别、编辑赛项的分值、选择比赛的评分规则，并且具备提交信息后的解锁功能（为保证信息安全解锁后所有数据必须清零），包含选手的得分数据以加密形式导入导出，并且能生产解密模式的最终得分排名详细信息。所有后台数据无法在数据库里面直接查看，都以加密形式展现，确保数据安全。

（3）评委评分端以局域网模式运行，通过数据加密模式访问数据库，实时刷新数据，保证同步性及安全性。评委的编号不能编辑，显示内容包含当前选手的标号，当前赛项打分的细则及分值参考，系统自动限制分数上下限，超出限制将无法提交并有明显的指示。评委评分端具备分数提交功能，该功能受制于主控端的操作限制，只有在需要的时候才能提交分数并能显示在线状态。

（4）软件具备四个基本功能模块，包括景区讲解、才艺表演、知识问答和即兴演讲。

①导游竞赛考评由景区讲解、才艺表演、知识问答和即兴演讲四部分组成，通过大

屏幕予以实时显示,真正体现公平、公开和公正的考核原则。

②其中景区讲解模块比赛时间限时 5 分钟,比赛开始前系统给予选手 10 秒钟的准备时间,并能在大屏幕显示窗口同步显示学生提供的 PPT 文件或图片等多媒体资料,比赛进行 4 分钟后(只剩 1 分钟)、最后 5 秒均应有提示音。5 分钟结束后系统自动停止播放多媒体资料,进入评委评分阶段。

才艺表演模块限时 3 分钟,在 2 分 30 秒(只剩 30 秒)、最后 5 秒均应有提示音,比赛开始前给予 10 秒准备时间,开始后同步打开选手提供的视频、音频、图片等多媒体资料。

知识问答模块限时 2 分钟,为保证抽题的随机性,必须在大屏幕显示窗口显示滚动的数字,选手喊停则进入随机抽选的题目,每回答一题大屏幕显示窗口能同时显示选手所选的题目和正确答案,并且实时记录所得分值。为保证公平性,已选的题目将不得再次出现,系统显示的题号必须随机排列供选手抽选。

即兴演讲模块应由评委设置演讲的题目,并且包含随机抽选功能,选过的题目可按评委的决定是否继续提供抽选,选定题目后系统给予 10 秒准备时间,选手讲解完毕后进入打分阶段。

4.4.1　系统登录

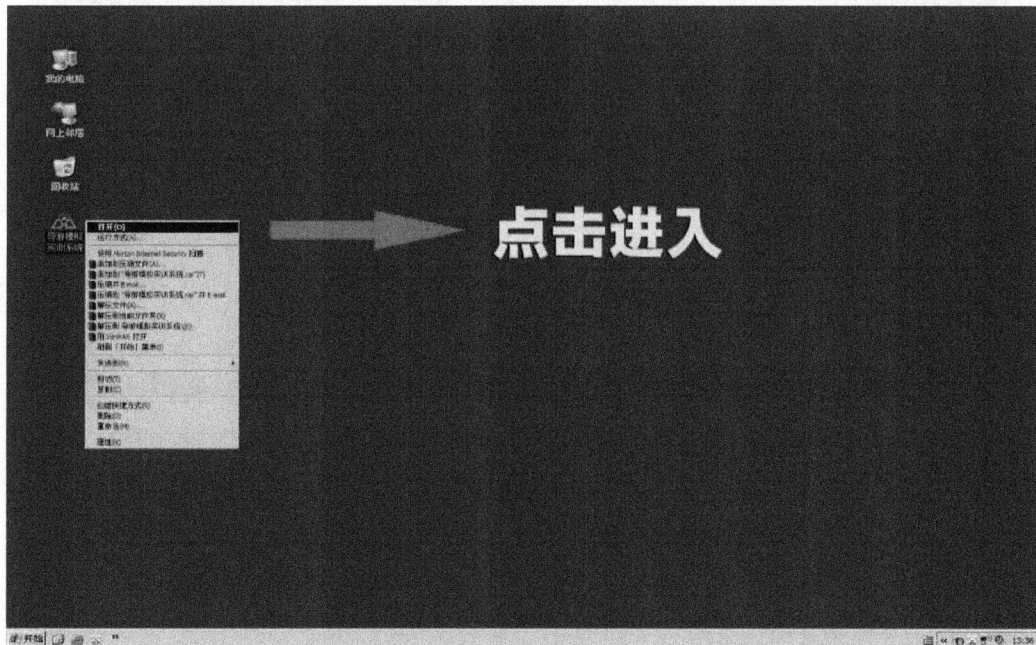

图 4-1　点击登录

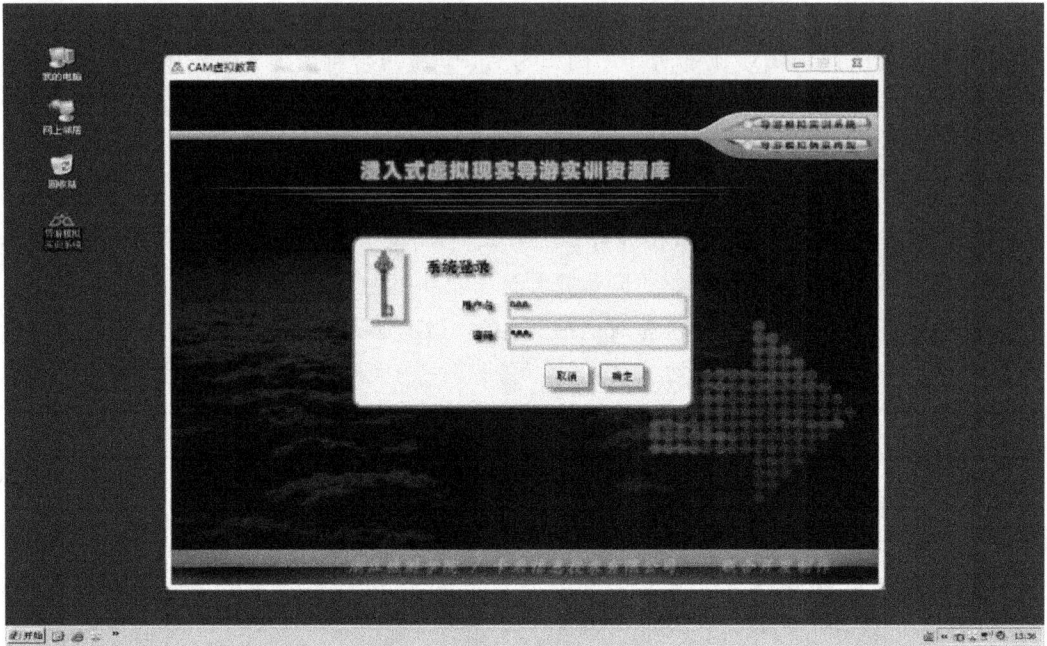

图 4-2　输入账号密码

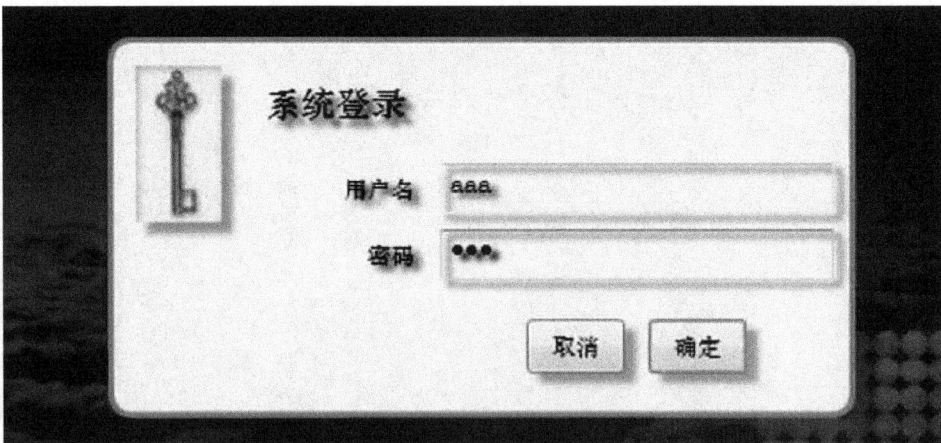

图 4-3　为了不随意进入系统,这里设置了通用账户,用户名"aaa",密码是"123"

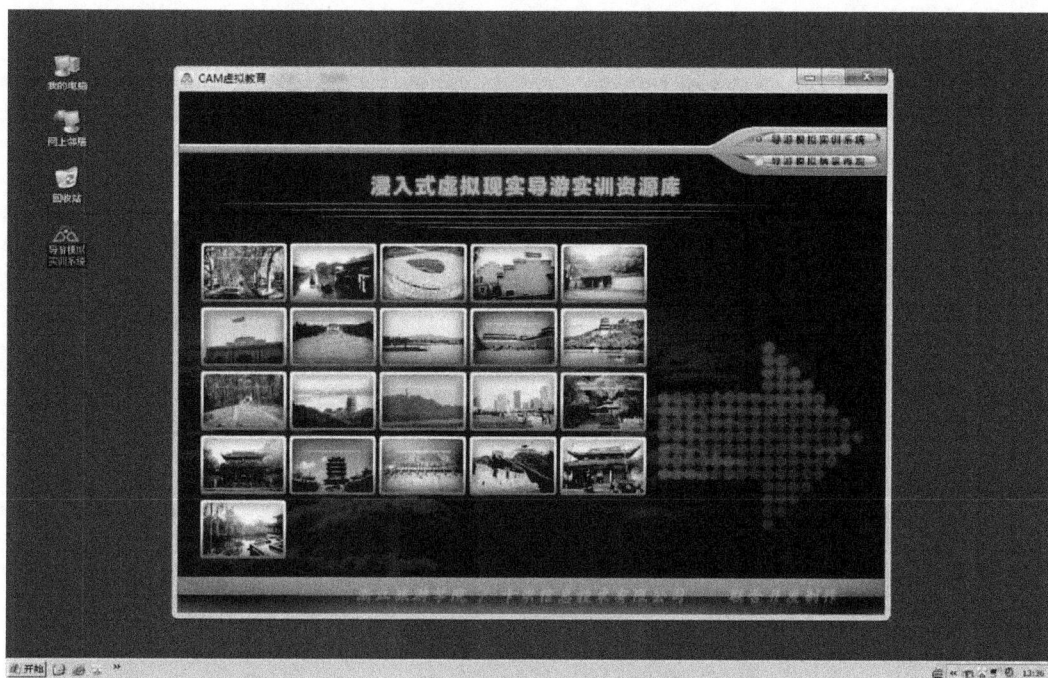

图 4-4 进入系统后,弹出所有景点,可选择任何一个虚拟场景

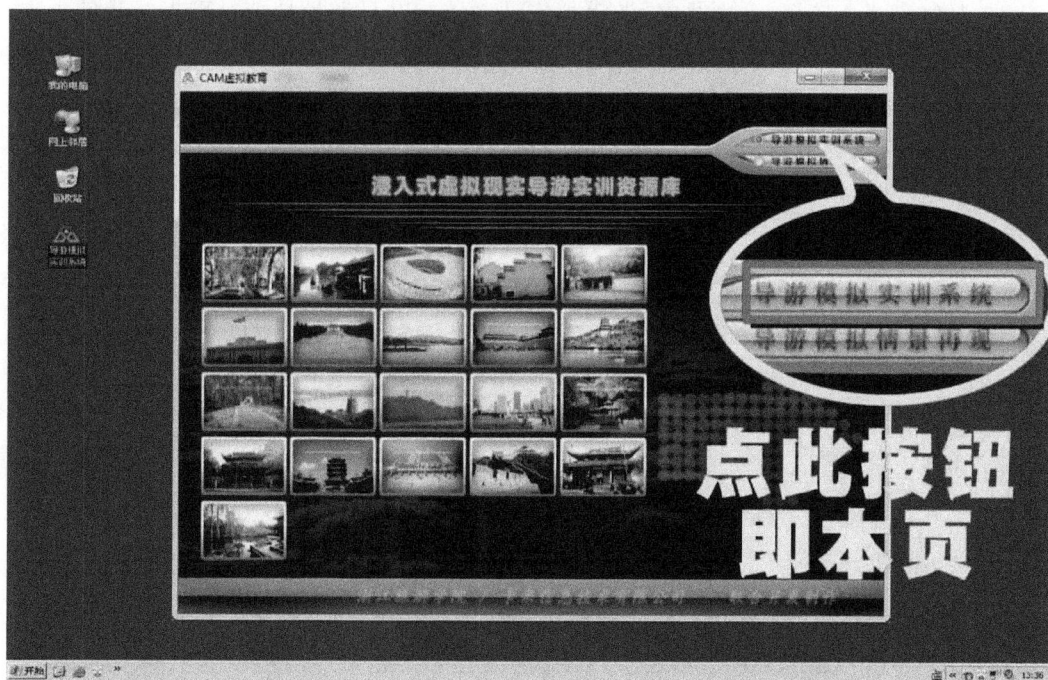

图 4-5 系统界面(一)

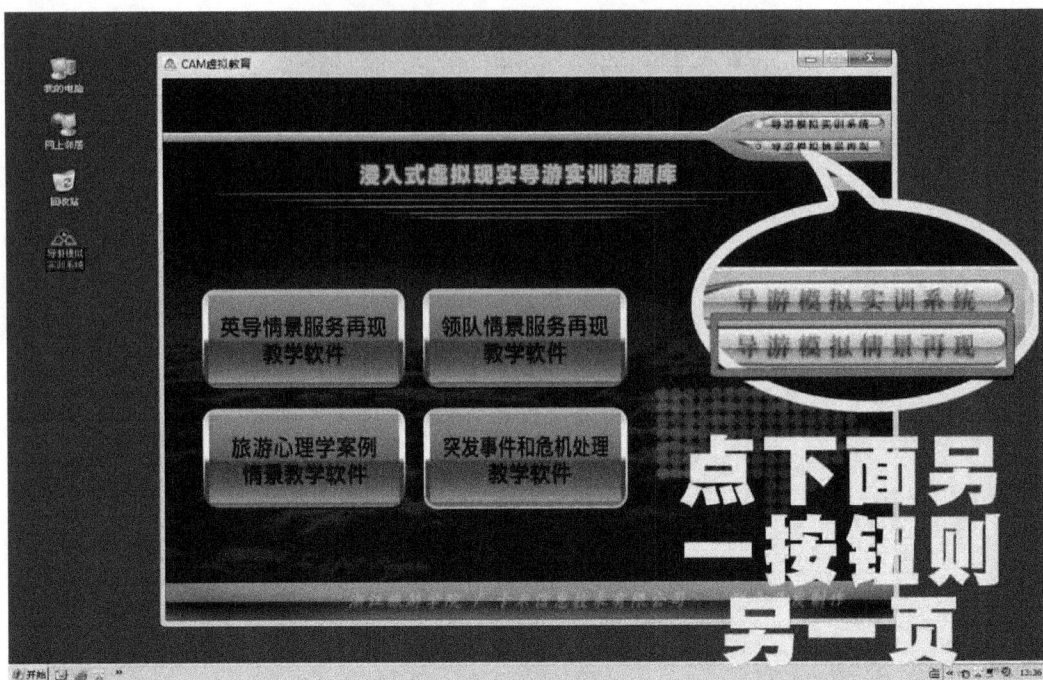

图 4-6　系统界面(二)

右上角有两个按钮,分别是"导游模拟实训系统"和"导游模拟情景再现",我们先点击"导游模拟实训系统"。

图 4-7　系统界面(三)

　　选择场景后等待进入系统(图 4-7),所有景点内的功能一样,所以我们随便点击一个,就以"杭州西湖"场景为例。

4.4.2　进入三维虚拟系统

图 4-8　进入三维虚拟系统

图 4-9　系统仿效 Windows 操作习惯而研制

图 4-10　点开"开始"之后,弹出各个模块的选项

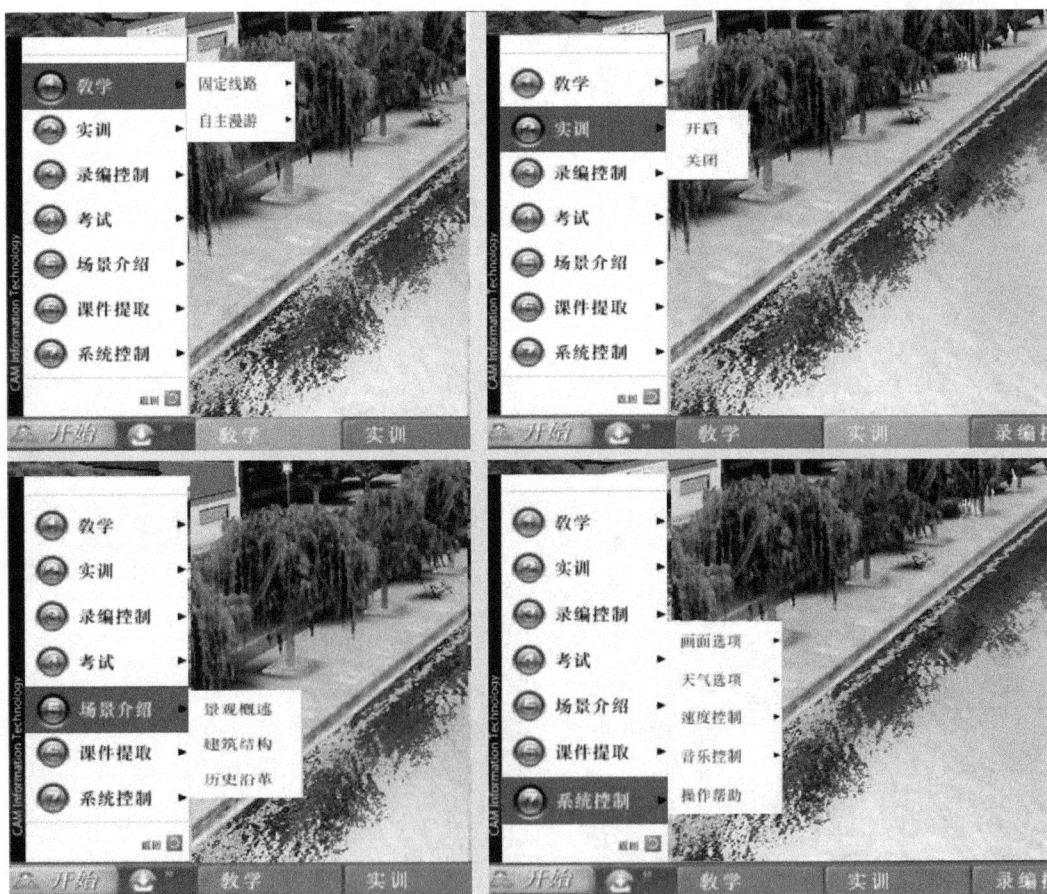

图 4-11　鼠标光标移到模块处,会自动弹出选项

（1）教学模块。

图 4-12　教学位置选择

图 4-13　线路选择界面

该模块有"固定路线"和"自主漫游"两个选项。具体功能解释如下：

在导游行进的途中，您可以在屏幕上按下鼠标左键拖动，转换您的视角方向，从不同方向了解导游的路线图。固定线路中有"线路一"和"线路二"选项，两条线路操作方法一样，区别是导游行走线路的不同。屏幕下方的景点框里面有各个景点的名称。"固定路线"会在景点处停下，跳出相关的视频讲解和文字。如果您想快速进入下一个景点，可以直接点击下一景点的名称，画面就会直接跳转到下一景点。

图 4-14　相关视频讲解

底部栏里分别写着系统的几大模块，当前模块的颜色会变亮，以提醒大家当前所在的模块（图 4-15）：

图 4-15　系统界面（局部一）

如果路线很长，为了使自动行走的速度有所改动，可点击如下按钮（图 4-16）：

图 4-16　系统界面（局部二）

图 4-17　景点框选择景点

在"固定线路"里也可以直接点击各个景点名称,系统会直接到那个景点去,到了那个景点之后,当前的景点名称颜色与其他景点名称不同,以突显导游所在位置的景点名称(图 4-18):

图 4-18　景点名称

弹出的视频框可以往下拉,会出现"修改"按钮,如图 4-19:

图 4-19　修改框(一)

老师可登录自己特定的账户，对视频进行替换，对文字进行修改，如图 4-20：

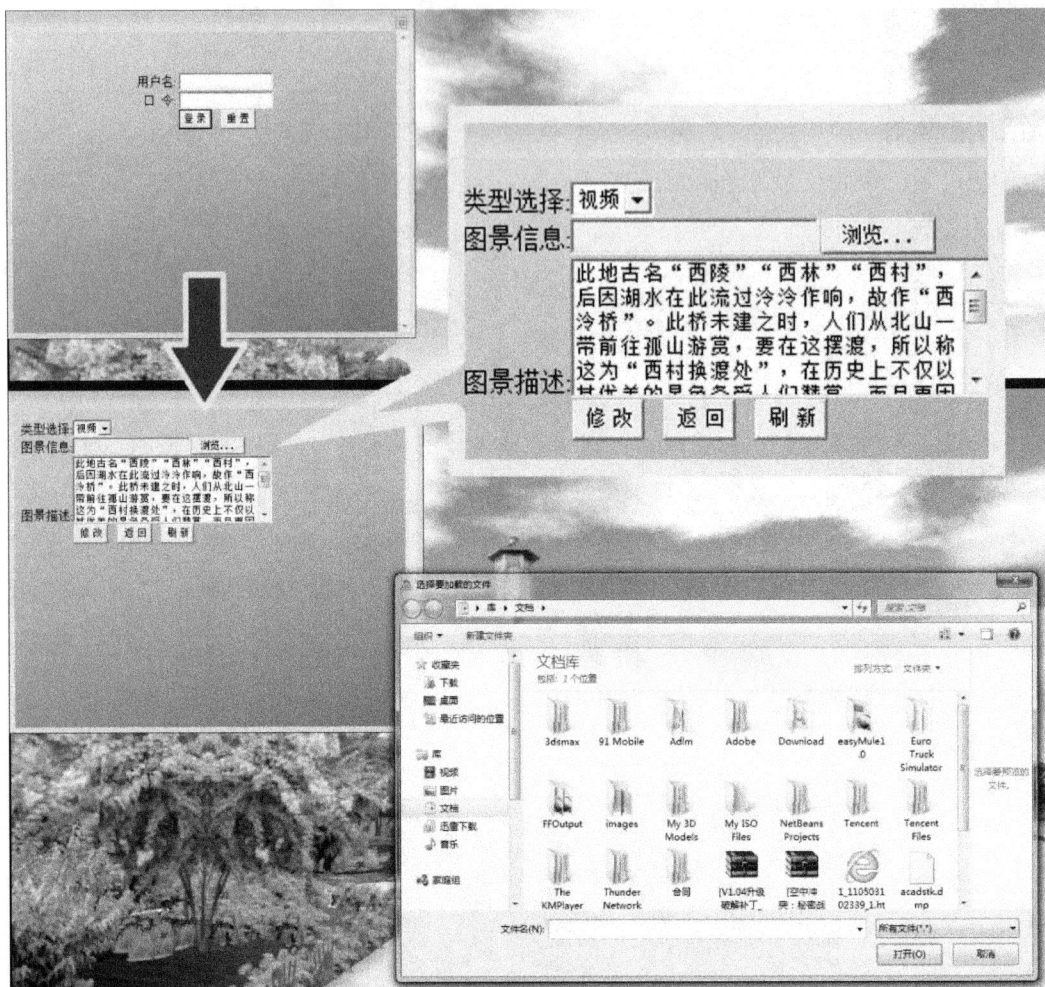

图 4-20　修改框（二）

接下来进入自主漫游，自主漫游相对于固定线路来说，给了操作者更多的操控场景权力。打开自主漫游（图 4-21）：

图 4-21　自主漫游

图 4-22　开启自主漫游界面

　　自主漫游中,用户可通过鼠标、键盘、操控杆等设备让自己在场景中行走、演示、观看。用户既可以上升到空中对景观进行鸟瞰,也可对特定景物进行细节聚焦、360°展看;既可以向正前方向行进,也可以在后退中进行场景游览。

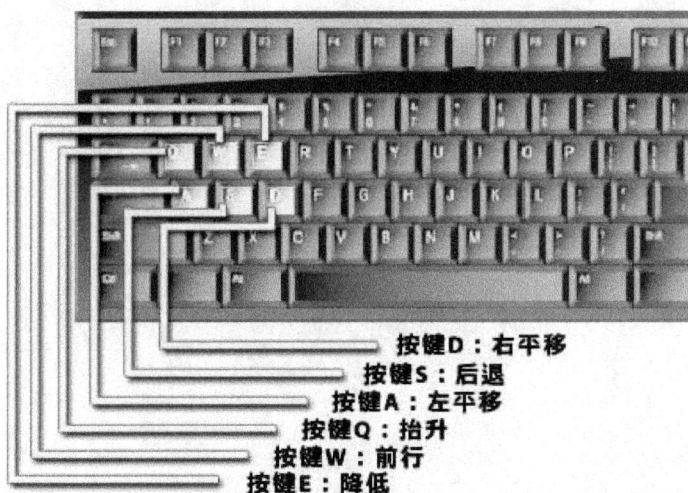

按键D：右平移
按键S：后退
按键A：左平移
按键Q：抬升
按键W：前行
按键E：降低

图 4-23　系统操作

图 4-24　自主漫游界面

　　漫游到相关的景区，会出现"请点击"按钮，点击后会出现相关的视频进行讲解。

图 4-25　点击"请点击"按钮

图 4-26　视频讲解界面

　　每一个弹出的视频框，均可以登录账户进行修改。

　　有的景点里有全景图。例如，漫游到"西泠印社门额"景点，有"请点击"和"全景"两个按钮。点击"全景"我们将进入实景图，在实景图里我们可以 360°欣赏这个景点的景色。

图 4-27　西泠印社门额界面

图 4-28　点击"全景"按钮，显示 360°可旋转的全景图

图 4-29　西泠印社门额全景图界面

　　按住鼠标左键往下拖动，可看到白色圈环和蓝色区域，点击蓝色区域便可退出全景图浏览模式。

（2）实训模块。

图 4-30　实训选择界面

图 4-31　交流模块密码登录区

图 4-32　在线交流(一)

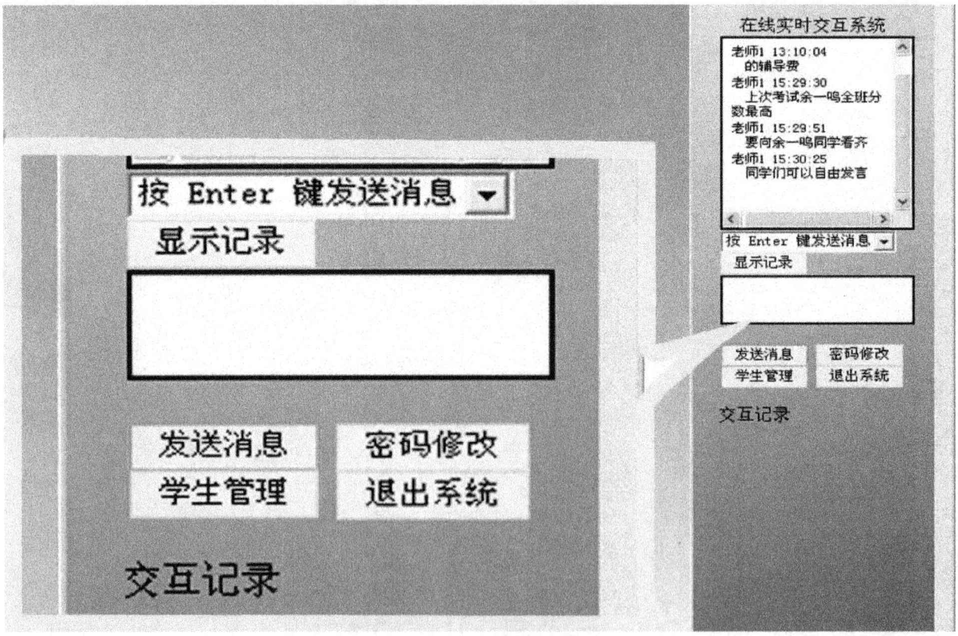

图 4-33　在线交流(二)

图 4-34　点击"问题"按钮提问，显示视频回答

图 4-35　点击回答

同样，"问题"和"回答"的视频和文字信息都可以通过老师的密码权限自主增加和更改。老师登录自己的账户之后，可以对学生进行管理。

（3）录编控制。

在固定线路教学中，由于教室的空间关系，部分学生可能不能很清楚地看到或者听清楚老师所教授的内容，为此我们特别开发了视频教学功能，学生可以打开视频教学功能，通过摄像头的实时通讯，清楚地看到老师授课时的样子，并且视频和音频是同步的，做到一对一的零距离教学。录编控制能够把教师与学生面对面的视频通过本模块功能录制下来，录制成视频并自动保存至相应位置，不仅能对课堂纪律起到监控作用，而且对课堂上的课程理论教程回顾也十分有益。

图 4-36　摄像头录制

图 4-37　视频提取

（4）考试系统。

图 4-38　考试系统

图 4-39　考评系统

老师登录本系统后能对试题库中的题目进行挑选出题，在出题完成后设置分值发布给学生作答，学生在登录以后做题，在试卷完成后提交至系统，系统自动打分并储存试卷,方便老师日后管理留档。本系统中的题目包含判断题及选择题,题库可以通过系统提供的数据格式,由老师或者管理员进行批量的导入及设置修改。

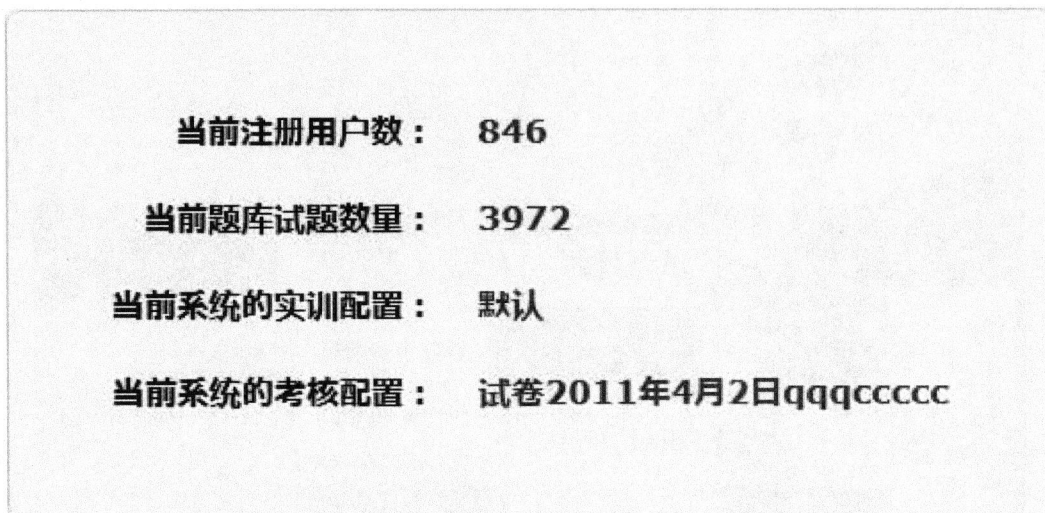

当前注册用户数: 846

当前题库试题数量: 3972

当前系统的实训配置: 默认

当前系统的考核配置: 试卷2011年4月2日qqqccccc

图 4-40　登录后的当前信息

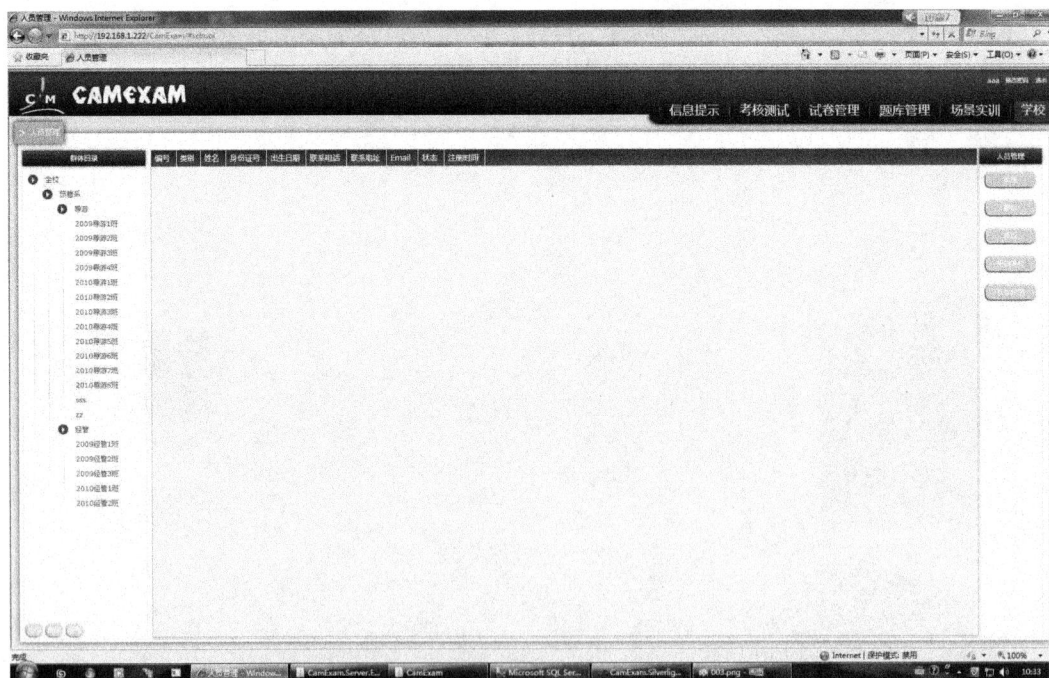

图 4-41　登录后的主界面左边为"群体目录"

图 4-42　左边工具栏

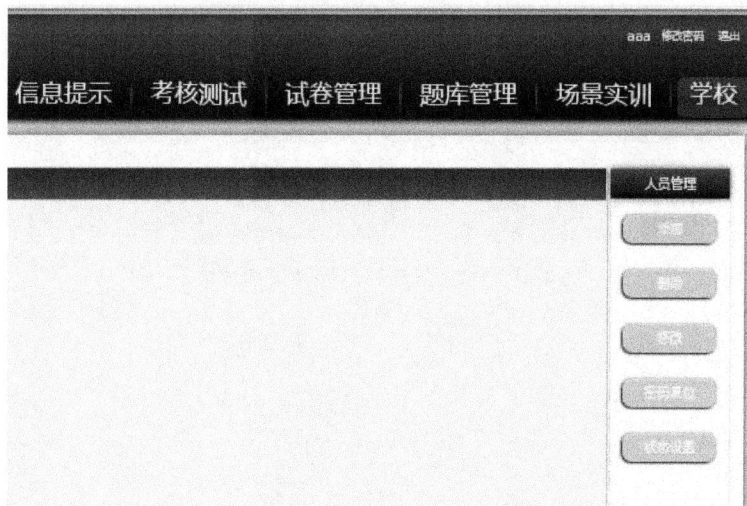

图 4-43　右边工具栏

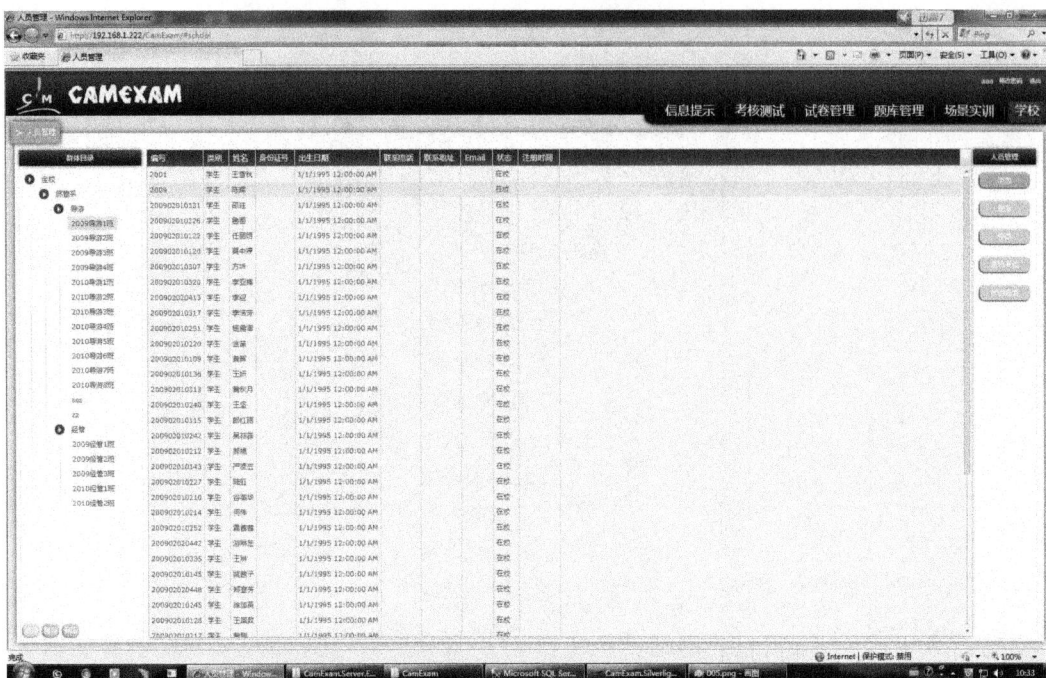

图 4-44　学生信息列表

群体目录	编号	类别	姓名	身份证号	出生日期	联系电话	联系地址	Email	状态	注册时间
论校	2001	学生	王雪秋		1/1/1995 12:00:00 AM				在校	
旅管系	2009	学生	陈辉		1/1/1995 12:00:00 AM				在校	
导游	200902010331	学生	邵珏		1/1/1995 12:00:00 AM				在校	
2009导游1班	200902010226	学生	鲁雷		1/1/1995 12:00:00 AM				在校	
2009导游2班	200902010122	学生	任丽明		1/1/1995 12:00:00 AM				在校	
2009导游3班	200902010120	学生	莫中婷		1/1/1995 12:00:00 AM				在校	
2009导游4班	200902010307	学生	方圻		1/1/1995 12:00:00 AM				在校	
2010导游1班	200902010320	学生	李亚楠		1/1/1995 12:00:00 AM				在校	
2010导游2班	200902020413	学生	李迎		1/1/1995 12:00:00 AM				在校	
2010导游3班	200902010317	学生	李洁芳		1/1/1995 12:00:00 AM				在校	
2010导游4班	200902010251	学生	杨璐涵		1/1/1995 12:00:00 AM				在校	
2010导游5班	200902010220	学生	金苗		1/1/1995 12:00:00 AM				在校	
2010导游6班	200902010109	学生	黄晖		1/1/1995 12:00:00 AM				在校	
2010导游7班	200902010136	学生	王妍		1/1/1995 12:00:00 AM				在校	
2010导游8班	200902010313	学生	黄秋月		1/1/1995 12:00:00 AM				在校	

图 4-45　学生信息列表界面局部放大

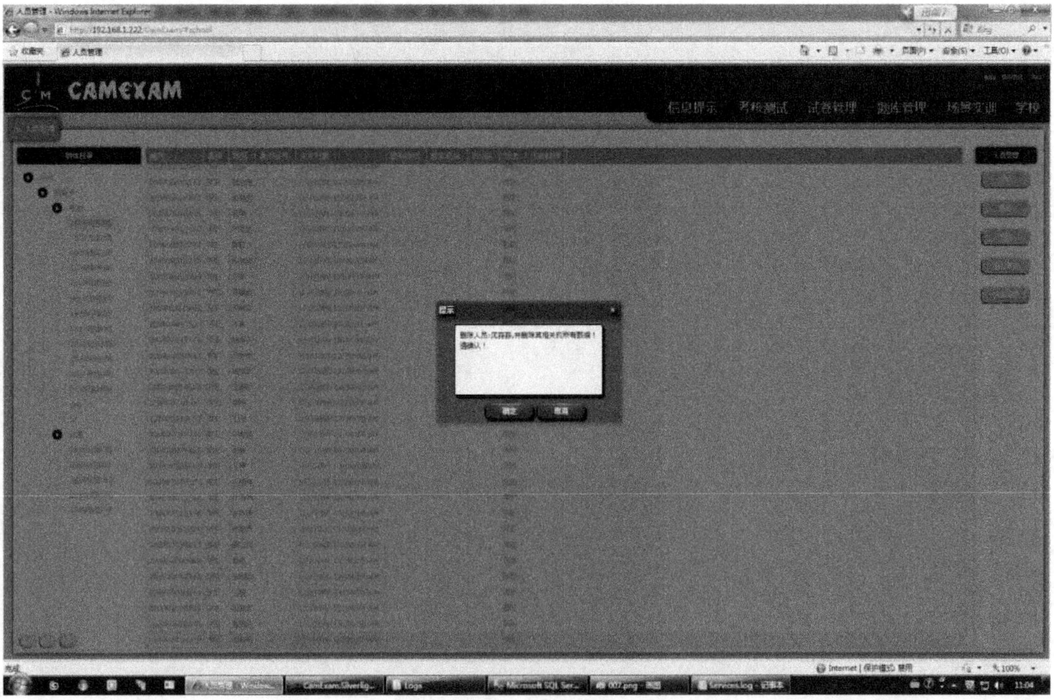

图 4-46　删除信息操作

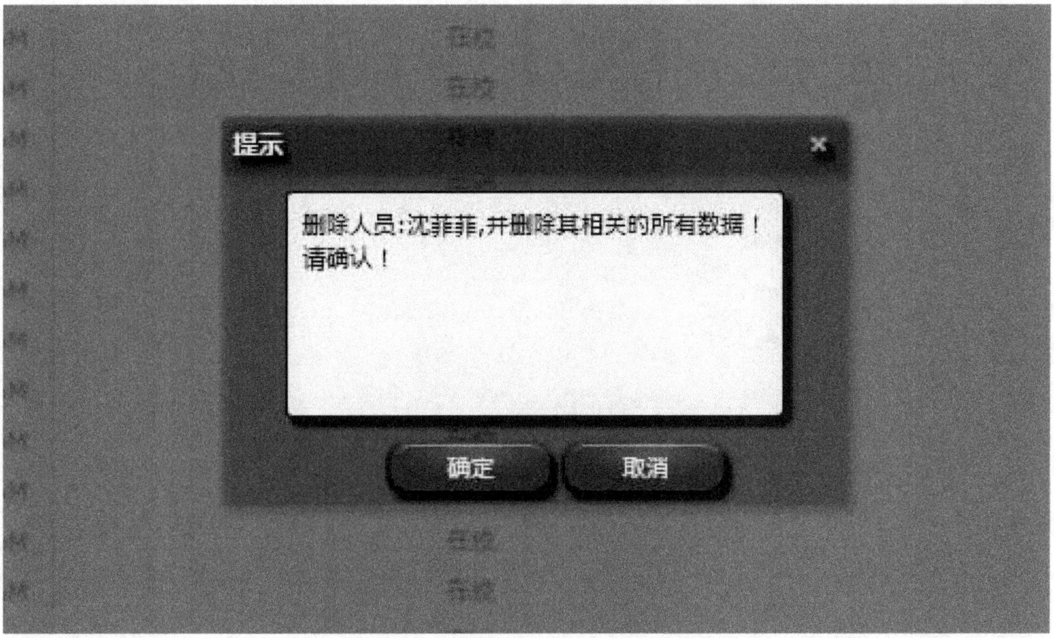

图 4-47　删除信息操作界面局部放大

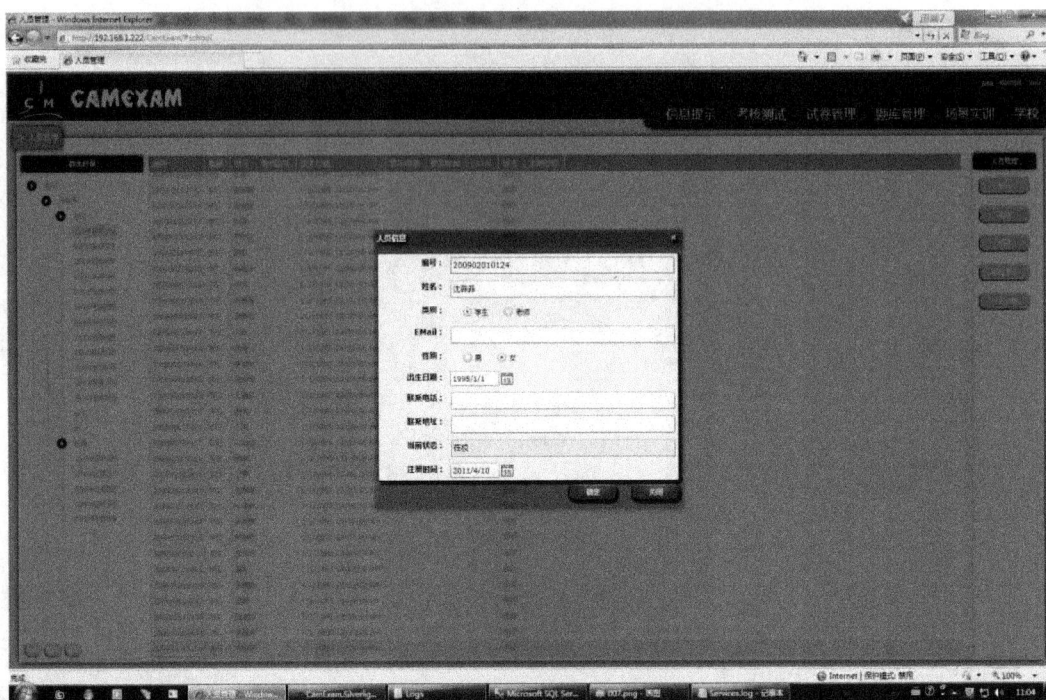

图 4-48　添加信息操作

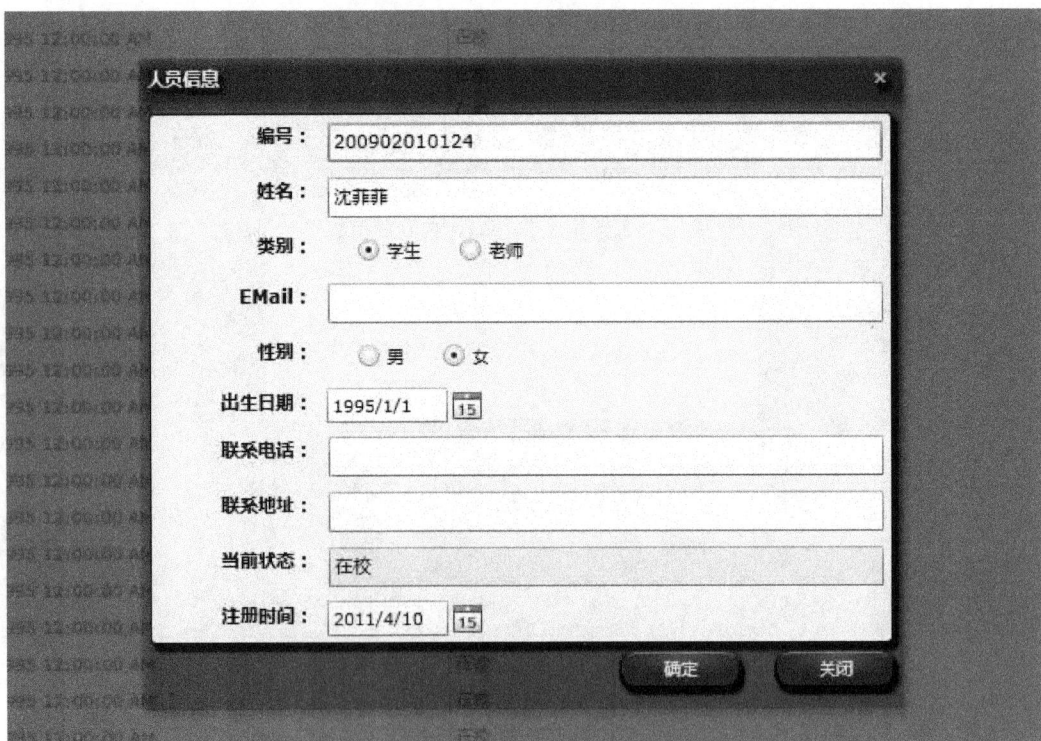

图 4-49　添加信息操作界面局部放大

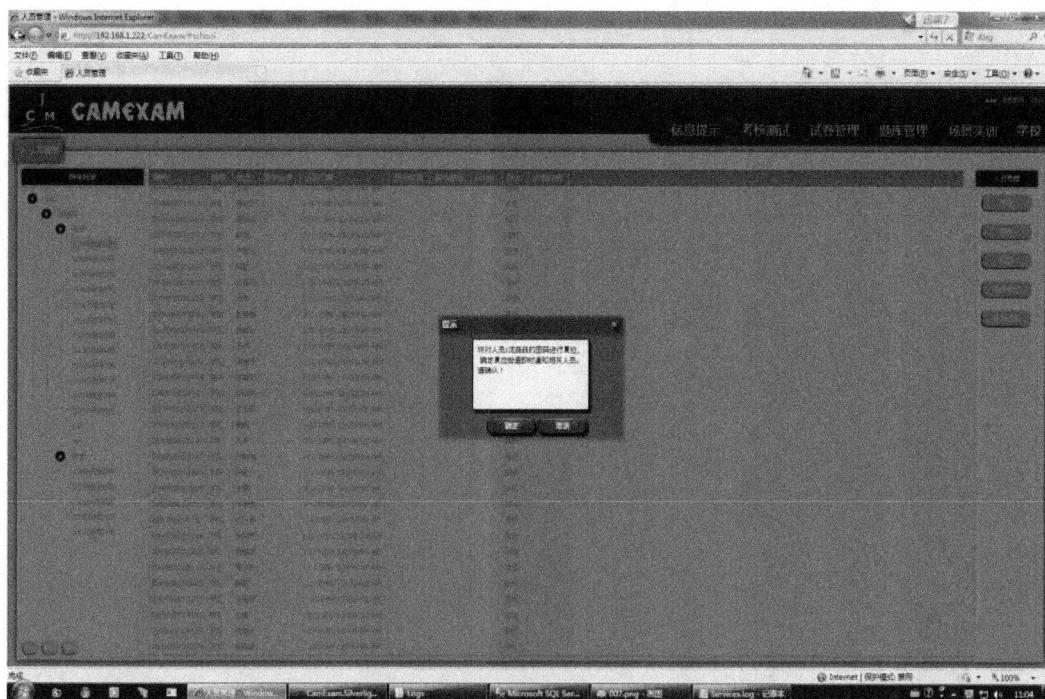

图 4-50　添加信息确认

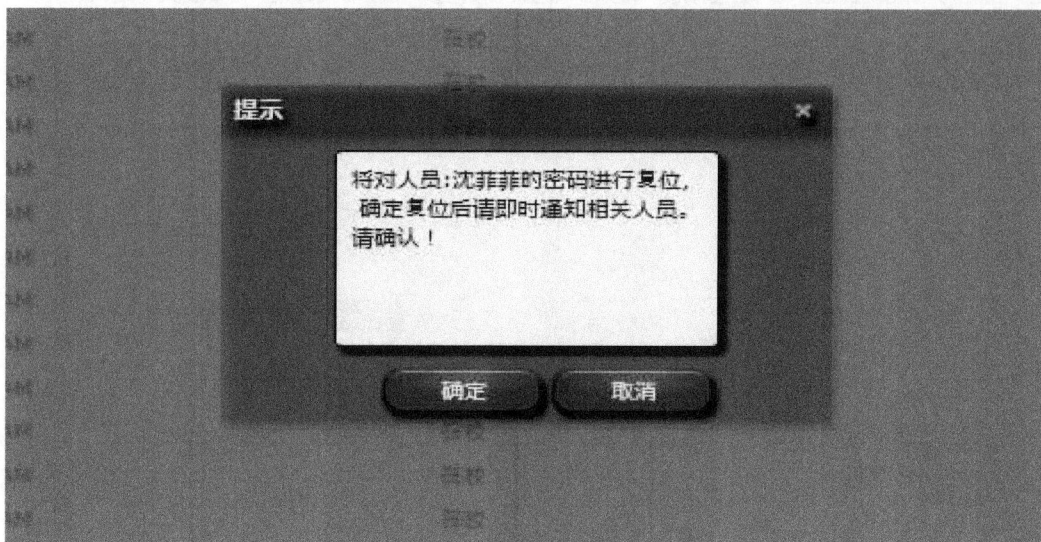

图 4-51　添加信息确认界面局部放大

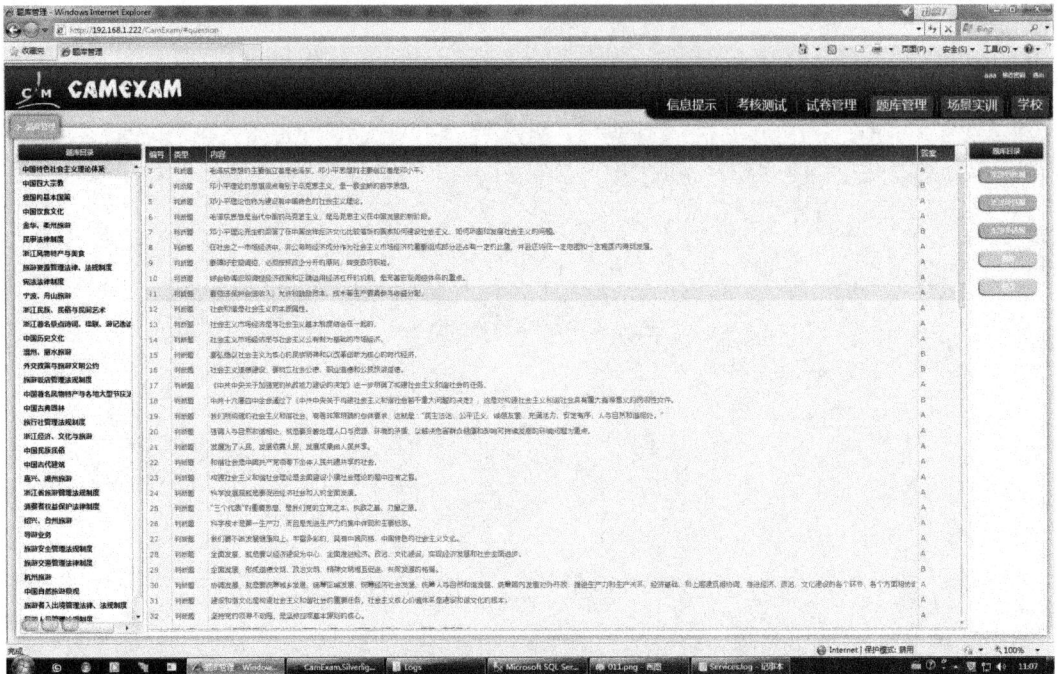

图 4-52　试题管理界面

图 4-53　试题管理界面局部放大

CAMEXAM
信息提示
考核测试
试卷管理
题库管理
场景实训
学校

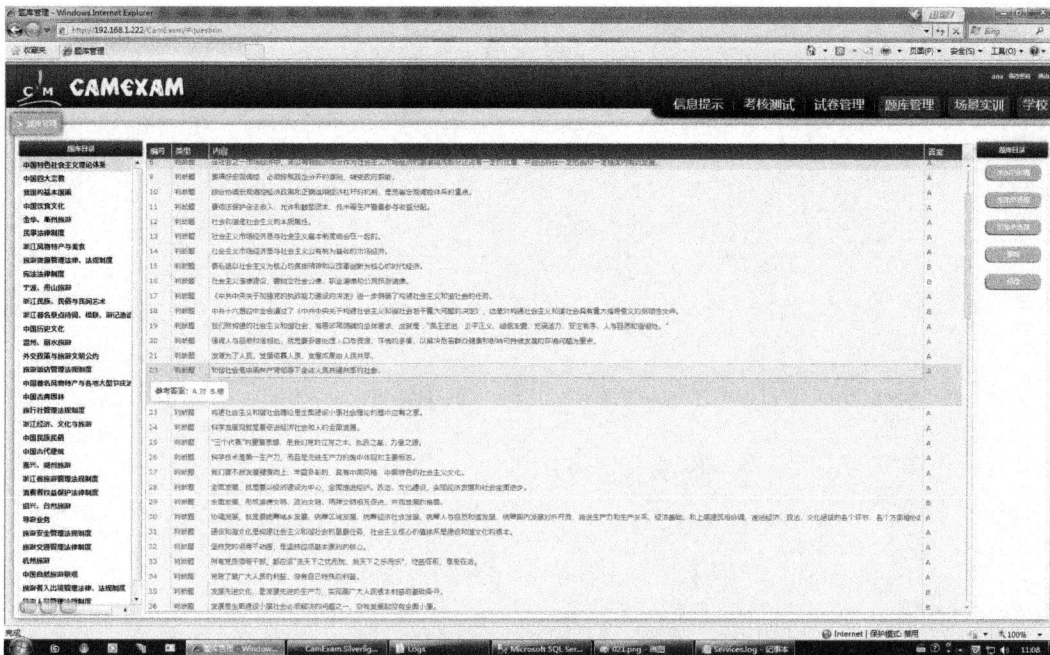

图 4-54 试题修改“双选”

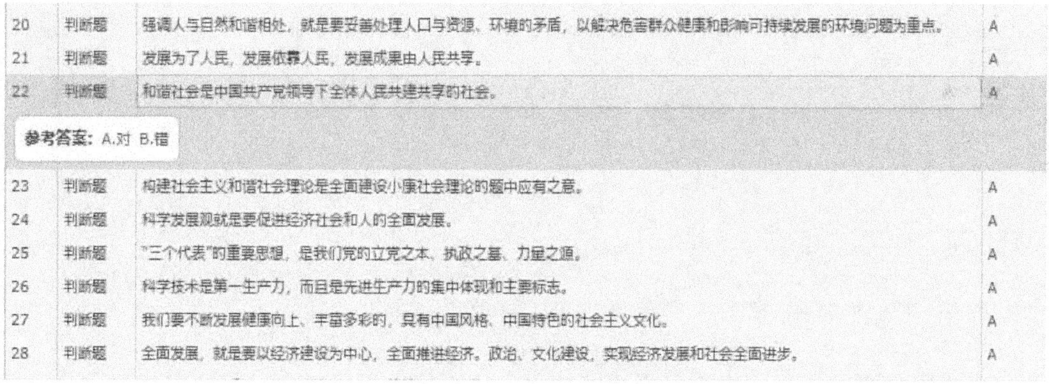

20 判断题 强调人与自然和谐相处，就是要妥善处理人口与资源、环境的矛盾，以解决危害群众健康和影响可持续发展的环境问题为重点。 A
21 判断题 发展为了人民，发展依靠人民，发展成果由人民共享。 A
22 判断题 和谐社会是中国共产党领导下全体人民共建共享的社会。 A
参考答案：A.对 B.错
23 判断题 构建社会主义和谐社会理论是全面建设小康社会理论的题中应有之意。 A
24 判断题 科学发展观就是要促进经济社会和人的全面发展。 A
25 判断题 "三个代表"的重要思想，是我们党的立党之本、执政之基、力量之源。 A
26 判断题 科学技术是第一生产力，而且是先进生产力的集中体现和主要标志。 A
27 判断题 我们要不断发展健康向上、丰富多彩的，具有中国风格、中国特色的社会主义文化。 A
28 判断题 全面发展，就是要以经济建设为中心，全面推进经济、政治、文化建设，实现经济发展和社会全面进步。 A

图 4-55 试题修改“双选”界面局部放大(上图)

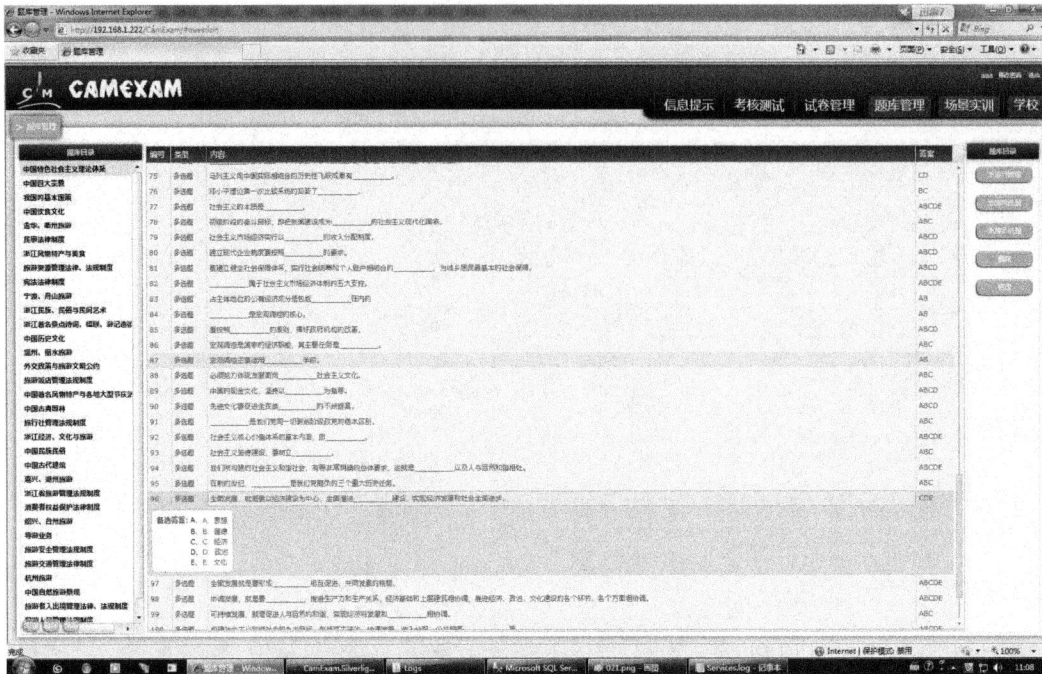

图 4-56　试题修改"多选"

图 4-57　试题修改"多选"界面局部放大

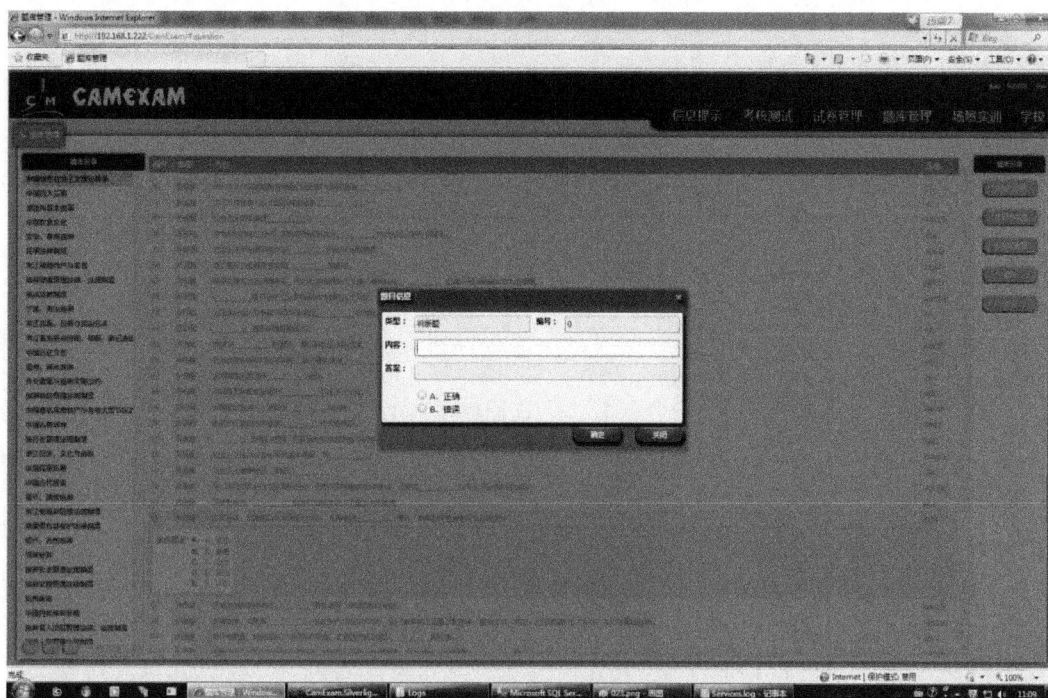

图 4-58　试题判断设置

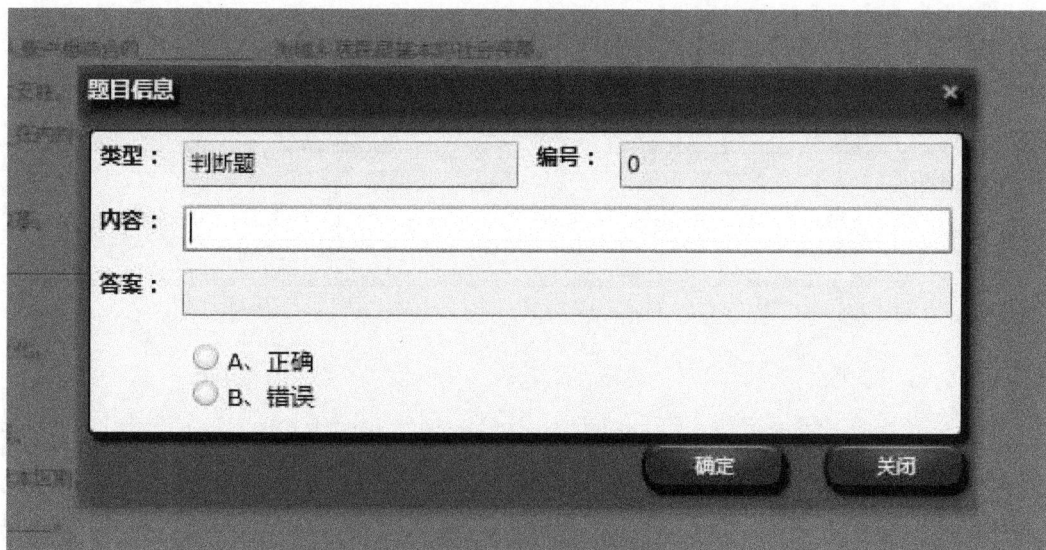

图 4-59　试题判断设置界面局部放大

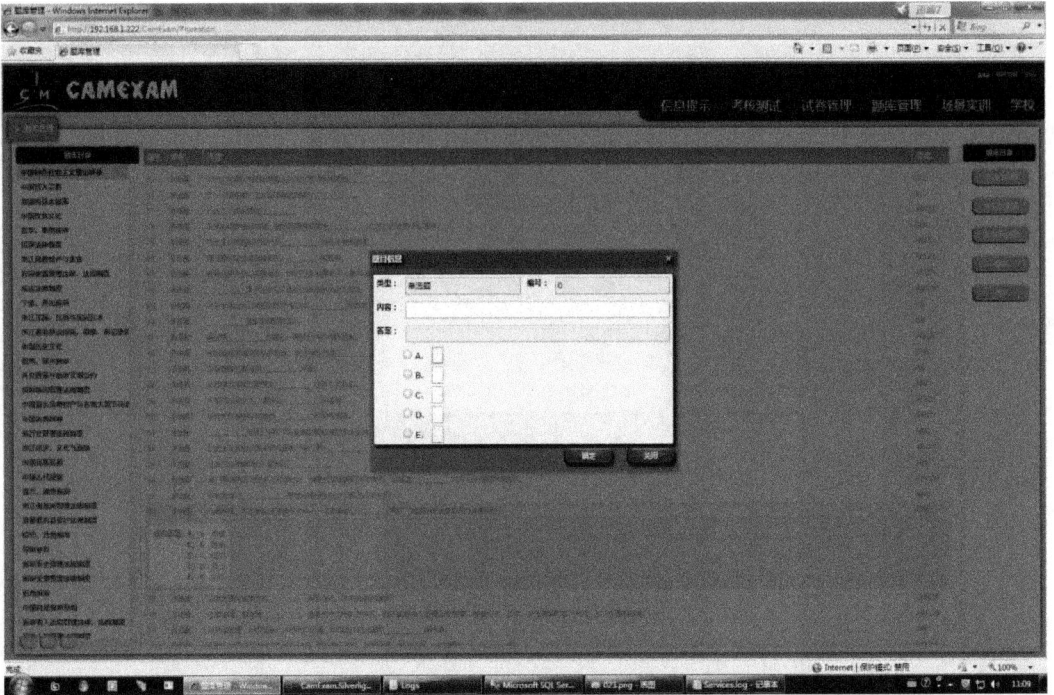

图 4-60　试题选择设置

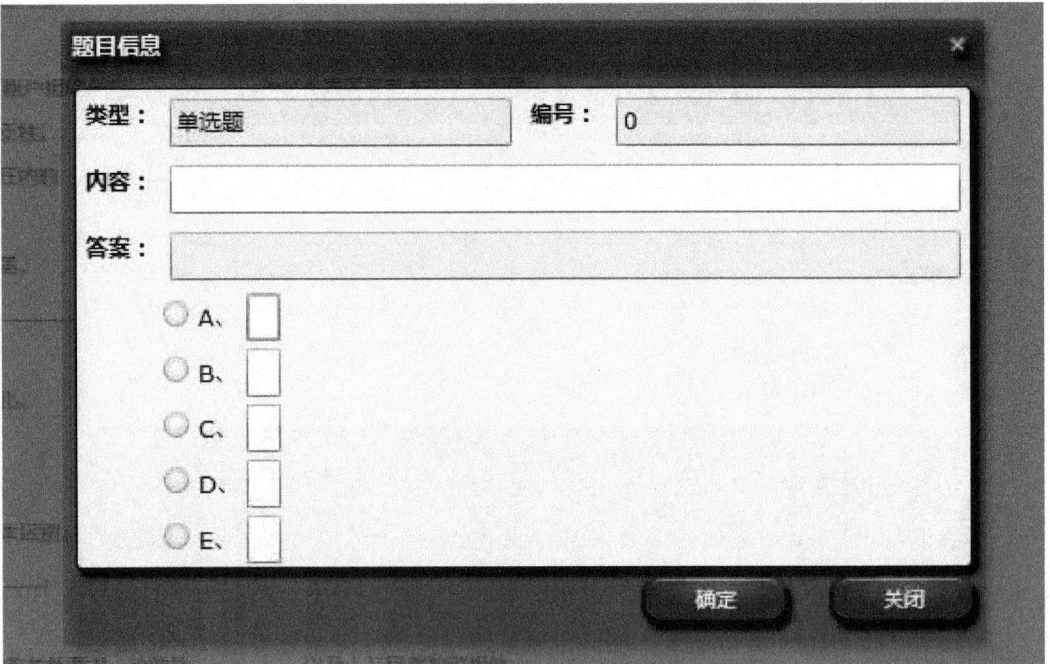

图 4-61　试题选择设置界面局部放大

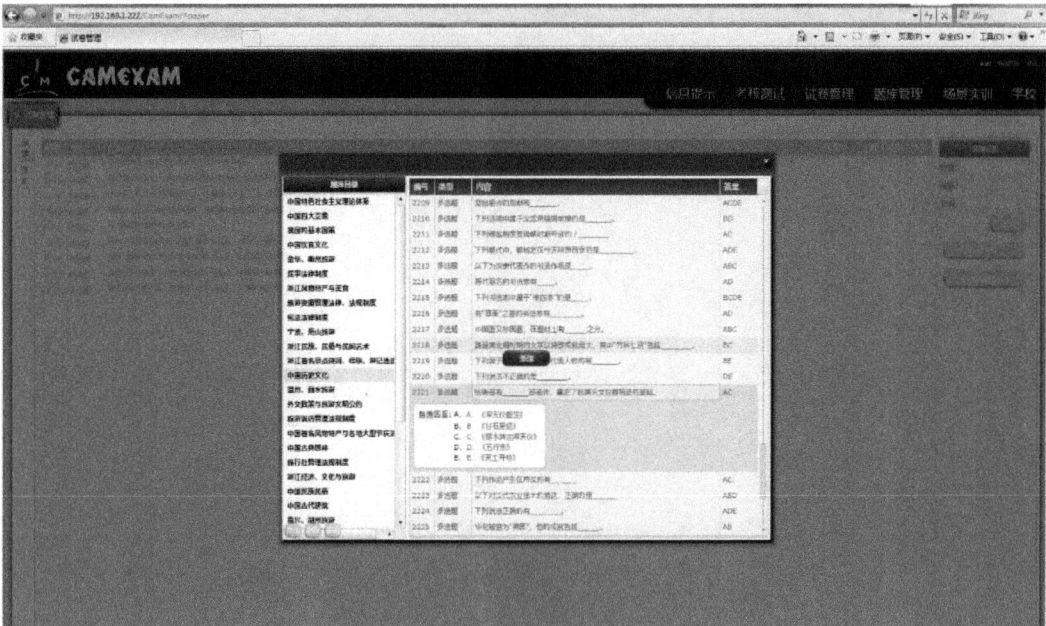

图 4-62 试题添加

题库目录	编号	类型	内容	答案
中国特色社会主义理论体系	2209	多选题	秦始皇作的贡献有_____。	ACDE
中国四大宗教	2210	多选题	下列选项中属于汉武帝强国举措的是_____。	BD
我国的基本国策	2211	多选题	下列哪些制度是隋朝时期开创的？_____	AC
中国饮食文化	2212	多选题	下列朝代中，都城定在今天陕西西安的是_____。	ADE
金华、衢州旅游	2213	多选题	以下为汉隶代表作的书法作品是_____。	ABC
民事法律制度	2214	多选题	唐代著名的书法家有_____。	AD
浙江风物特产与美食	2215	多选题	下列书法家中属于"宋四家"的是_____。	BCDE
旅游资源管理法律、法规制度	2216	多选题	有"草圣"之誉的书法家有_____。	AD
宪法法律制度	2217	多选题	中国画又称国画，在题材上有_____之分。	ABC
宁波、舟山旅游	2218	多选题	魏晋南北朝时期的文学以诗歌成就最大，其中"竹林七贤"包括_____。	BC
浙江民族、民俗与民间艺术	2219	多选题	下列属于_____代表人物的有_____。	BE
浙江著名景点诗词、楹联、游记选读				
中国历史文化	2220	多选题	下列说法不正确的是_____。	DE
温州、丽水旅游	2221	多选题	张衡著有_____等著作，奠定了我国天文仪器制造的基础。	AC
外交政策与旅游文明公约				
旅游饭店管理法规制度			备选答案: A、A. 《浑天仪图注》 B、B. 《甘石星经》 C、C. 《漏水转浑天仪》 D、D. 《五行志》 E、E. 《天工开物》	
中国著名风物特产与各地大型节庆活动				
中国古典园林				
旅行社管理法规制度				
浙江经济、文化与旅游	2222	多选题	下列作品产生在两汉的有_____	AC
中国民族民俗	2223	多选题	以下对汉代农业技术的描述，正确的是_____	ABD
中国古代建筑	2224	多选题	下列说法正确的有_____。	ADE
嘉兴、湖州旅游	2225	多选题	华佗被誉为"神医"，他的成就包括_____。	AB

图 4-63 试题添加界面局部放大

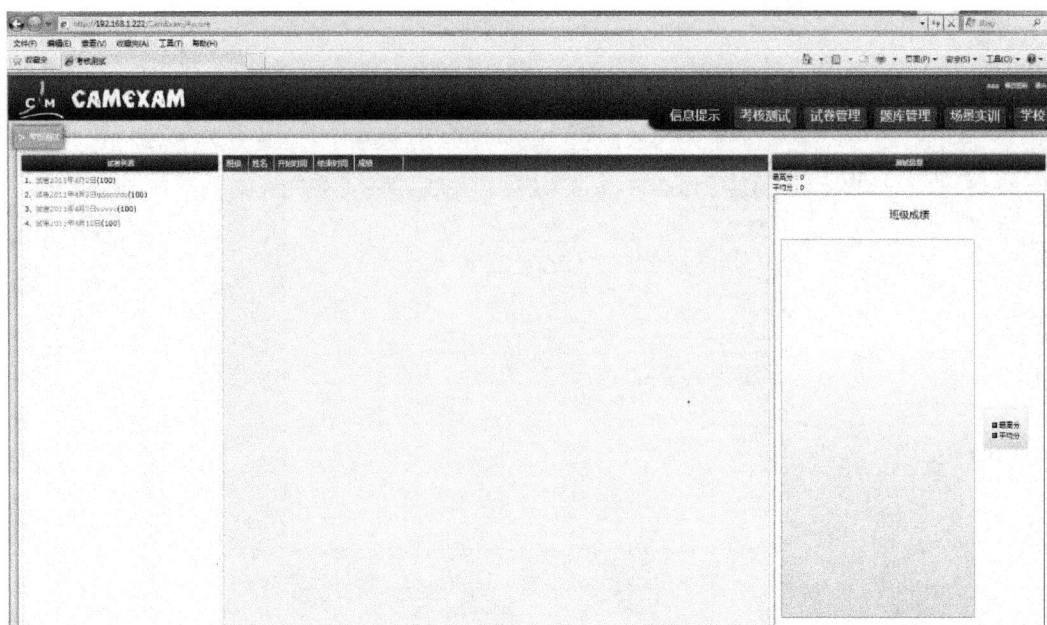

图 4-64　成绩统计界面

图 4-65　成绩统计界面局部放大

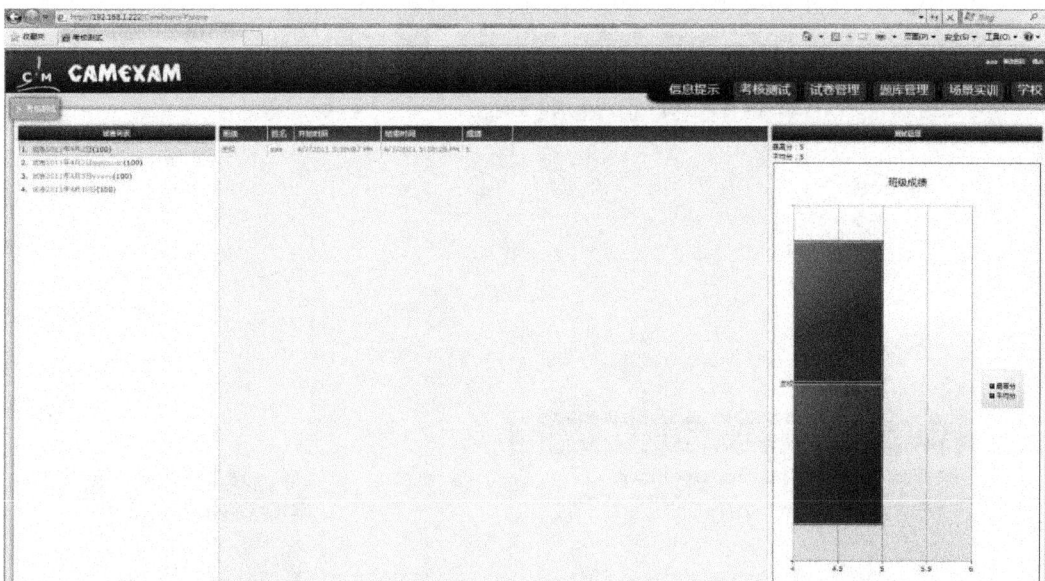

图 4-66　成绩统计效果

班级	姓名	开始时间	结束时间	成绩
全校	aaa	4/7/2011 3:30:07 PM	4/7/2011 5:18:28 PM	5

图 4-67　成绩统计效果界面局部放大

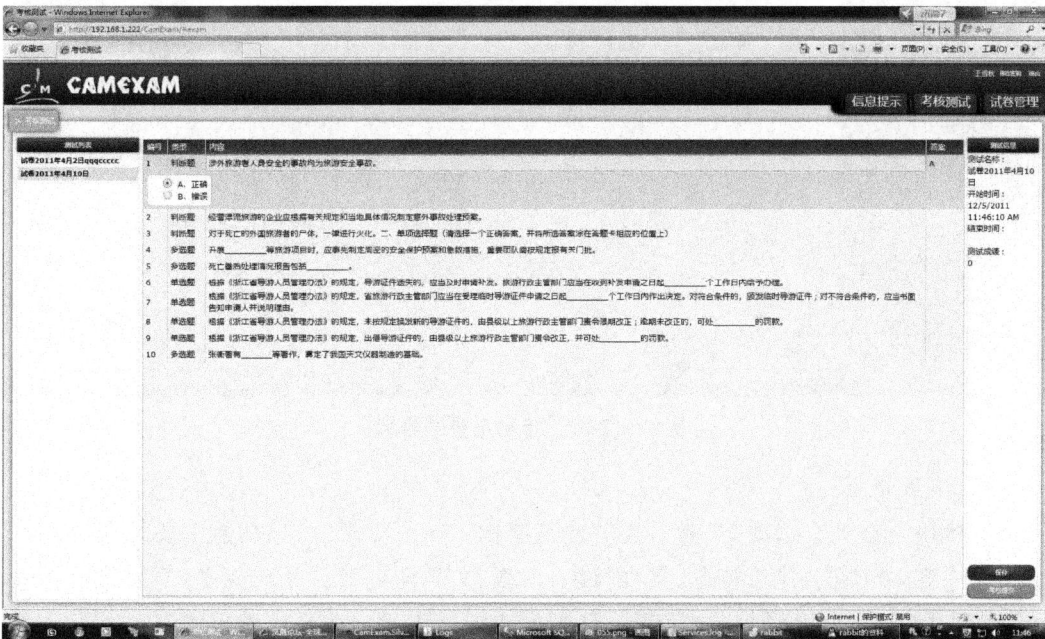

图 4-68　答题界面

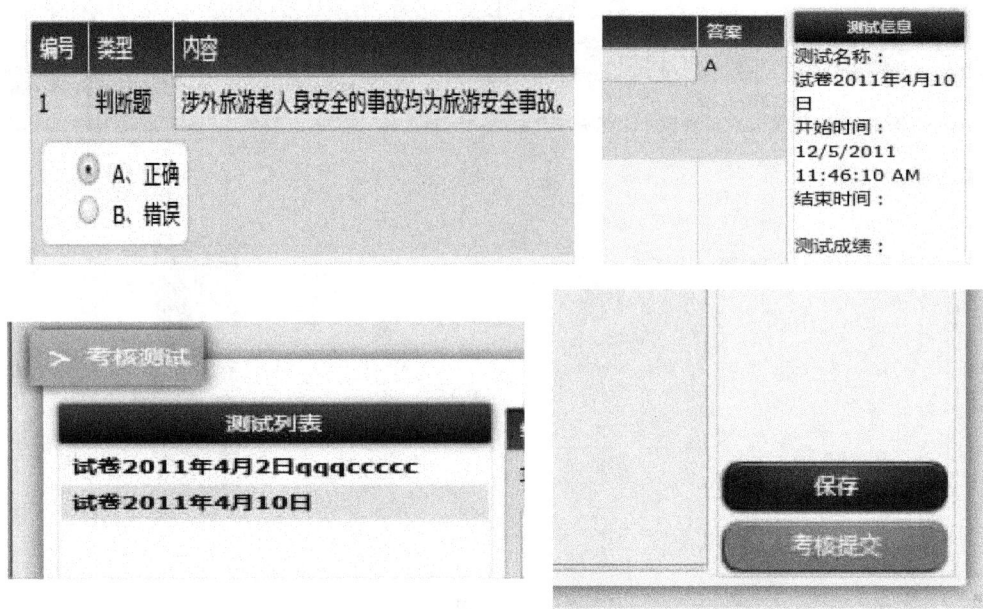

图 4-69　答题界面局部放大

图 4-70　学生用账号登录答题

（5）场景介绍。

该模块下有几个选项"景观概述""建筑结构""历史沿革"。该功能主要是介绍景点的相关内容，如历史、建筑特色、景观特色、宗教、文学知识等。此功能中，不同的教学内容，将通过视频、模型、图片、文字等一系列方式进行演示。在系统中也预先存置了一些资料，老师可以从机器硬盘中选取资料进行播放，以方便教学。

图 4-71 场景介绍选项界面

"景观概述"是通过视频讲解和系统预定的固定线路来对整个景点的景观做一个简单的概述,主要介绍了整个景点的优美景色、占地面积等,总结了整个景点的特色,概述了景点的气势和造景的意义。

图 4-72 景观概述界面

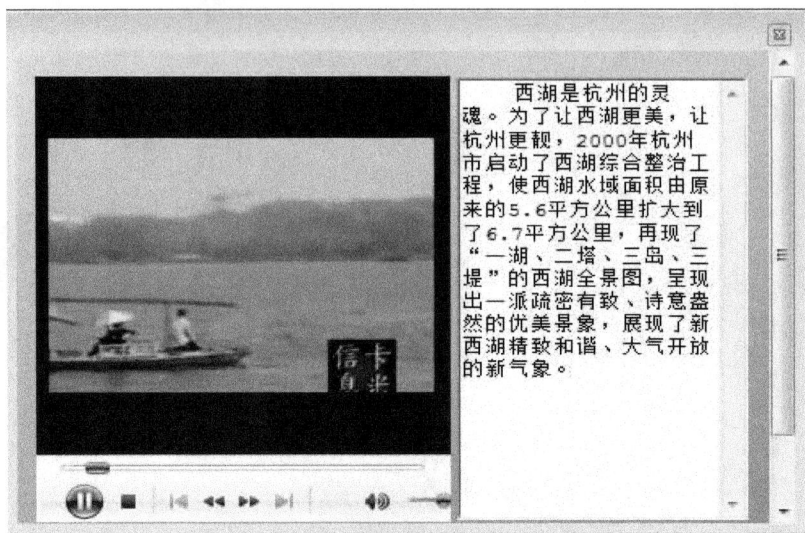

图 4-73　景观概述界面局部放大

　　"建筑结构"是通过视频讲解和系统预定的固定线路来对整个景点的建筑结构做一个简单的概述,主要介绍了景点的地理结构和建筑结构,概述了景点的建筑特色和造景手法。

图 4-74　建筑结构界面

　　"历史沿革"是通过视频讲解和系统预定的固定线路来对整个景点的历史做一个简单的概述,主要介绍了景点的历史背景、历史典故等,让学生在了解景点的近况的同时也了解景点的历史。

图 4-75　历史沿革界面

图 4-76　局部放大

（6）课件提取。

该模块为"课件提取"，有"Word 文档""Excel 文档""PPT 文档"三个选项。学生可以在该模块下打开教师准备好的课件，加速课堂知识的温习速度。老师和管理员可以添加、删除、修改课件。

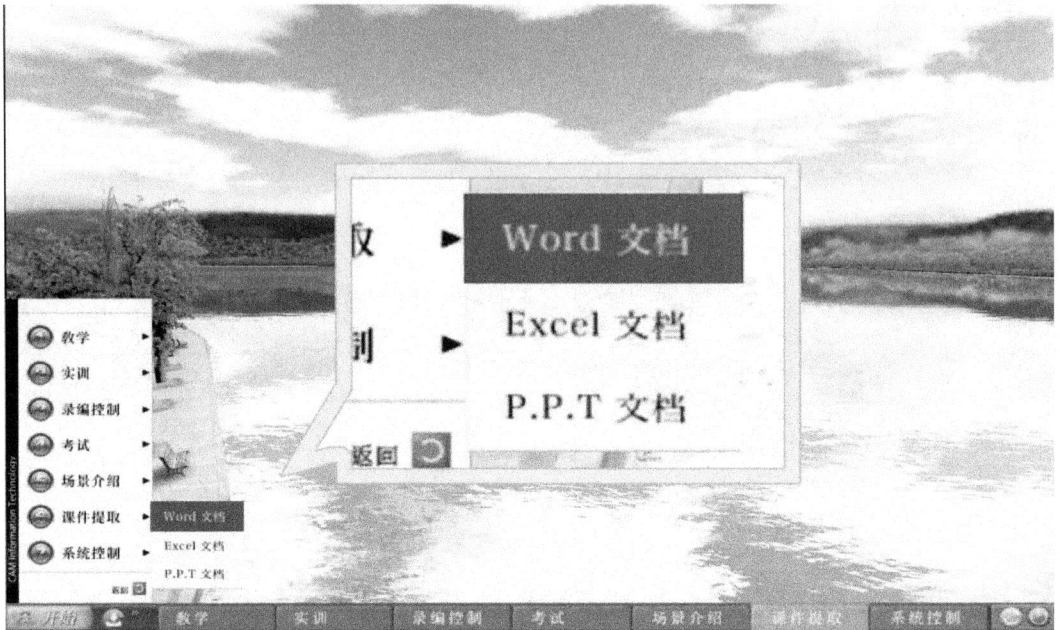

图 4-77　课件提取选择界面

图 4-78　Word 文档界面

图 4-79　Excel 文档界面

图 4-80　PPT 文档界面

（7）系统控制。

该模块包含了"画面选项""天气选项""速度控制""音乐控制""操作帮助"选项，可以对系统的画面、天气、速度、音乐进行控制和修改，也可以设置系统视觉特效、音乐的开启与否、播放速度等。

系统控制是一项非常重要的功能，主要为系统提供各式特效与功能。

特效：

◇天气效果——晴天、雨天、下雪

◇画面特效——Bloom、HDR、全屏泛光、景深、运动模糊、Old TV、毛玻璃、Tiling

功能：

◇导航图——打开/关闭导航图，观看景区平面图

◇鸟瞰——画面跳转至景点上空，模拟从空中观看景点效果

◇背景音乐——背景音乐开关

◇速度调节——调节场景游历移动速度

界面见下图：

图 4-81　老电影效果

图 4-82 泛光效果

图 4-83 晴天效果

图 4-84　雪天效果

图 4-85　阴天效果

图 4-86　雨天效果

图 4-87　行走速度控制

图 4-88　系统背景音乐控制

图 4-89　系统控制说明

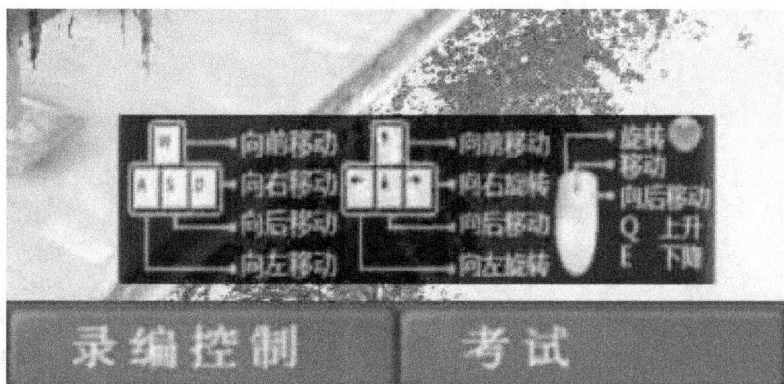

图 4-90　系统控制说明界面局部放大

"系统控制"下的"操作帮助"为大家提供了如何操作系统的图解。

图 4-91　方向控制按钮界面

　　"开始"的右边有个绿色的圆形按钮,选中它,方向控制按钮便会出现在右下角。学生和老师可以点击这个方向按钮来控制行走的方向。

图 4-92　方向控制进入按钮

图 4-93　右下角的方向控制盘

图 4-94　地图导航界面

　　点击右下角方向控制盘的中间按钮，右上角会出现所在位置的地图，地图显示了当前位置和周边的景点信息。导航地图里有个绿色箭头，指向当前所在位置；还可以点击导航地图中的其他景点，快速跳转到所点景点游览。

　　要退出位置地图，可再次点击方向控制盘中的中间按钮。要隐藏方向控制盘，就再次点击左下角"开始"右边的绿色圆形按钮。

4.4.3 导游模拟情景再现

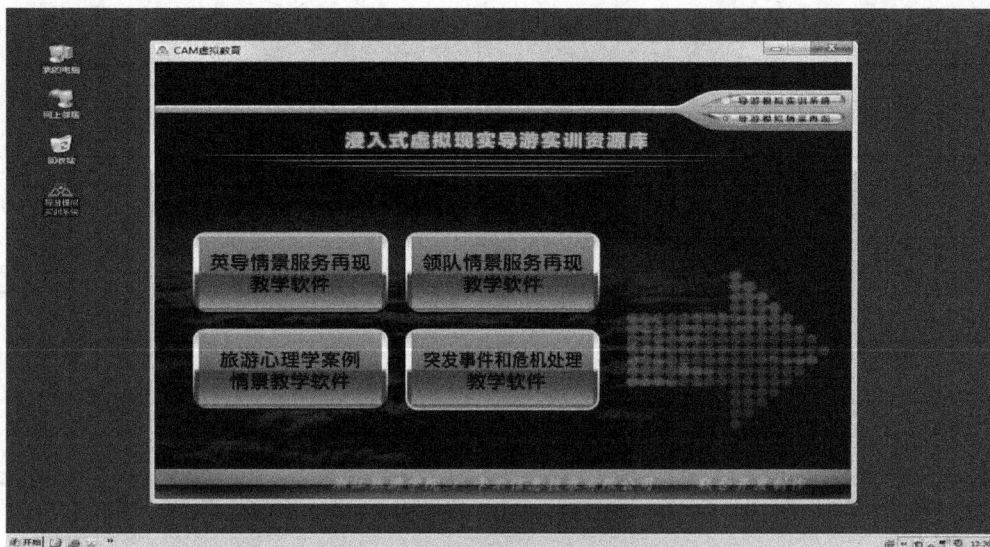

图 4-95 导游模拟情景再现界面

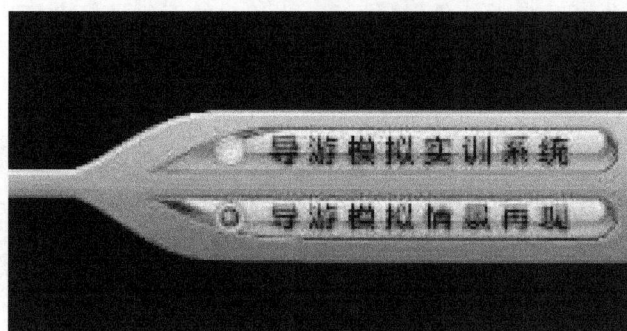

图 4-96 图片局部放大

在初始界面的右上角选择"导游模拟情景再现",进入情景再现界面。

该模块是导游实训的资源库,补充了一些相关的视频和资料,分为 4 大模块:"英导情景服务再现教学软件""领队服务情景再现教学软件""旅游心理学案例情景教学软件""突然事件和危机处理教学软件"。

(1)英导情景服务再现。

图 4-97　英导情景服务再现

　　"英导情景服务再现教学软件"提供了一些相关的案例视频和资料。"案例视频"可直接点击观看，"课程介绍""名师介绍""教案链接""其他视频"这几个选项都是导入后台的资料进行查看的。老师和管理员可以对资料进行添加、删除和修改。

图 4-98　英导案例视频

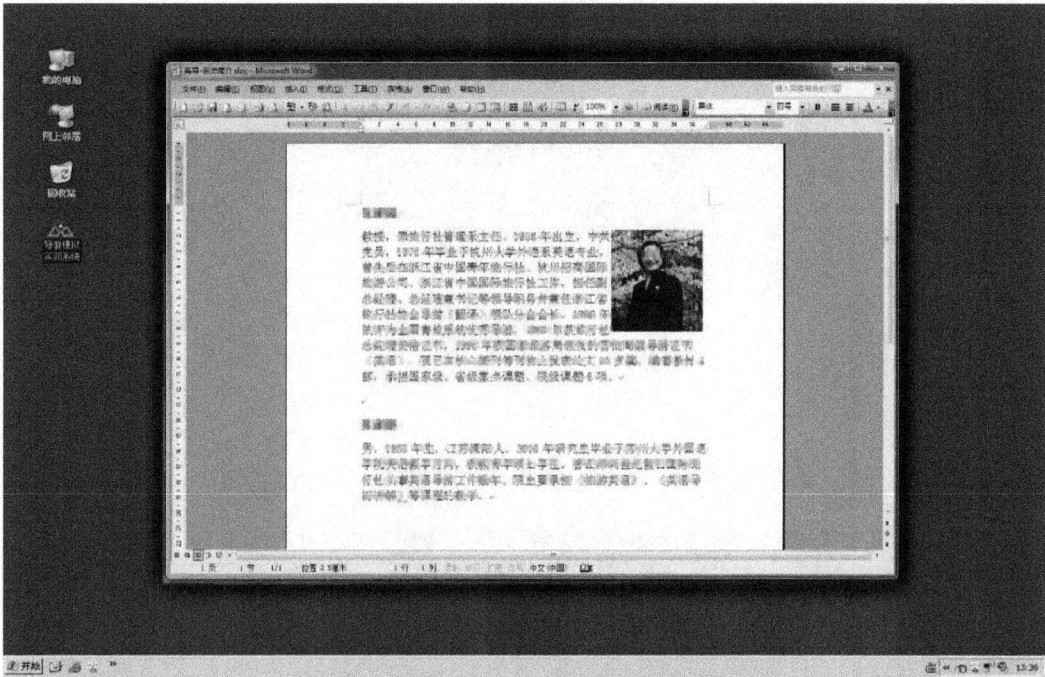

图 4-99　打开课程介绍或名师介绍

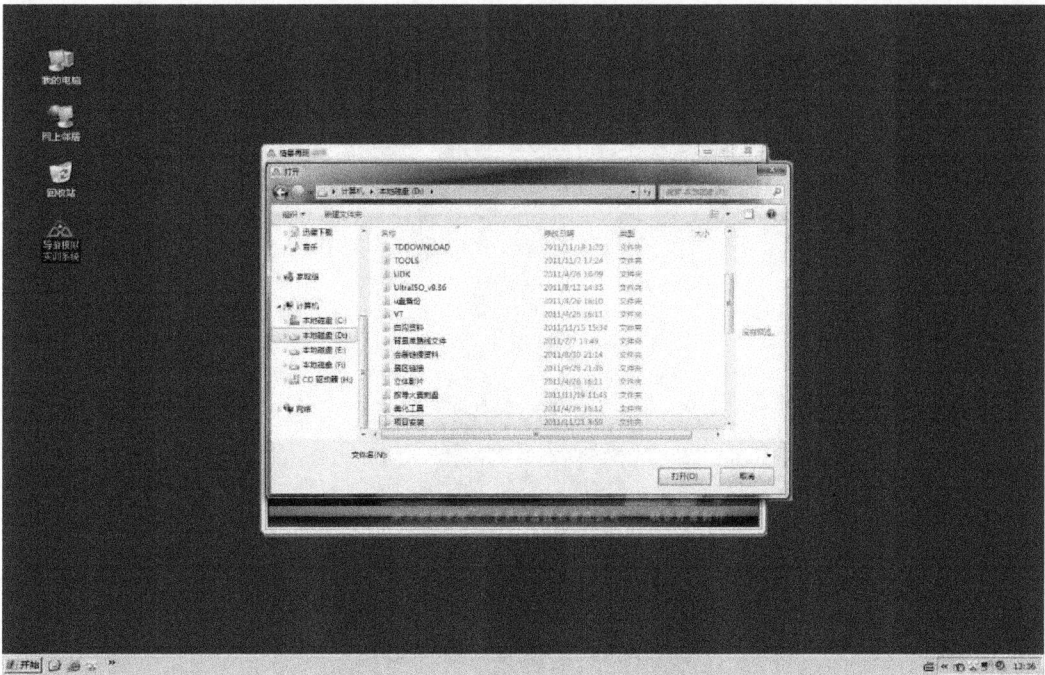

图 4-100　打开教案链接或其他视频

（2）领队服务情景再现教学软件。

图 4-101　领队服务情景再现界面

"领队服务情景再现教学软件"提供了一些相关的案例视频和资料。"案例视频"可直接点击观看，"课程介绍""名师介绍""教案链接""其他视频"这几个选项都是导入后台的资料进行查看的。老师和管理员可以对资料进行添加、删除和修改。

图 4-102　领队服务案例视频

"课程介绍""名师介绍""教案链接""其他视频"和前一软件英导情景服务再现功能一致。

（3）旅游心理学案例情景教学软件。

图 4-103　旅游心理学情景再现界面

"旅游心理学案例情景教学软件"提供了一些相关的案例视频和资料。"案例视频"可直接点击观看，"课程介绍""名师介绍""教案链接""其他视频"这几个选项都是导入后台的资料进行查看的。老师和管理员可以对资料进行添加、删除和修改。

图 4-104　旅游心理学案例视频

"课程介绍""名师介绍""教案链接""其他视频"和前一软件功能一致。

（4）突发事件和危机处理教学软件。

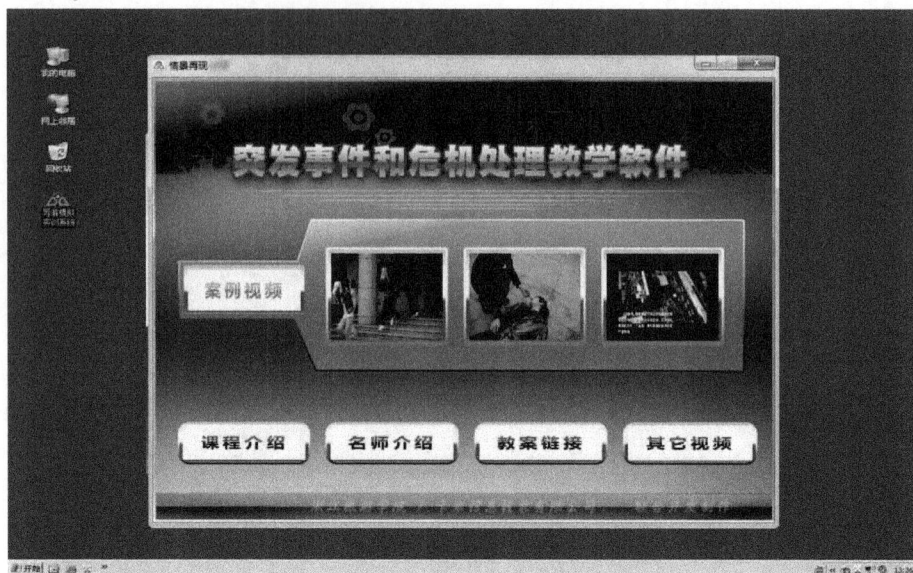

图 4-105　突发事件和危机处理界面

　　"突发事件和危机处理教学软件"提供了一些相关的案例视频和资料，让学生们学会在紧急情况下如何进行自我保护和自救。"案例视频"可直接点击观看，"课程介绍""名师介绍""教案链接""其他视频"这几个选项都是导入后台的资料进行查看的。老师和管理员可以对资料进行添加、删除和修改。

图 4-106　突发事件和危机处理案例视频

　　"课程介绍""名师介绍""教案链接""其他视频"和前一软件功能一致。

第 5 章 智慧旅游酒店

5.1 概　述

　　智慧酒店建设起源于酒店信息化的发展。互联网时代背景下酒店客户更加追求差异奇特、舒适享受、愉悦自由的生活方式,要求酒店提供更多的智能化产品与更加快捷的服务,因此,酒店餐饮、客房、康体、娱乐、销售、技术等多个部门智慧化管理与运营模式也应运而生。智慧酒店是指酒店的产品、服务、管理、技术的信息化与智能化。智能化所带来的定制化、差异化、个性化、人性化的酒店产品和服务为酒店业带来创新与发展的机遇;智慧化使酒店的管理更加科学、更加有效率,也更加具有个性。

　　酒店信息化发展是从 20 世纪 60—70 年代的数据处理开始的。随着个人电脑的发展,20 世纪 80—90 年代国内外小型机多用户系统开发成功;80 年代末到 90 年代初,随着互联网的发展,国际 Fidelio,Lanmark,国内华仪、西软、中软出现,开始进入文件服务器时代。随着现代科学技术的广泛使用,酒店房态管理、排房、结账等事务基本用上了酒店管理软件,随后逐步增加了客房管理、财务审核、权限控制等内容。21 世纪以来,从桌面互联网到 2009 年手机等移动互联网的出现,酒店信息化管理也进入一个全新的发展阶段,互联网由 web1.0 发展到 2004 年以社交与交易平台为标志的 web2.0,标志着互联网经济的转折,目前使用的人与人广泛连接以及线上线下 O2O 闭环的 web3.0,也使社会发生了巨大的改变。而随着下一代互联网 web4.0,甚至泛在网的出现,人类与万物相连将更加全面与深化。从 20 世纪 90 年代末到 21 世纪初,国际主要酒店多数使用 Fidelio/Opera 和 infor-His,以及国内西软、中软、泰能、千里马、华仪等软件管理系统。2010 年后,国际 Micros opera v9,国内绿云、住哲、罗盘、别样红、佳驰也在广泛使用。2011 年以后,随着智能手机迅速普及,传统旅游电商开始尝试移动化,线下酒店通过信息化和大数据分析的方式,使用"智慧酒店"等解决方案,实现智能化发展,直至 2012 年智慧旅游理念普及与范例的出现,使得智慧酒店成为酒店行业的新宠。

　　智慧酒店信息化平台构成依然是典型的云计算服务方式,即基础架构 IaaS(基础设施即服务),软件使用 SaaS(Software-as-a-Service,软件即服务)以及 PaaS(Platform-as-a-Service,平台即服务),并通过这些服务软件与平台将酒店各系统的管理、营销和服务集成在一起,实现对客服务的尽善尽美。2012 年 5 月 10 日发布的《北京智慧酒店建设范例(试行)》将"智慧酒店"定义为:利用物联网、云计算、移动互联、信息智能终端等新一代信息技术,通过酒店内各类旅游信息的自动感知、及时传送和数据挖掘分析,实现酒店"食、住、行、游、购、娱"旅游六大要素的电子化、信息化和智能化,最终为旅客提供舒适便捷的体验和服务。智慧酒店涵盖了酒店从设计建造,营销宣传,接待方式,人、财、物等各类管理模式,为住店客户提供更加便捷、智能化、个性化的产品与服务。

表 5-1　智慧酒店定义

序号	内容	注释及参考文献
1	利用物联网、云计算、移动互联网、信息智能终端等新一代信息技术,通过酒店内各类旅游信息的自动感知、及时传送和数据挖掘分析,实现酒店"食、住、行、游、购、娱"旅游六大要素的电子化、信息化和智能化,最终为旅客提供舒适便捷的体验和服务。	2012 年 5 月 10 日,北京市旅游发展委员会发布的《北京智慧酒店建设规范(试行)》对"智慧酒店"定义。
2	智慧酒店是指酒店拥有一套完善的智能化体系,通过数字化与网络化实现酒店数字信息化服务技术。智慧酒店是从设计建造、管理模式、企业营销到服务方式全过程,以计算机控制技术、现代通信技术和计算机网络技术为基础,最大限度节省能源和循环利用资源,以确保提供安全、健康、舒适、卫生的居住环境及个性化的服务和产品。	郭朔颖(2012)定义(转引自李云鹏等:《智慧旅游:从旅游信息化到旅游智慧化》,中国旅游出版社 2013 年版,第 258—259 页)
3	酒店拥有一套完善的智能化体系,通过数字化与网络化实现酒店数字信息化服务技术。	百度百科
4	①智慧酒店要借助现有的物联网、互联网、云计算、通信、网络等先进信息技术;②智慧酒店将运用到游客在酒店的"食、住、行、游、购、娱"六个方面,并贯穿酒店的设计、管理、营运、决策等全过程;③智慧酒店的最终目的是为顾客提供便捷、智能、个性化的体验和服务。	李云鹏等:《智慧旅游:从旅游信息化到旅游智慧化》,中国旅游出版社 2013 年版,第 259 页。
5	智慧酒店,也就是在智能酒店的基础上,应用物联网技术、云技术使酒店的管理更加智能化。	王辉等:《智慧旅游》,清华大学出版社 2012 年版,第 84 页。
6	智慧酒店,也经常被称为智慧饭店,是以物联网、云计算、移动互联网、信息智能终端等为代表的新一代信息技术应用于饭店服务、宣传、运营、管理等各个环节,提高酒店的信息化水平,实现酒店整体的智慧化、低碳化、人性化,"智慧化"最终体现在酒店的服务和管理水平的提升。	李云鹏:《智慧旅游规划与行业实践》,旅游教育出版社 2014 年版,第 165 页。
7	智慧酒店是指酒店拥有一套完善的智能化体系,通过数字化与网络化,实现酒店管理和服务的信息化。	蔡蓉蓉、顾婷婷、潘鸿雷:《南京智慧酒店现状及发展趋势研究》,《对外经贸》2013 年第 10 期,第 62—64 页。

序号	内容	注释及参考文献
8	汉庭酒店成功实施全面预算解决方案。利用 IBM 大数据分析工具,汉庭酒店成功实施全面预算解决方案,帮助企业财务部门将预算周期缩短了 60%,年度战略规划的工作时间缩短了 90%,推动了集团业务创新拓展。IBM Cognos 能够灵活地调整动态预测信息分析和实现即时分析计算,提升了预算业务流程的效率和数据质量;使得汉庭财务部门能够加强预算编制、调整流程控制,缩短工作周期时间,从而更好地发挥部门智能;通过高效准确、以业务为导向的预算规划,为集团业务的快速拓展提供强大支持。	《2014 大数据应用案例 TOP100》,转引自谢然:《大数据应用案例 TOP 100》,《互联网周刊》2015 年第 6 期。

5.2　意　义

智慧酒店实现了酒店信息管理的数据集中化、应用一体化、管理平台化,更为前后台一体化、大数据挖掘、电子商务的开展提供了有力支撑。智慧酒店产品推介的基础是酒店信息化建设,主要分为前台信息化、后台信息化和综合集成信息化三个方面。智慧酒店实现了远程登记、自动身份辨别、自动付款,一卡通与指示牌自动引导入住,按需设置客房环境与客户要求。酒店的互联硬件如微信开门有云柚科技的产品,空调管家有脉恩多能产品,酒店客控有幻腾智能的产品,酒店自助入住有复创科技的产品。酒店云平台有绿云科技的产品,酒店大数据有众芸科技的产品,酒店云数据有西软科技的产品。酒店云平台的建设可以更加方便地与管理系统各部分相连,智能化部署及维护,精控各项成本,及时掌握诸如酒店服务器与机房设施的能源消耗,快捷、便利的管理控制功能更是大大地节省人力、物力和时间成本;同时,也实现了更好地向住店客人提供周到、便捷、舒适、智能化的服务。

智慧酒店将不同酒店的硬件设施如装潢、客房数量与客房设施等质量和价格优势转变为及时、个性化、多元化、准确、质量和管理效率等功能优势的竞争,使不同酒店的综合服务成为竞争焦点。智慧酒店除了智能迎宾、接待、智能化的设施与人性化的设计之外,还能显著降低酒店运营成本、增加网络预订、提高营业收入增长点,对各类酒店信息提高了搜集、分析、存储、调用、更新和集成的力度,整合与优化了酒店资源,在酒店内外实现互联互通,提高管理效率与核心竞争力。

智慧酒店通过自身的网络销售渠道以及与在线旅游商的合作,大大增加了客户群,提高了酒店的规模优势和营销的范围优势。智慧酒店颠覆了传统意义上的酒店场所的许多功能,如由于移动网络的发展,酒店大堂完全不需要设立前台,同时大堂还可以成为各种非正式会议与活动的社交场所;智能网络设施设备及相应的应用软件,可以充分满足客户在酒店形成多样的娱乐生活及与外界的交往沟通;而客户的自助入住、预订产品及其消费账单与结账手续更是完全实现智能化。此外,酒店的智能化照明、温控、洗涤、节能减排系统、手机 APP 软件使用均可以更高效地工作。

智慧酒店今后的发展,将向精品酒店、单体商务连锁酒店、家庭旅馆、民俗主题酒店等创新扩展,同时,使用智能机器人服务,自动识别客人需求,智慧酒店将真正成为未来时尚生活的典范。

表 5-2　智慧酒店意义

序号	内容	注释及参考文献
1	智能酒店意味着信息技术全方位应用和酒店资产管理的高效。主要是通过业务部门(住宿、餐饮、娱乐等)和职能部门(行政、市场营销、人力资源等)管理上的整合,在市场调研上获得到低成本、高效的工具,同时通过房间的直接分配、使用自己的订房网站和优化线上入住和退房手续系统而实现利润增长。	唐亮:《"互联网＋"背景下智慧旅游带动旅游产业发展分析》,《吉林工商学院学报》2016 年第 6 期,第 14 页。
2	早期智慧酒店的方向更多的是偏向于硬件设施的智能化,比如通过 RCU 对灯光、窗帘、空调、电梯等设备的控制,以及 RFID 及红外感应技术的应用。智慧酒店除了在设备上的智能化外,更注重精准的对客营销、去中心化的管理流程再造、个性化客人体验的深度与黏度打造这三个方面全面智慧化。如 ZMAX 采用了"ZOLO 搜乐堂＋客房"的独特运营模式。亚朵酒店则是将公共区域变身为流动图书馆,每座酒店都有藏书千册,ZMAX 的大堂吧收益达到整体收益的 20%,而亚朵的平均入住率也高达 80% 以上。	金康玲:《"互联网＋"背景下智慧酒店的建设》,《中小企业管理与科技旬刊》2015 年第 11 期,第 30—31 页。
3	2012 年,国家旅游局发布智慧旅游试点计划,北京,南京等国际性都市陆续出台智慧酒店行业标准和规范。智慧服务是驱动酒店脱离竞争泥沼的不二法宝。近些年兴起的 NFC 技术无疑为智慧酒店智能服务提供了很好的媒介,一方面用户可以利用手机预订自助入住,智能引导,使用户享受到科技的乐趣。另一方面通过红外扫描技术和光线感应技术智能调节灯具开关,在用户退房后自动记录用户手动调节的空调温度和电视音量,在下次客户入住时,自动调节,让客户有居家的感受。	杨宏:《大数据与智慧酒店管理》,《科技创新与应用》2015 年第 19 期,第 259 页。
4	万豪酒店集团的 CRS 中央预订系统与著名 OTA 商家 Rookey.com 对接后,后者每天对万豪系统产生 8000 次查询,加上万豪酒店集团的官网预订,来自搜索引擎、全球分销系统的查询,酒店 CRS 因无法处理如此大量的请求而会导致崩溃。	徐林强:《互联网思维开启智慧酒店建设新路》,《旅游学刊》2016 年第 6 期,第 7 页。

5.3　服　务

智慧酒店主要包括智能销售、智能采购、智能餐饮、智能培训、智能财务、智能质检、智能工程、智能人力 8 大智慧信息系统。智慧酒店的服务也具有公开、透明、节约、快捷、方便、省工、省力、省时、浪漫、舒适、定制等功能。智慧酒店也可以从前台、餐饮、娱乐、会员、场地、销售、渠道、营销、电子商务管理等方面实现全面系统的智能化服务。如实行通过 B2C 客户的实时无缝连接,通过虚拟产品的发布与个性化体验,机器人语言迎宾、微信开房、客房智能化、客房声光电等智能综合控制系统,触摸屏智能点菜,以及门禁、灯光、娱乐、浴室、卧床、灯控与安防、消防联动、自动停车等服务智能化;如在走廊、卧房、卫生间、客厅、餐厅等地方,选择不同的灯光场景、音源音量。集成信息化将酒店不同部门、不同功能模块的服务封装整合,实现了数据集成与共享服务。新一代物联网技术将人与万物互联,更使得酒店物品的智能化识别、定位、跟踪、监控和管理成为可能。

表 5-3　智慧酒店服务

序号	内容	注释及参考文献
1	智慧酒店能够实现以下功能:提供安全、舒适、快捷的优质服务;建立先进与科学的综合管理机制;节省能耗和降低人工成本;进行数据库营销,更有针对性地进行业务推广。	王辉等:《智慧旅游》,清华大学出版社 2012 年版,第 84—85 页。
2	智慧酒店已经采取了建筑设备自动控制系统和能耗管理系统,利用智能化手段及控制理念在理论上是完全可以实现客房节能的。	叶建云:《智慧酒店客房精细化节能设计》,《智能建筑》2013 年第 4 期,第 69—73 页。

5.4　实训案例:智慧酒店管理交互式实训系统平台

(说明:详见北京中长石基公司:ShijiPMS 酒店前台管理系统使用手册、前台部分、预订部分、客房管理部分、收银部分、夜审部分、应收部分、杂项部分、旅行社佣金管理、飞行奖励、说明、设置等 Version7.14。)

软件系统主要包括如下内容:

(1)酒店管理系统基本要求:①具有中英文操作平台。②得到大多数国际品牌大酒店集团的认可。③具有与国际知名中央预订系统的接口(CRS)。④具有与银行系统的接口(PGS)。⑤软件 C/S 架构,系统所采用的平台为 WIN 2003。⑥系统设有管理员账号用来分配教师账号,管理教师信息。教师账号用来全面负责其班级学生的教学与实训,包括学生账号的管理与分组,实验课程的安排对教学与实训过程进行监督与管理。数据库 Xbase 免费安装。⑦能够支持 100 个学生用户并发使用。

(2)酒店管理系统详细功能要求:①在全球范围内拥有高端酒店最大市场占有率,并为主流国际酒店连锁集团(Accor 等)指定采用的前台与财务应收账管理系统,覆盖债务人管理全过程,适用于各种规模的独立运营饭店和连锁集团分店。内容包括预订、接待、管家、出纳、夜审、财务应收账、电话总机、营销分析等职能。具备顾客关系管理、价格管理(Rate Management)与渠道管理、旅行社佣金管理、休闲管理、常旅客管理等能力。具备与收益管理系统(Yield Management System)的双向连接能力。具备与

CHINA online(畅联)的双向连接能力,支持直销与分销的渠道管理。②支持个体、团体、公司、团主、预订源等基本档案类型。③支持客账、挂账、抵押金、包价等分类账。④能与主流的国际酒店管理和物业管理理论衔接。⑤通过信用卡加密国际认证,并有连接银行 PGS 的能力。⑥支持多货币汇兑损益处理。⑦支持服务式公寓、产权式酒店、度假村等多种物业形态。

学生实验平台是我们系统的核心,它综合 18 家大中型酒店管理核心业务特点,囊括了现代酒店管理方法、业务流程和财务制度,融入了大量的业务知识、案例说明为酒店专业及其他相关专业的学生提供一个理论结合实际的实习环境。学生实验平台分为总经理、前厅部、客房部、餐饮部、康乐部、销售部、人事部、财务部、工程部、采购部。

前厅部:系统前厅部包括酒店预订、接待、房态、费用管理以及各项报表查询等功能,细致全面地展示了酒店前厅部的各项职能。学生扮演前厅部经理的角色在此处理操作整个对客服务工作,独立解决问题,促使其将理论知识同实际工作紧密结合。系统模拟真实的酒店前厅工作环境,使实验更加真实、生动。

房态表:房态表。

预订管理:散客预订、团体预订、取消散客、取消团体、恢复预订、自动取消预订、网上预订。

前台接待:散客入住、团队入住、夜审、续交押金、续住换房、客单转账、结账退房。

费用管理:费用支出。

综合查询:在住客人查询、离店客人查询、发票查询、今日转账。

前台报表:收银汇总表、收银明细表。

投诉意见:投诉意见。

客房部:本系统为学生提供了一般大型酒店所拥有的客房数量,但是客房的等级需要学生自己在酒店建造的时候选择,可供选择的有:单人间、标准间、普通套间、豪华套间、总统套房等。不同等级的房间,其建造时价格会有所不同。这就需要酒店根据自身的设计方案,以及市场需求进行选择建设。

房态表:房态表。

酒店设置:楼层设置、房型设置、房间设置。

客房消费:价格设置、洗衣中心、商务中心、商品消费、赔付处理。

维修管理:客房维修、设备维修。

商品管理:采购计划、领用管理。

费用管理:费用支出。

报表统计:费用汇总表、费用明细表。

投诉意见:投诉意见。

餐饮部:在餐饮部,系统提供了数个餐厅,在这里学生可以根据自己酒店的规模、档次以及整体特色创建餐厅,形成适合自己的餐饮部。在餐饮部,学生要对自己的餐厅进行餐桌管理、顾客接待、投诉处理等业务操作。

台位表:台位表。

基础设置:菜谱及商品设置、台位设置。

预订管理:台位预订。

点菜管理:开台点菜、点菜信息、点菜处理。

维修管理:厅房维修、设备维修。

商品管理:采购计划、领用管理。

费用管理:费用支出。

综合查询:定金查询、账单查询。

报表统计:日报表、翻台统计、套餐统计表、提成统计表。

投诉意见:投诉意见。

康乐部:管理内容。

基础信息维护:娱乐场所维护、娱乐厅房维护、娱乐项目维护。

消费开单:娱乐消费、商品消费。

维修管理:厅房维修、设备维修。

商品管理:采购计划、领用管理、设备采购申请。

费用管理:费用支出。

报表统计:厅房收入统计、娱乐项目收入、年度月份收入。

投诉意见:投诉意见。

财务部:在系统财务部可查询酒店财务状况。学生可查询自己酒店的资产明细,包括注册资金、总收入、总支出、流动资金数量。酒店的每一笔收入和支出的数据,系统都会依据实际情况做出及时的增减反应,学生在这里可以很清楚地了解酒店的经营状况,以便做出相应的后续执行方案,走更适合自己酒店经营的路线。财务部包括资产统计、财务报表、工资发放、应收应付表等模块。

采购部:管理内容。

基础信息维护:仓库维护、供应商维护、商品单位维护、商品类别维护、商品维护、部门维护、商品期初库存维护。

采购计划管理:部门采购计划、物品采购计划。

出入库管理:商品入库、部门领用、商品出库、商品报损、商品报溢、库存盘点。

报表统计:出入库统计表等。

人事部:管理内容。

招聘管理:招聘需求、应聘简历、人员招聘、岗位确定。

员工日常管理:员工信息、员工培训、员工考核、员工奖惩、岗位变动、请假管理、合同管理、员工解聘。

岗位工资:岗位工资。

工资管理:工资项目、工资审核。

工资报表:工资报表。

工程部：本系统针对酒店营运的特点,在工程部设置了日常检修和维修工作两大模块。各个部门将维修申请单提交到工程部,工程部即可派员工进行维修处理,"未维修记录"和"已维修记录"可以随时查看当前状态。

维修管理:设备维修、客房维修、厅房维修。

设备查询:设备查询。

费用管理:费用支出。

销售部：酒店市场部要做好市场调研、分析,掌握市场动态、目标客户需求,根据这些资料进行本酒店的市场定位以及客户群的选择。主要面对酒店的大客户。在本系统里,市场部工作以客房销售管理为主,在此可以根据所面对的客户情况对产品的价格进行调整,这与前厅部客房的销售价格不冲突。

基础设置:折扣设置、合约单位类型、会员类型、积分兑换设置、房价合约、会议室设置。

合约单位:合约单位维护、单位挂账统计、单位消费统计。

会员管理:会员信息维护、会员充值查询、兑换积分查询、会员消费统计表。

会议室管理:会议室预订、收费退费、费用查询。

黑名单管理:黑名单管理。

维修管理:厅房维修、设备维修。

费用管理:费用支出。

客历查询:散客查询、团体查询。

投诉意见:投诉意见。

5.5 实训案例:三维虚拟酒店实训系统

该三维虚拟酒店实训系统采用 VR 技术,针对酒店咖啡厅、酒吧和客房场所,可以在电脑上实现酒店相关部门的服务过程,以及酒店咖啡与调酒的环境仿真动作,包括10 种咖啡调配,15 种鸡尾酒调配,5 项客房整理流程。详见具体操作手册。

学生实验平台辅助功能经典案例

系统在学生实验端提供了大量的经典案例,学生可以参考借鉴其酒店的各种案例,在扩充知识的同时可以帮助学生更好地完成实际操作。

知识库:在为学生做好各个实验的工作外,还为学生提供了电子化知识库,提供了学生在实验过程中所需要用到的各种相关知识。知识库以酒店管理专业知识为主,涉及酒店各大部门的功能介绍、岗位职责明细等,方便学生查阅。为学生提供了更加方便、快捷的服务。

　　通过虚拟现实技术、三维展示手段,结合酒店管理专业人才培养方案,针对酒店大堂、客房、餐饮和酒吧等场所,建设集教学素材、虚拟实训为一体的三维虚拟酒店实训系统。

　　该软件主要对五星级酒店(香格里拉)的大堂、餐饮、酒吧和客房等场景进行三维可视化模拟仿真,用户可通过键盘、鼠标等工具实现在虚拟场景中快速切换场景、自主行走、全方位的任意交互漫游。

　　系统功能必须包含:

　　教学模块:真实模拟酒店服务员及客户交互的一系列状况,并在其中穿插一系列知识点,以供教师教学使用。

　　教师备课模块:以教师为导向,方便老师对信息点内容进行修改、增加和删除,主要是针对教学工程中的视频、音频、文字等进行修改增减,并且能实时提取各种格式的课件。

　　实训模块:提供学生真实模拟现实中酒店管理人员动作、语言的环境,与场景搭配,形成交互逼真的环境,以供学生训练使用,在训练中可有帮助提示;学生可在线登录,并对某个信息进行内容登记,提出问题,所有学生可进行互动答复,学生可以实时录制和观看自己的实训成果,同样,老师也可以提取学生的实习成果作为考核依据。

　　考试系统模块:本系统中有模拟考试系统,用于检查学生掌握知识的情况。教师预先将考试试题储存在系统中,在测试过程中,界面将呈现所有的试题。同时,在系统的考试功能设置中,预置了可以让老师按照自己要求添加考题的功能选项。因此,老师们可以在自己的教案中灵活地设置一些自己的测试题目。整个考试评估功能还可以通过扩展硬件设备,使用线路录制功能针对每个学生的考试过程进行录制,方便教师对每个学生现场考试情况进行考核。另外,有了这个现场录制资料,教师就可以对学生在考试中出现的错误进行纠正,并有针对性地对其进行重点辅导。老师可设置相应考题,包括选择题、填空题和问答题等。需要根据教师要求输入相关考题及类型。

　　突发事件模块:通过三维虚拟人物展现模拟客户住店期间出现突发生理状况时,酒店服务人员的应对措施,通过该模块的演练让学生具备一定的突发事件处理能力。

　　系统功能设置模块:设置系统音乐、播放、速度等。

　　场景介绍模块:全方位介绍酒店的历史、建筑特色、服务特色、相关知识等。

　　支持触点设置功能:

　　(1)可在触点中利用系统内教学素材(图片、文字、视频等),对触点进行内容的添加或修改。(2)固定路线播放时,触点内信息内容能自动弹出,作为教学知识点的提示。(3)交互智能系统技术参数要求:内置一体化设计,外部无任何可见内部功能模块的连接线。(4)嵌入式系统参数。在嵌入式安卓操作系统下,可实现 Windows 系统中常用的教学应用功能,如白板书写、Office 软件使用、网页浏览等。(5)白板软件。软件支持用户注册登录,登录后可实现白板软件与资源分享平台对接,对资源进行上传、下载。(6)移动授课系统。可与交互智能平板实现无线连接,可对连接的设备进行密码的权限管理。具备服务端生成热点功能,在没有路由器的情况下,可通过服务端生成局域网热点供外部终端进行无线连接,并支持二维码拍照自动连接服务器功能,无须手动设置网络。支持对移动终端设备进行接入锁定,防止学生随意接入影响老师使用。可实现交互智能平板与手持终端屏幕同步显示,且支持双屏同步操作、大小屏双向批注、擦除、截图功能。支持模拟笔记本电脑触摸板功能,能够对智能平板进行远程控制,并有常用快键按键集成,如一键关闭窗口、一键切换窗口、一键回到桌面、一键打开键盘等。(7)集中控制系统。后台控制端采用 B/S 架构设计,可在 Windows、Linux、Android、iOS 等多种不同的操作系统上通过网页浏览器登录进行操作。受控端除实现智能平板与后台服务器连接外,还具备本地软件管理功能,能实现智能平板硬件信息查询、本机信息设置、系统还原备份、系统冰点功能。(8)视音频直播系统。控制端采用 B/S 架构设计,只需要浏览器登录即可使用,方便快捷。(9)智能笔采用笔形设计,使用防滑材料,带四个遥控按键,既可以用于触摸书写,也可用于远程操控。(10)产品现场演示。所投产品采用红外多点触控技术,10 点以上触摸书写功能。

第6章 智慧旅游教育

6.1 概 述

　　智慧旅游教育即用智慧的方式开展旅游教育。互联网时代智慧旅游教育的核心是利用教育云平台和在线网络旅游教育资源,通过互联网教育平台共享教学资源,以统一标准的格式进行各类课程管理,并记录学习的进度与内容,同时,进行实时在线的教学交流。在线教育网站,具有课程与作业信息、知识共享,客服中心,课程搜索,图像、视频、文字编辑修改上传,在线互动讨论交流等所有教学功能。近年来,大规模开放网络课程(MOOCS)微课视频等网络课程弥补了包括旅游教育在内的教育资源的稀缺,从而克服了旅游系统人员流动大、工作时间不固定、人员层次差别大等困难,可以随时随地学习。目前在线教育已成为世界范围内的新兴产业,方兴未艾,蓬勃发展。

　　旅游管理等应用型专业的课程目标是以能力培养为重点,课程体系必须以行业工作体系为标准,课程内容必须以知识传授与职业技能培训为行动导向,具有数字旅游、虚拟旅游和旅游信息化等相关知识与能力;了解数据库管理、程序与网络操作知识,并具有使用服务器、网络产品的能力。智慧旅游管理者同时也要能够吸引市场关注,管控与协同智慧旅游系统的开发与应用。

　　实训教学是训练学生运用理论知识解决实际问题、提升已有技能和实践经验的重要过程。

　　智慧旅游实训室是智慧旅游教育培训的重要场所。智慧旅游实训室的建设不仅是向学生传授一种智慧旅游理念,更侧重于培养学生对接旅游企业和现代旅游市场,利用现代网络科学技术,依托互联网与相关的系统应用软件,通过智慧酒店、智慧旅行社与智慧景区等虚拟教学平台、智能导览平台、智能互动平台、智能酒店系统模型、虚拟场景全息影像,移动互置服务和物联网等技术手段,用智慧式教学管理和手段,为师生创造更加便捷、高效,虚拟高仿真场景的互动体验学习环境,使学生在"3D"与虚拟场景中获得导游、酒店管理等体验实训,并以互动式的实验教学手段,提高学生学习的兴趣与投入、增强真实与沉浸感,创造一个融理论与实践教学、虚拟仿真环境实训、高质量体验为一体的深度旅游教学系统。

　　智慧旅游教育"云平台"由云存储中心、云服务中心、云控制中心等组成,维护着旅游教育企业的数据、流程、用户等信息,这些系统规模大、性能高、稳定安全、线上和线下融合。智慧旅游教育中心的云计算与云平台提供系统、详尽、形象、生动的旅游教育资源共享存储空间,将合作单位或网上的旅游教学资源数据上传并存储于云端,通过访问权限设置,实现旅游资源的集约、共享、更新与维护,为学校的智慧旅游教学提供智力支持与资源共享保证。智慧旅游教育培训模式,主要侧重于学生自主学习,并通过职业规划或工作驱动,利用再现情景进行订单培养和传播知识。

表 6-1　智慧教育定义

序号	内容	注释及参考文献
1	马来西亚早在 1999 年就提出"智慧学校计划",到 2010 年将所有学校都转型为智能学校。IBM 为智慧教育的实现设计了一系列解决方案。新加坡在其 i N2015 计划中提出实施智慧教育计划。韩国 2011 年颁布了"智慧教育推进战略"的国家教育政策。中国提出《国家中长期教育改革和发展规划纲要(2010—2020 年)》。	杨现民、刘雍潜等:《我国智慧教育发展战略与路径选择》,《现代教育技术》2014 年第 1 期,第 12 页。
2	IBM 从服务全球经济发展的视角出发,提出智慧教育发展的五大路标,分别是学生的技术沉浸、个性化多元化的学习路径、服务型经济的知识技能、系统文化资源的全球整合和为 21 世纪经济发展起关键作用。	Jim Rudd, Christopher Davia, Patricia Sullivan. Education for a Smarter Planet: The Future of Learning. http://www.redbooks.ibm.com/red-papers/pdfs/redp4564.pdf.
3	旅游专业采用"智慧"的教学手段,培养学生包括信息素养在内的综合素质,为旅游业输送高素质人才,是当前旅游专业教育改革的重要组成部分。	暴莹:《国内智慧旅游研究回顾与展望》,《生产力研究》2016 年第 6 期,第 159 页。
4	智慧教育发展的愿景是在新一代信息技术支持下,尊重每位学习者的个性化与多元化发展需要,创建智能化的教育环境,推动信息时代的教与学变革,以最有效的方式促进学习者的知识建构与智慧发展。	柯清超:《大数据与智慧教育》,《中国教育信息化》2013 年第 24 期,第 9 页。
5	"智慧教育"包含了 3 个层面的内涵:首先,作为一种教育理念,"智慧教育"倡导以智慧的教育方式,启迪受教育者的智慧,帮助受教育者不断成长和发展。其次,作为教育信息化的高级阶段,它强调利用大数据、云计算、物联网等新一代信息技术,构建智慧化的教育环境。第三,作为一种现代教育服务体系,它以新一代"智慧"型信息技术在教育领域中的应用为驱动,提升教育服务的品质和教育管理的绩效,促进教育改革,从而推动经济发展和社会进步。	李书芹、沈斌、陈雅琳:《面向智慧城市建设的"智慧教育"探索与实践——以宁波市为例》,《浙江纺织服装职业技术学院学报》2014 年第 12 期,第 99 页。

续　表

序号	内容	注释及参考文献
6	智慧教育旨在提升现有数字教育系统的智慧化水平,实现信息技术与教育主流业务的深度融合,促进教育利益相关者的智慧养成与可持续发展。与传统信息化教育相比,智慧教育呈现出不同的教育特征和技术特征。其教育特征主要表现为:信息技术与学科教学深度融合、全球教育资源无缝整合共享、无处不在的开放按需学习、绿色高效的教育管理、基于大数据的科学分析与评价;技术特征主要表现为:情境感知、无缝连接、全向交互、智能管控、按需推送、可视化。	杨现民:《信息时代智慧教育的内涵与特征》,《中国电化教育》2014 年第 1 期,第 29 页。

6.2　智慧旅游基础课程

软硬件是智慧旅游系统的基础资源,而软件是智慧旅游教育系统开发的核心,智慧软件系统涉及理论、方法、技术、标准、工具和管理等多方面知识与内容,需要学习者从需求分析、软件设计、软件实现、软件测试以及软件开发的管理等方面加强学习应用。旅游管理专业学生涉及的计算机与互联网、大数据、云计算的知识理论体系主要包括如下内容:

(1)计算机原理:了解计算机处理器、存储器、外部设备以及系统软件等计算机系统的多个重要环节。特别是对数的表示,机器指令、汇编及执行文件格式,计算机系统结构和针对机器的程序优化等知识。了解计算机组织与科学计算,学习线性方程组的直接法和迭代法、非线性方程组的数值解法、矩阵特征值问题的计算、插值法、数值逼近与曲线拟合、数值积分与数值微分、常微分方程及其边界问题、优化问题等科学计算中的常见内容。了解图形系统的框架及相关软、硬件技术。

(2)大数据分析技术:了解大数据应用背景和相关的知识,获得大数据工具的实践经验。了解及时查询、图数据处理、流数据处理、内存数据库管理系统等多方面的知识。了解企业级 Web 应用的主流框架技术 Java-EE 技术的设计思想、核心架构和实现方法。

(3)电子商务结构和安全:了解电子商务的基本概念、电子商务活动及电子商务的体系结构和安全,电子商务系统的规划和设计内容、方法和过程,电子商务的运行环境、框架与原理,电子商务的基础设施、支撑环境和信用环境,以及电子商务安全、计算机安全、网络安全和支付安全四个方面的电子商务安全问题与相关技术;能够分析探讨电子商务的解决方案和应用案例。

(4)多媒体技术基础:了解声音、图像和数字电视媒体的基本知识、压缩和编码方法;了解 CD、DVD 等存储器的存储原理和存储格式;了解多媒体网络应用、服务质量、因特网、TCP/IP 协议和多媒体传输的基础知识。

（5）旅游信息化基础：多媒体技术及应用、计算机网络管理、数据原理及应用、高级语言程序设计、C语言程序设计、Visual Basic语言程序设计、程序设计、Java语言程序设计、旅游管理信息系统、电子商务、网络信息系统、AutoCAD绘图系统构造及应用、信息系统开发与管理、GIS项目设计与开发、旅游地理信息系统等。

（6）软件工程知识：软件被称为人类现代生活的催化剂。软件是计算机程序、规程以及运行计算机系统可能需要的相关文档和数据，软件是一种嵌入式的数字化知识，软件是人类思维和智能的一种延伸。智慧旅游系统软件可以在虚拟场景下，通过抽象软件模型准确地描述有形的旅游景点、酒店与游客活动场所。随着智慧旅游的兴起，智慧旅游软件开发与功能的提升就显得十分重要。软件的发展从最初的程序设计，扩展到从定义、编码、测试到使用、维护等整个软件生命周期，异构环境下分布式软件的开发成为一种主流需求。随着智能互联网的发展，以网格技术和网络服务为代表的分布式计算日趋成熟，从而实现信息充分共享和服务无处不在的环境。传统的软件开发方法主要是以功能分析和数据分析为基础的结构化方法，面向对象方法已成为软件工程学中的主流方法。智慧旅游软件项目及其应用，从知识构成上，主要涵盖了用户的软件需求以及专业人员的软件设计、构造、测试、维护、配置管理等诸多方面，用户需求规格说明的不准确或软件配置的不合理，如对功能要求不明确、需求不断变更等都会直接影响智慧旅游项目软件的教育与应用效果。因此，软件需求用户要求解决问题或达到的目标一定要明确，如从事何种业务，目标客户的定位与要求，有哪些系统可以采用，需要实现的功能与非功能是什么，系统部件要满足怎样的合同规范与要求。软件所采用的版本也很重要，软件项目版本是在明确定义的时间点上某个配置项的状态。对象是现实世界中的一个实际存在的事物，属性和服务是构成对象的两个基本要素，对象是属性和服务的结合体，对象只描述客观事物本质。交通工具具有时速等属性，而行驶、载客则是其基本服务，不同交通工具又各有其特殊属性，如轮船上可用餐与睡觉。智慧旅游就是要将对象植入智慧的属性和智能化服务。

智慧旅游实验室基于条件的限制，用户主要是旅游管理专业师生与旅游行业培训人员。系统需求是要实现智慧旅游产业，如酒店、旅行社、智慧景区软件系统的实时体验和操作流程培训。系统可以通过网络动态地跟踪市场旅游信息，掌握与分析旅游市场动态，熟练运用酒店、旅行社系统软件，学会收集、读取、产生、删除、修改或存储信息，处理与分析信息，生成相关数据报表，以达到旅游行业相关岗位从业人员的技术要求。

例如，杭州师范大学旅游"虚拟仿真3D实验室"硬件购置了3D金属环幕，支持被动立体投影，三维效果突出；高亮度，与视角完美平衡；抑制太阳效应，色彩还原度好；图像自然、逼真；进口光学涂层，超长使用寿命；屏幕大小可根据需要任意设定，绝无缝隙；可平面、弧面设置。

高性能图像融合一体机，保证对所有视频实时处理，保证画面流畅；规则图像裁剪纯硬件处理功能，不压缩图像，可以满足特殊融合场合；智能化可编程宽屏幕黑边消除功能,满足图像全屏观看要求。

对于软件我们希望达到易理解、可见、可支持、可接受、可靠、可维护、响应速度较快等特性。

表 6-2 智慧旅游教育实践课程

序号	内容	注释及参考文献
1	景点规划:世界文化各景点,点击地球仪上的相关点,屏幕上显示相关的地点的内容。对于中国文化内容,中医、历史人物、景点介绍均可通过触摸屏显示。 旅游企业智慧设备:酒店、旅行社、景区规划、分析软件均可通过电脑软件安装、分析使用。 医疗健康实验室:采用机器人,根据设定的程序,精准找到针灸位置,进行人体针灸治疗。 智慧景区:可将人体影像放置在不同背景的景点中,进行 PS,游客犹如身临其境。还可通过立体影像将文物放置其中,介绍景点内容。 360 度环绕式电影:播放各地城市、景区与景点。 智慧滑雪训练:人站在滑雪板上,利用传送带、滑雪鞋,对照视频中的场景,进行长距离的模仿滑雪动作和训练。 高尔夫球场:可在室内实现击球、测距、训练。 旅游产品设计:可以根据景区背景图,随意将房子、园林、亭台等建筑物子单元,放置到相应的位置上,从而增加学生对景区规划的操作与认知。 智慧北京全景图:通过数字化地图可了解相关城市各项建筑物与景区的布局、交通位置等信息。 "3D"打印:学生学习后,可根据景区模型设计,打印出相关的 3D 模型。 智慧旅游统计:智能化的系统统计景区实时人数、位置及密度等信息。还可通过大屏幕数据传输,实时获得全国相关景区的实况、连线全国各地景区,实时了解其中景区分布、旅游人数等情况。	北京联合大学智慧旅游实验室内容简介

6.3 目 标

智慧旅游人员的素质和组织管理能力是保证项目成功的重要因素。智慧旅游教育首先是要培养智慧旅游人才,因此,具有互联网思维＋旅游创新思维＋信息化技术的复合型人才是培养的重点。智慧旅游需要数据规划师、数据架构师、数据设计师、数据分析师以及旅游运营师、客户管理师、智慧旅游规划师、智慧旅游项目经理、智慧旅游管理培训师。除传统的导游、领队、前台、餐饮、房务、营销、安全、工程、财务、康乐、HR、高级行政管理等各岗位外,从智慧旅游角度来说,复合型人才主要分以下几层:

(1)智慧旅游规划师。岗位任务:了解旅游目的地管理机构,景区安全,游客流量,统计分析,投诉服务,质量监管,政策发布,移动办公,诚信管理,市场营销,电子门票,电子导购,电子导览,搜索,评论,游记,咨询,信息发布,景区介绍,网络营销,视频信息,移动服务,综合安防,游客流量,停车管理,生态环境,统计分析。

（2）电子商务架构师。岗位任务：进行企业电子商务系统规划设计与运营，并协助完成电子商务系统的模块开发。需要掌握电子商务、计算机软硬件知识及运筹学相关理论与知识。

（3）产品经理。岗位任务：基于互联网与电子商务，分析大数据，从客户需求出发，进行产品采购与产品规划。需要掌握电子商务、旅游资源开发、旅游市场学及相关产品开发理论与知识。

（4）在线旅行社经理——产品定制师。岗位任务：旅游企业在线运营第三方平台构建及管理。需要掌握管理学知识与大数据分析，具体包括：线上线下旅游产品信息资料的收集与处理，旅游在线旅游产品开发设计，旅游供应商的沟通与洽谈，旅游产品价格的核算；个性化与多样化旅游产品设计；具有网络平台操作能力，旅游产品开发与定制技术与方法。

（5）在线旅行社经理——旅游咨询师。岗位任务：在线旅游产品推广、在线旅游客户服务、信息交流、维护与管理，线上线下旅游信息收集、发布与管理服务与信息传递。主要掌握产品图形拍摄与图片处理技术，图像与文件处理、线上线下旅游产品售销、发布与客户关系管理。

（6）在线旅行社经理——平台运营师。岗位任务：熟悉互联网平台的原理、运作与广告、宣传推送技术与方法，具有广泛的互联网沟通能力。

（7）智慧饭店经理。岗位任务：熟练掌握与运用智慧饭店的广告、促销、营销、分销、订购、反馈、统计、互动等知识与技能。

表 6-3　智慧旅游教育练习

题型	内容	注释及参考文献
1. 单项选择题	1. 由于互联网超越了时空限制，一些潜在的（　　）可传播生动活跃的旅游产品，包含影像、地图、互动场景等，从而为旅游企业营销等工作创造更加优越的条件。 　A. 平面广告　　　B. 报纸杂志　　　C. 电视广告　　　D. 多媒体 2.（　　）将会对世界产生的影响，因为它适用多重平台，在不同时间、不同情况下，服务不同旅游者。 　A. Mobile Commerce　　　　　　B. E Commerce 　C. B2C Commerce　　　　　　D. B2B Commerce 3. 在互联网时代，从顾客关系管理系统角度，一般可分成三种类型，不属于该类型的种类是（　　）。 　A. 功能型　　　B. 互动型　　　C. 沟通型　　　D. 分析型 4. 国际饭店管理系统是由（　　）系统功能转换发展来的，在不同功能中发挥不同的策略性功能。 　A. PMS　　　B. PMC　　　C. MSM　　　D. PNS 5. Google 的大数据平台不包括（　　）。 　A. 分布式文件系统 GFS 　B. 分布式计算框架 Map Reduce 　C. 分布式数据库 BigTable 　D. 分布式的数据存储平台 PNUTS	顾景昇：《旅馆资讯系统：旅馆资讯系统规划师认证指定教材》，中国台北"国立中央大学管理学院" ERP 中心（初版），2014 年 8 月。

题型	内容	注释及参考文献
2.多项选择题	1.旅游消费者的资料可以提供( )服务。 　　A.个性化服务　　　B.分析市场变化　　　C.进行宣传营销 　　D.开发市场　　　　E.以上全部 2.大数据通常具有 4V1O 的特点,即( )。 　　A. Volume　　　　　B. Velocity　　　　　C. Variety 　　D. Value　　　　　E. Online 3.下面哪些属于大数据技术范畴( )。 　　A.云计算　　　　　B.分布式存储　　　　C.大数据算法 　　D. NoSQL 数据库　　E. SOA 结构体系 4.旅游大数据的市场价值表现在( )。 　　A.旅游信息加工　　 B.旅游市场挖掘　　　C.旅游线路优化 　　D.旅游目的地推广　 E.旅游学术研究 5.拥有商用大数据平台的公司主要有( )。 　　A. Google　　　　　B. Amazon　　　　　C. Yahoo 　　D. IBM　　　　　　E. Microsoft	同上
3.判断题	1.人类社会数据量第 2 次大的飞跃正是建立在运营式系统开始广泛使用数据库的基础之上( )。 2.在挖掘有价值的旅游信息的过程中,大数据可以通过对游客在旅游网站日志的点击率进行分析( )。 3.金棕榈企业机构是集管理咨询、技术研发、平台运维与专业培训为一体的中国旅游行业第三方平台服务企业( )。 4.数据量呈指数增长的同时,隐藏在海量数据的有用信息相应比例也随之增长,使我们获取有用信息的难度加大( )。 5.大数据有着海量性、隐藏性和碎片性特点,必须通过技术的力量,才能分析出有意义的信息( )。	同上
4.简单题	1.试述智慧旅游的起源、概念与本质特征。 2.试阐述智慧旅游大数据平台分析常用的软硬件。 3.试说明智慧旅游的商业价值及其转化方式。 4.简述旅游大数据的来源与应用领域。 5.简述智慧旅游平台的功能与结构。	

6.4　实训案例:浙科酒店管理模拟教学软件

　　酒店管理专业教育随着酒店业的发展而发展。提高酒店管理水平与酒店管理人员的素质是酒店在行业竞争中取得成功的关键。管理人员素质的提高要通过培训和教育。高校开设酒店管理专业,正是对应着社会的需要,从酒店管理的各方面,对酒店各层管理人员进行培养。

　　酒店管理教育的质量直接影响着我国整个酒店业管理水平。基于这一点,探讨酒店管理专业课程设置的问题就显得非常迫切。教育目标是培养能将酒店管理的理论熟练地运用于具体实践的一流的酒店管理人才。

传统的酒店教学,是在完整的理论学习结束后,到具体的酒店单位进行实习。单纯的理论学习阶段与陌生的实习环境,常常使学生不能学以致用,教学质量得不到保证。学生毕业后,需经过相当长的时间来适应工作环境和社会生活。

随着网络时代的到来,计算机网络在各个方面影响着人民的生活和工作,也带来了巨大的商机和挑战。学习并运用网络到工作、生活中,使业务处理更加方便、快捷。同样,网络也给酒店专业教育带来了巨大的冲击。学生需要掌握一些计算机网络知识,以应用于酒店业务的网络信息处理。这给课程教育带来了新的课题和挑战。同时,网络的模拟环境也给专业教育带来了更大的新鲜感,给学生体验业务环境带来了更多机会。

网络模拟的教学方式,根据不同的教育层次,所运用的具体内容应有所差别,但形式与外界学生就业的酒店应相同或相近,以便使学生走出校门后就能马上满足酒店的用人需求,并能在岗位上有所作为。为此,各类型的教学软件应运而生。

据中国劳动力市场信息网的有关文章显示,"模拟酒店教学模式"与传统的酒店专业教学模式相比,主要有以下几方面优点。

表 6-1　模拟酒店教学模式与传统酒店专业教学模式的比较

序号	模拟酒店教学模式	传统的酒店专业教学模式
1	压力较大,时间观念更强,学生必须在规定的时间内完成产品供客人食用	时间观念较弱,压力相对较小或没有压力
2	客人食用学生的作品,学生会直观地感受到自己学有所用,并能获得经济效益	学生作品自己品尝或食用,压力较小,学生无法感受到自己所学东西的价值
3	需要快速和有效地工作	有时间思考和提问
4	需要开动脑筋,即时创造,并能灵活地处理工作中的突发事件	只能依课本或教师所设计的方案进行学习
5	学生不得不对工作中用到的知识重点学习,这样就可以直观地让学生体验到这些知识的重要性,自觉地进行学习	学生学习是为了将来某一天要用,不能让学生直观地体验到知识的重要性,所以学生学习比较被动
6	对于教师而言,其主要是在工作中将自身所掌握的知识直接灌输给学生,学生会主动地接受教师的知识	教师主要以讲授的形式将他们所掌握的知识灌输给学生,学生只能被动地接受
7	实践性、综合性更强,学生主动性强,学习效率高,学生各方面能力会快速提升	理论性较强,学生会感觉乏味、学习效率低

"模拟酒店教学模式"以学生为中心,学生在实际操作中参加了教学全过程:收集信息、制订计划、做出决策、实施计划、反馈控制、评估成果。模拟酒店所有事务均要求学生自行安排,自然就激发了学生学习的主动性。学生学习的兴趣极高,他们不但在上课时准备功课,还利用了课余时间。因为面对的是真正的顾客,压力较大,所以他们的实际操作也特别认真。在分工过程中,由于学生轮流进行角色训练,因此等于在实际工作中要将所有科目综合于一体,如酒店管理、中西烹饪、点心、餐厅服务、酒店英语、酒店礼

仪、社交公关、成本核算、酒店营销等,均在实际的操作中进行了渗透,学生的综合素质,如沟通、合作、协调、思考、创新、解决问题、待人接物等,也有了极大的提高。

"模拟酒店教学模式"对于办学的职业教育机构来讲,不但可以为社会培养实用的人才,达到职业教育办学的目的,同时也会深受社会的好评,办学层次及规模会越来越大,办学效益也会不断提升。另外,"模拟酒店教学模式"除了教学效果显著之外,还在教学中回收了实训材料的成本,为办学节省了大量开支。

总之,在酒店业职业教育方面,要想将其做大做强,传统的教学模式已远远不能满足当今酒店业日新月异变化的需要,职业教育机构必须寻找一种适合于满足此变化需求的教学模式。"模拟酒店教学模式"与传统酒店专业教学模式的不同之处在于学生面对的是真正的顾客,是"在工作中学习",是边学习边为社会创造效益。"模拟酒店教学模式"作为一种以学生为本、注重实效的教学模式,不但能为企业培养较高素质的人才,也为职业教育机构在办学成本上节约资金,本人认为,与其他教学模式相比,"模拟酒店教学模式"是一种值得推广的教学模式。

6.4.1 软件介绍

浙科酒店管理模拟教学软件最新版在吸取旧版本优点的基础上,重新进行了设计,将用户区分为管理员、教师、酒店经营者和客户四种角色,各角色完成不同的操作任务。

软件按照星级宾馆标准化业务程序流程,结合现代酒店管理教学的特点,创造了一个酒店管理实习的逼真的空间。业务流程规范化、操作环境完整化是本软件设计的一个重点。除完整设计了酒店管理的所有业务及流程操作全过程外,本软件还特别设计了"酒店行业网站"和"酒店企业网站",使学生在操作中切身地感受到信息时代网络带给教育的变化,更加体会到信息时代酒店经营管理的全面革新。

表 6-2 浙科酒店管理教学软件

管理员	教师管理	资料修改			
教师	查看班级	班级管理	学生管理	案例管理	资料修改
酒店	总经理	前厅部	客户部	餐饮部	工程部
	康乐部	销售部	财务部	人事部	
客户	我的房间	散客操作	团体操作	厅房操作	投诉处理
	餐厅消费	康乐消费			
浙科酒店行业	发布信息	最新信息	查询预订	加盟酒店	酒店资讯
酒店企业网	公司简介	最新动态	客户一览	餐饮服务	康乐设施
	会议设施	联系方式			
酒店知识学习	案例知识库	视频中心			

（1）管理员功能简介。

为更好地管理用户权限并进行实验安排，软件分管理员、教师、酒店经营者和客户四类用户角色。

表 6-3　管理员功能简介

功　　能	描　　述
教师管理	软件默认管理员用户名为 admin，管理员负责教师用户的管理（修改和删除），通过添加教师资料，为系统增加教师用户。也可增加其他管理员用户。
教师查询	管理员端还有多功能的查询工具，可分教师和管理员角色进行用户名和姓名的查询。
资料修改	管理员默认密码为 a，为确保系统安全，登录后在"资料管理"模块中修改密码、姓名等信息。

表 6-4　教师端功能简介

班级管理	班级是学生个体的载体，教师在"班级管理"模块中，进行班级的添加、修改和删除。 只有在添加班级后，才能进行该班学生的添加。所以，"班级管理"是学生管理的前提。 在浙科教学软件中，各教师建立的班级及实验环境是互不影响的，支持多个教师、多个班级同时使用该软件。
查看班级	教师可查看自己创建的所有班级及各班级的详细信息，包括：班级名称、班级学生人数、班级内所有学生的学号、真实姓名等基本信息。
学生管理	教师在此进行学生用户的添加、修改和删除。 教师分角色（酒店经营者和酒店客户）向选定的班级添加学生，支持单用户添加和批量添加。批量添加学生减轻了教师的工作量，产生的有规律的学生账号也便于管理和使用。 学生管理提供学生用户查询功能，支持精确查询和模糊查询。
案例管理	教师可进行目录管理和案例内容管理，为系统添加更多的案例类型，并根据教学需求，通过具体的实例，使学生学习多更多更新的内容。"案例管理"中，案例内容的不断更新，使系统在长时间内保持新鲜度，也可提高学生学习查看的兴趣。
资料修改	教师管理自己的密码和姓名等资料。

（2）学生端功能简介。

学生将按照教师的安排分别模拟酒店经营者和酒店客户的身份，到浙科酒店模拟环境中感受全部的酒店业务和操作流程。

在模拟的酒店环境中，按照酒店部门结构，设计了总经理、前厅部、客房部、餐饮部、康乐部、销售部、财务部、人事部和工程部几大部门，构造了一个完整的、高信息化管理的星级酒店。让学生仿真地实现了酒店管理的各项功能和流程，提高了学生的实践能力。

表 6-5 酒店经营角色

总经理	设置酒店中各种服务和设施。为酒店添加并管理房型、房间和厅房。包含了房型、价格、床位、配置说明、厅房号、楼层等酒店的元素,为酒店设计出一个完整的布局和格调。酒店设置中支持图文结合。房间、房型和厅房都可以上传具体的图片,更加形象地体现酒店的设置效果。 酒店设置还包含了娱乐项目管理和酒店资料管理。通过娱乐项目、计价方式和单价来添加并管理环境中的娱乐项目。酒店的所有娱乐项目,客户端中都可以切身体验。 此外,"总经理"操作还具有经营查询和报表生成的功能。 经营查询:预订查询、客户查询、餐厅查询、康乐查询、投诉查询。 报表生成:房间取消表、房间状态表、和约公司、和约公司账务表、酒店经营日报表、客历档案、客人名单表、客人生日表、来自地区表、散客预订表、团体预订表、团体主单表、维修房表、预订取消表。在模块内酒店营业中产生的所有记录都将以报表的格式显示,并提供报表查询和打印功能。
前厅部	通过预订处理,可分别进行散客预订、团体预订、取消预订、取消团体、网上预订、恢复取消、自动取消等多种方式的酒店预订或取消预订。预订处理是对酒店客户的预订进行处理、审核、分配房间等操作。所有预订在过期前可取消,取消的酒店也可恢复预订。 酒店完善的服务开始于客户预订。学生体验了酒店管理中服务的完善带给客户的方便,使酒店管理更加有规则有条理。 我们在软件中设计了预订房型选择、日期预订、折扣、会员、用餐等多个细节,以此更加完整地模拟现实环境。 在前台接待的业务操作中,按照酒店预订方式分预订入住、团队入住、散客入住、厅房操作。入住前需要办理入住手续,包括人员登记。入住时间可设置自动延期。总台接待模块还设置收银记账、客户转账等功能,可通过房态表查看房间状态。
客房部	在客房部,学生可进行房态设置,发布失物招领信息; 进行房型查看,房价查看操作; 进行客房清洁,客房消费记账,投诉等操作。
餐饮部	在餐饮部,通过饭桌管理、饭桌状态、饭桌场所、账单和投诉意见处理,来管理酒店内餐饮部这一重要部门。
康乐部	模拟环境中的康乐部服务流程包括康乐消费账单查询和康乐部投诉处理。
销售部	通过销售部,可轻松操作管理酒店协议单位、会员管理、历史的客户记录和酒店黑名单管理。 管理酒店的协议单位和会员,会员也可以分类,如普通会员、黄金会员等,不同类型的会员有不同的打折额度。会员在餐饮、娱乐等其他消费也列入打折范围。 销售部还包括了酒店推广和投诉意见处理操作。
财务部	通过财务部的操作查看酒店收入和支出状况,并提供查询功能,可查询任意时间段内的收入和支出情况。 人事部:人事模块包括员工管理、考核管理、奖惩管理、岗位变动、请假管理、员工生日表和投诉意见七个功能。
工程部	工程部模块处理客房维修等业务。

续 表

酒店行业网	发布酒店信息； 酒店查询、查看：快速查询、组合查询； 最新加盟酒店查看； 查看酒店资讯； 查看客户评价。
酒店企业网	编辑酒店简介； 发布酒店资讯； 住宿设施及服务项目内容和图片编辑； 编辑餐饮服务内容和图片； 编辑康乐设施的图片和文字内容； 编辑会议设施的图片和文字内容； 联系方式。

（3）酒店客户角色。

通过客户体验，学生将亲身体会酒店的各种服务，并能对酒店各部门的服务提出意见和投诉，交酒店进行处理。

完美的视觉感受，是本系统的一大优点。通过三维立体效果和动态效果，学生一进入系统就有极大的操作和体验的兴致。

客户在进入系统后，通过选择所处的地区，再在所选地区内选择酒店。

客户与酒店经营者相互配合完成酒店预订、入住、步入、退房等操作。

表 6-6 酒店客户角色

散客操作	散客预订、预订入住、散客步入、客单退房、取消预订
团体操作	团体预订、取消团体、团体入住、团体退房
厅房操作	厅房操作、厅房预订
投诉处理	投诉、处理查看
餐厅消费	就餐需要进行点菜，通过餐厅选择、饭桌预订、折扣操作、菜肴选择，进行点餐操作。经过酒店餐饮部确认后，即可进行就餐。就餐完毕，进行结账操作
康乐消费	进入康乐部，选择酒店设置的各康乐项目，进行亲身体验。康乐消费完毕后，进行结账操作，结账方式可选择客房签单和现金结账方式
客房	客户进入自己的客房，入住后可进行设施损坏报修、遗失物品报失等操作，提交给酒店相关部门处理
酒店行业网	查询预订； 查看酒店资讯； 最新加盟酒店查看； 快速查询、组合查询

（4）酒店知识学习部分。

浙科酒店管理模拟教学软件的实验操作，是以理论知识为基础的。理论操作模块是理论学习、练习、考核的结合。学生可查看知识点、案例，进行练习，下载教师上传的附件资料等。

"视频中心"是知识库文字资料的升华,通过视频,学生将更深刻、直观、形象地学习到酒店管理的方方面面。

浙科酒店管理模拟教学软件的教学,可以帮助教师改变传统的教学模式,减轻教师的教学负担,使理论性的教学不再枯燥,提高教学质量。

6.4.2　软件安装及运行环境

(1)软件运行环境(略)
(2)硬件环境(略)
(3)安装运行环境(略)

6.4.3　详细操作

打开浏览器,在地址栏内输入软件的访问地址,打开软件的登录页面;或直接在开始菜单内选择"浙科酒店管理模拟教学软件",打开软件的登录页面。

浙科酒店管理模拟教学软件分管理员、教师、酒店、客户四个角色。用户分别选择对应的角色进行登录,登录后进入各自的操作界面。

管理员

图 6-1　管理员登录界面

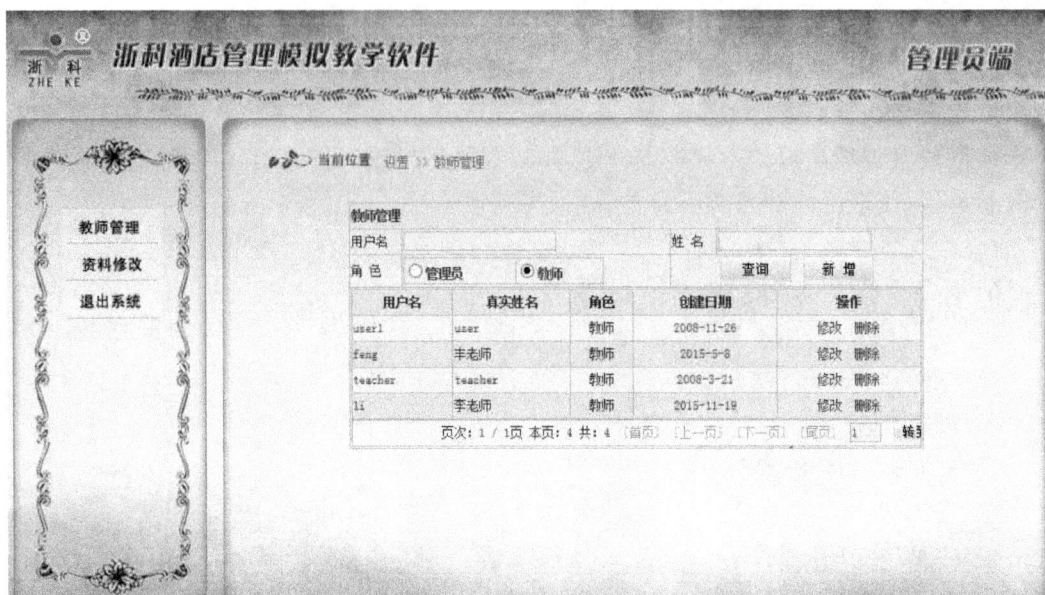

图 6-2　管理员操作页面

教师管理

教师管理包含教师用户的新增、修改、删除和查询。教师用户必须由管理员添加。管理员有权修改教师资料,教师也可在教师端自己修改资料。

管理员在菜单区中选择并点击按钮"教师管理",进入教师管理页面,显示系统内的教师列表及可进行的操作。

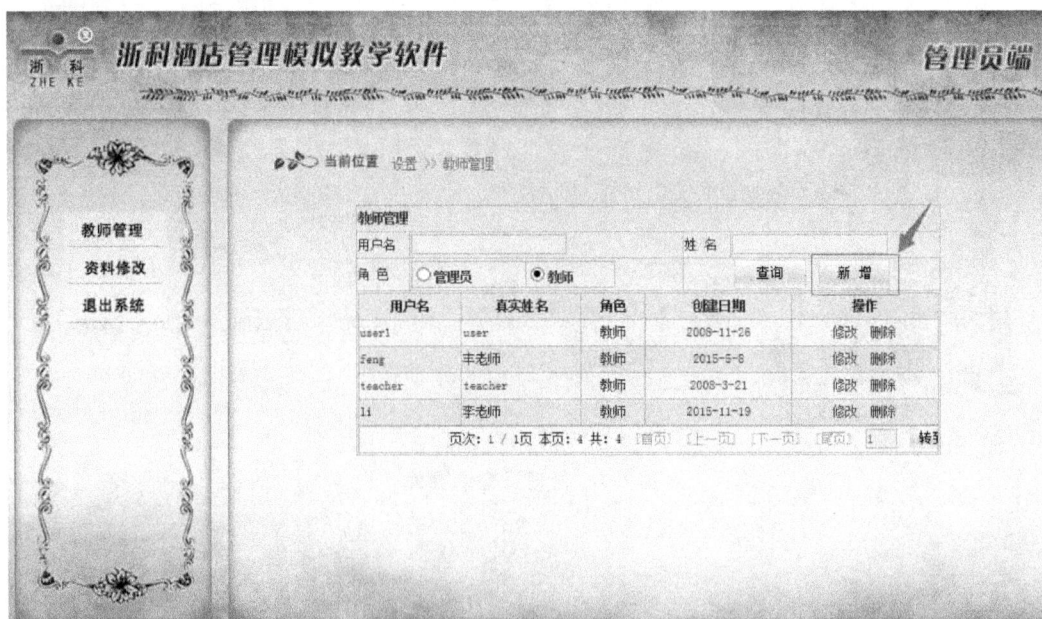

图 6-3　教师用户新增

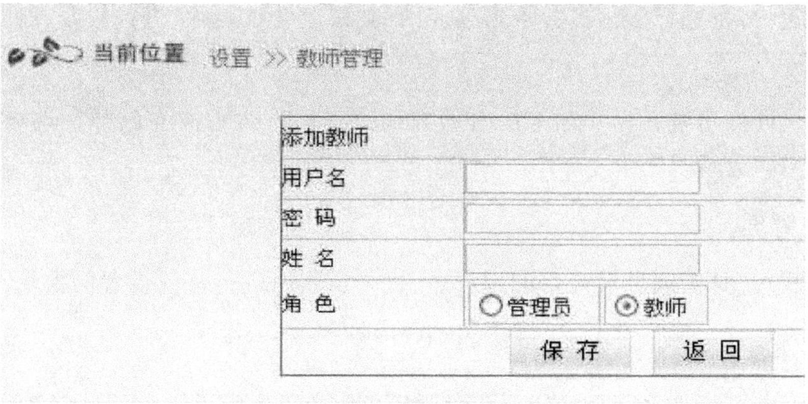

图 6-4 教师登录

教师资料修改：

在教师列表中，选择要修改的教师资料，并点击其相应行内的"修改"，进入该教师的基本信息修改页面，如图 6-5 所示。

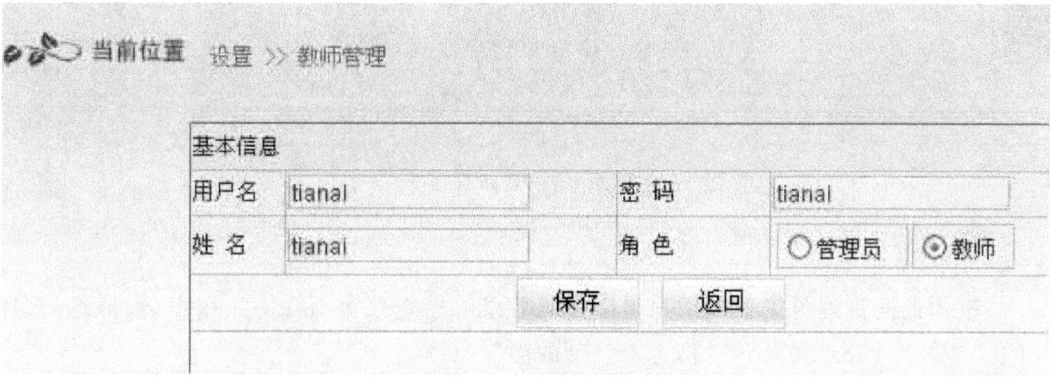

图 6-5 教师资料修改

在页面内显示教师现在的用户名、密码、姓名和角色，管理员在此可进行教师用户名、密码和姓名的修改。

修改后，点击"保存"按钮，若修改信息符合系统要求，系统提示"基本信息修改成功"。确定后，返回教师管理列表。

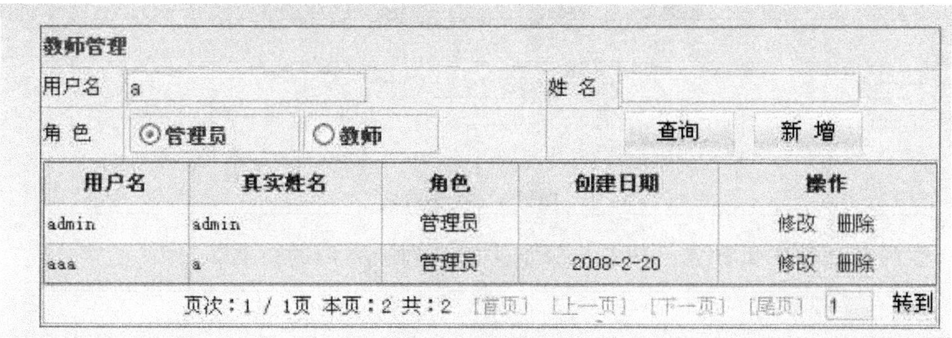

图 6-6 管理员列表

在列表中,可选择管理员并点击列表内的"修改"或"删除"进行修改、删除操作。

管理员查询:

管理员同样可进行用户名与姓名的查询。查询方式方法与教师查询相同,选择角色时,请选择"管理员"。

资料管理

资料管理,是管理员对自身的用户名、姓名及密码进行修改设置的模块。

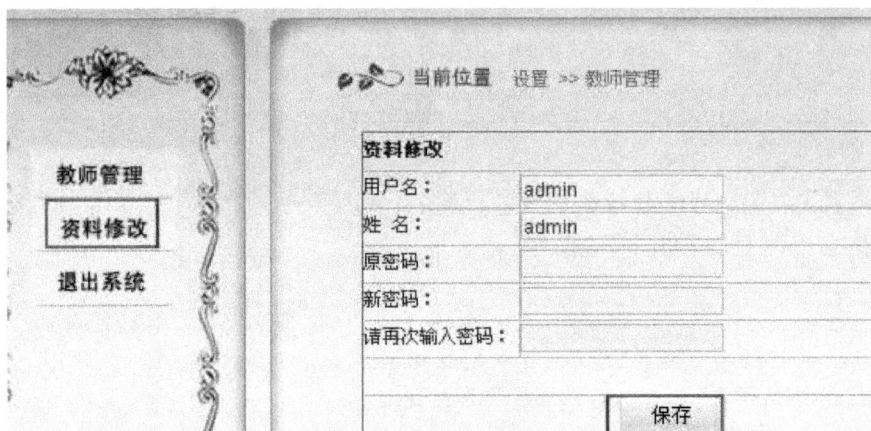

图 6-7 资料管理

教师端

教师根据管理员提供的用户名和密码登录。在登录页面内输入用户名、密码,选择角色"教师",点击"登录"按钮,进入教师的操作页面。

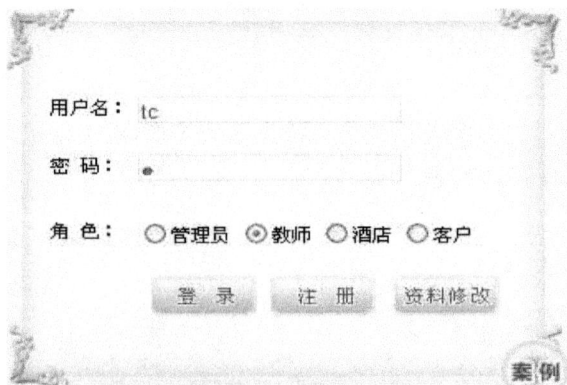

图 6-8 教师登录

教师在软件中负责自己所属班级学生的管理和案例的控制。

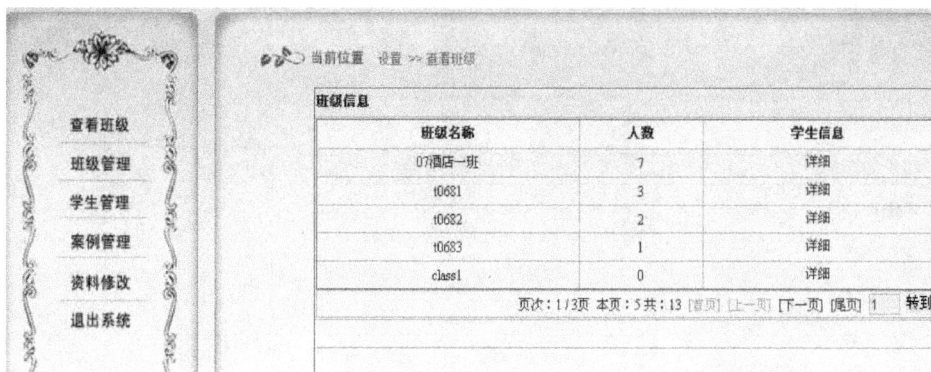

图 6-9　学生管理

查看班级

教师可以查看系统中所有的班级及相应的学生信息。登录成功,进入系统时,默认进入查看班级模块中。在该模块内,显示系统内所有的班级列表(班级名称、人数及所有学生信息)。

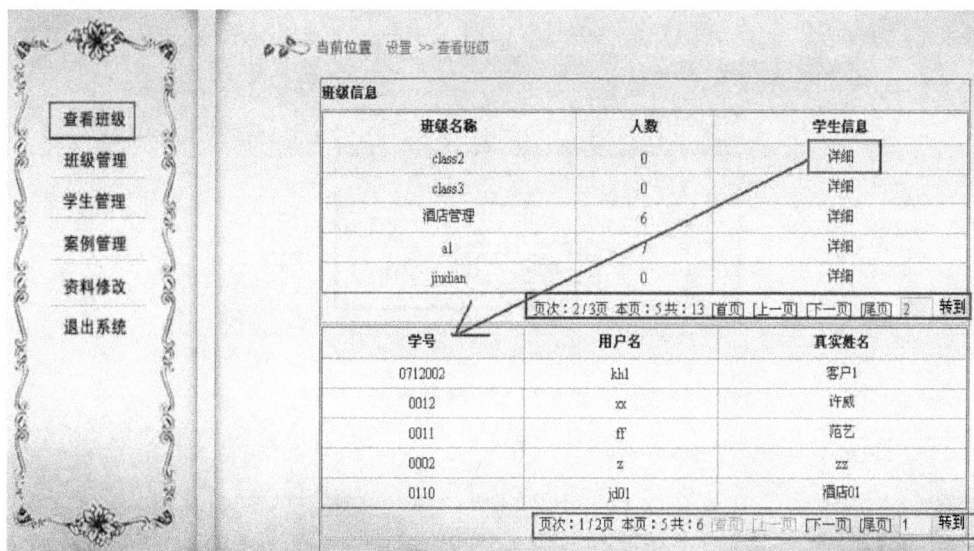

图 6-10　班级信息

学生信息:

如图 6-10 所示,选择"查看班级",进入班级信息列表,选择要查看的班级,在列表中,点击操作"详细",在班级列表下将显示该班级内所有学生列表(学号、用户名和真实姓名)。

班级管理

教师可对系统中的班级进行管理,包括:新增、修改、删除操作。

点击菜单区内的"班级管理",打开班级管理页面,显示班级列表及相关操作按钮。

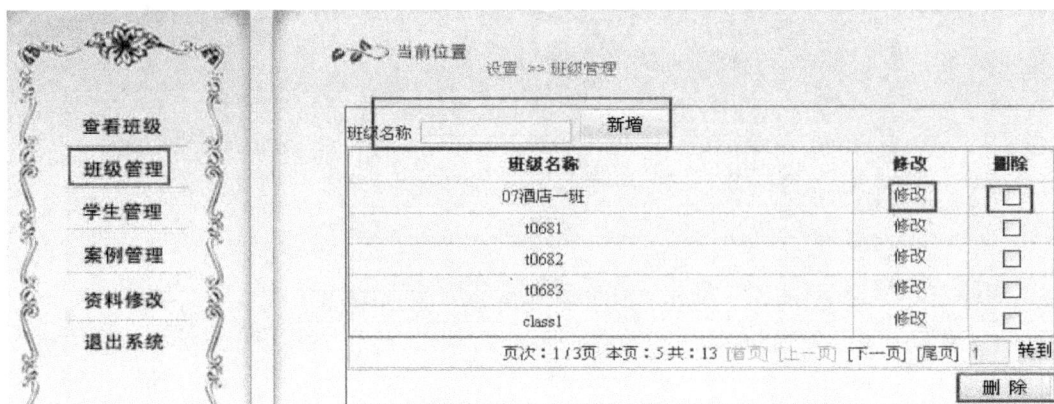

图 6-11　班级管理

班级新增：

教师在系统中添加班级时，只需要在页面的"班级名称"输入框内输入将添加的班级名称，并点击"新增"按钮。

注意，输入班级名称时，不要与系统中已经存在的班级名称重复。

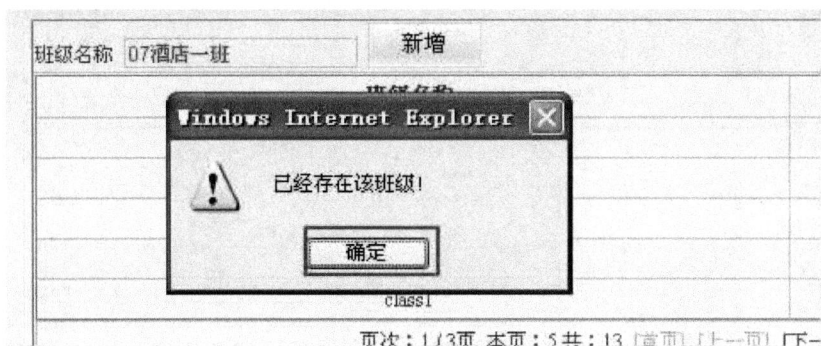

图 6-12　班级名称

班级修改：

修改班级时，应首先在班级列表中找到要修改的班级。班级列表中，每一页显示 5 个班级，请在列表下方点击"首页""上一页""下一页""尾页"，在列表中查找要修改的班级。

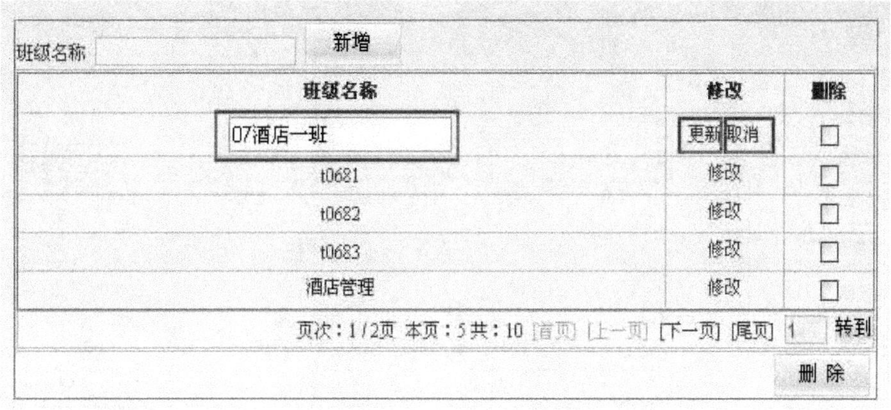

图 6-13　班级修改

班级删除：

删除班级前，请确认该班级下没有学生存在，否则不能删除。

同理，班级删除也需在班级列表中找到要删除的班级，并选中该班级所在行的选择框"☐·"，要一次删除多个班级时，在列表中同时选中同一页内其他要删除的班级，并点击"删除"按钮。

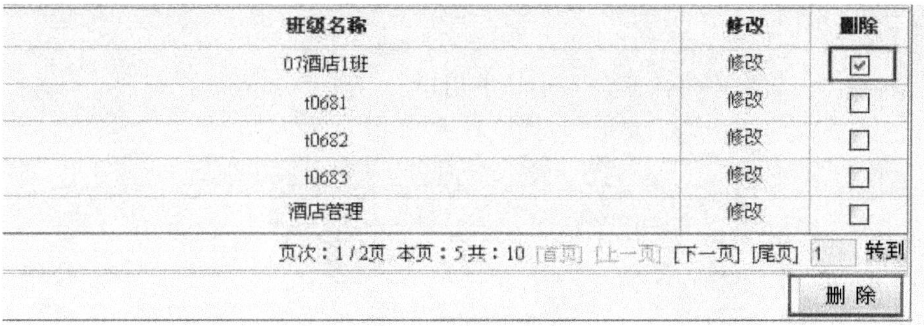

图 6-14　班级删除

若所选班级中没有学生，将提示"删除成功"，点击提示框内的"确定"，返回班级列表中。

学生管理

选择菜单区内的"学生管理"，进入学生管理页面，显示学生列表——学号、用户名、真实姓名、班级、角色，以及可操作选项——新增、批量新增、修改、删除、查询。

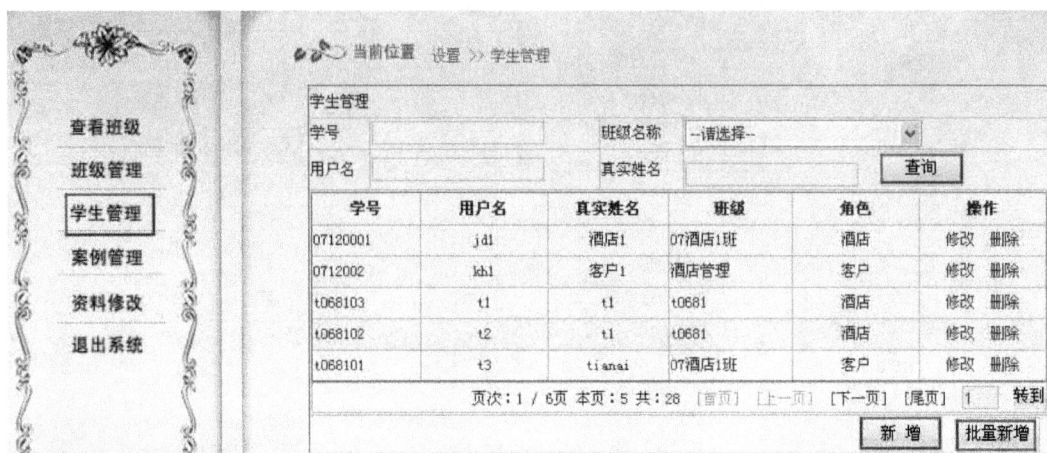

图 6-15　学生管理

学生新增

学生添加，是向班级中添加学生用户。班级作为学生的载体，增加学生前，请先确认该学生所属的班级是否存在于系统中，若不存在，请到"班级管理"中添加该班级。

学生添加分单个添加和批量添加。

新增：

新增：在所选班级中一次添加一个学生用户。

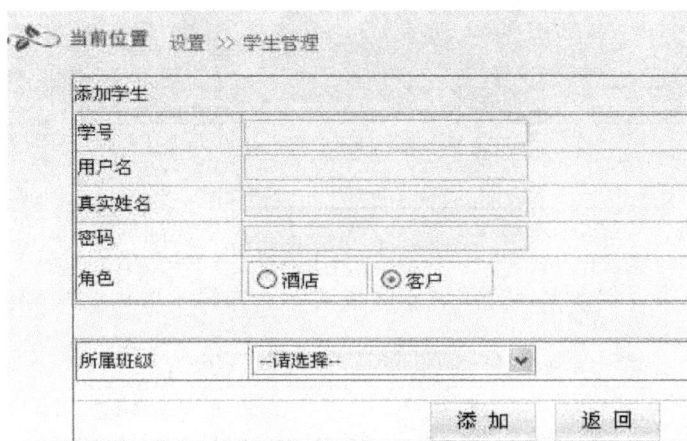

图 6-16　学生新增

批量新增：

批量新增：教师在添加学生时，可选择批量新增，这样可减少很多重复操作，且产生的学生用户名有规律，方便教师进行学生管理。

在学生管理页面内点击"批量新增"按钮，进入学生的批量添加页面。如图 6-17：

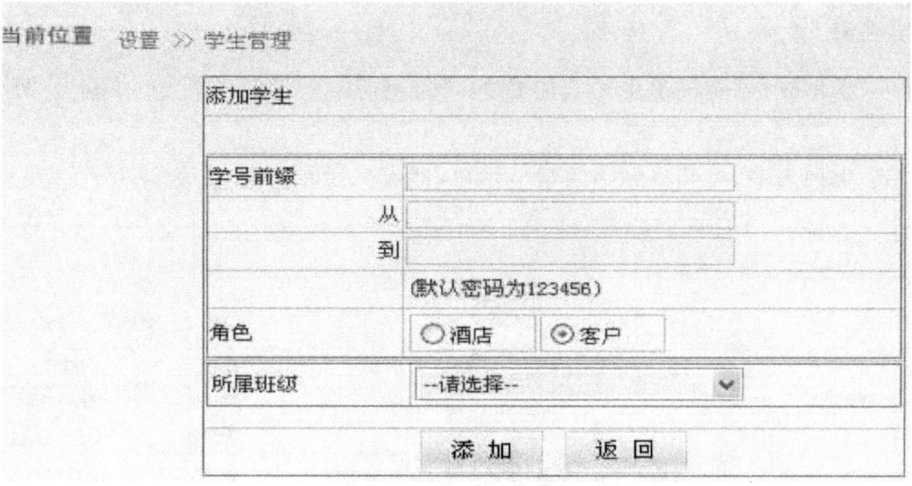

图 6-17　学生批量新增

学生信息修改

学生修改：学生修改包括修改学生的密码、真实姓名、角色和班级。学号和用户名不能修改。

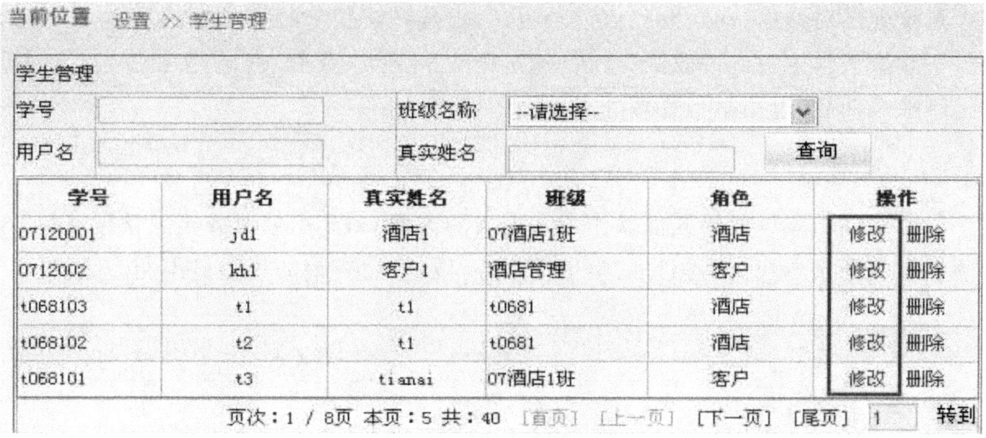

图 6-18　学生信息修改

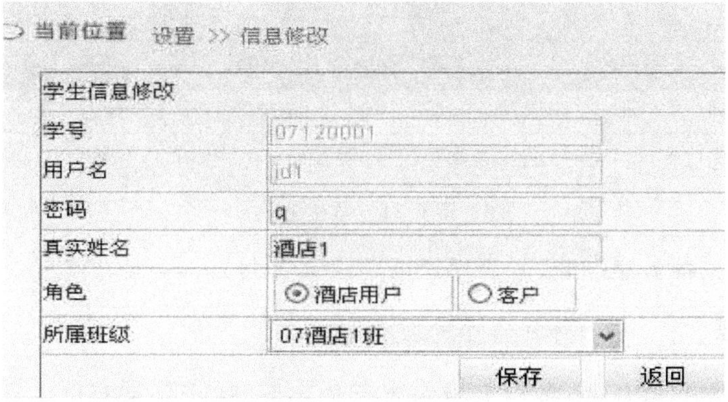

图 6-19　学生信息

学生删除

删除学生时，可能将学生的实验数据同时删除。删除后，学生的实验数据不可再恢复。

在学生列表中，找到将删除的学生用户，并点击所在行的"删除"。

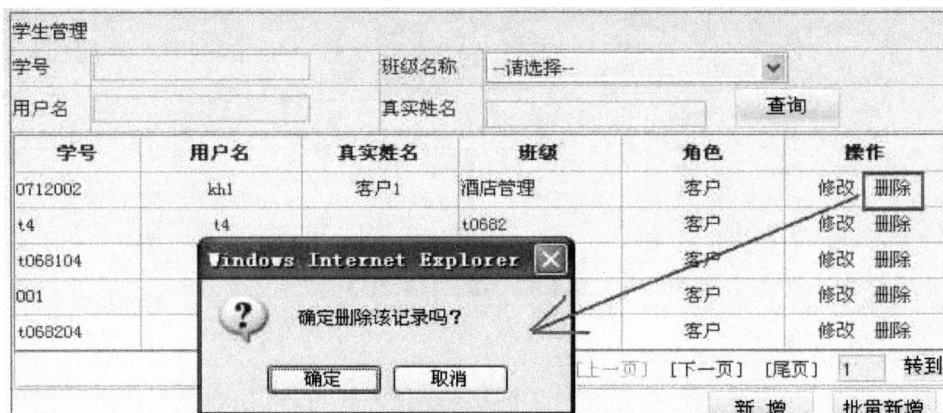

图 6-20　学生信息管理

系统弹出对话框"确定删除该记录吗？"，可选择按钮"确定""取消"。

不删除该学生，点击"取消"按钮；确定删除该学生，点击"确定"按钮。

删除成功后，返回学生管理列表页面。

学生查询

学生查询功能可以给其他操作带来很大的方便。查看、修改或删除学生资料时，都必须在学生列表中找到要操作的学生用户，所以，学生查询的功能显得尤为重要。

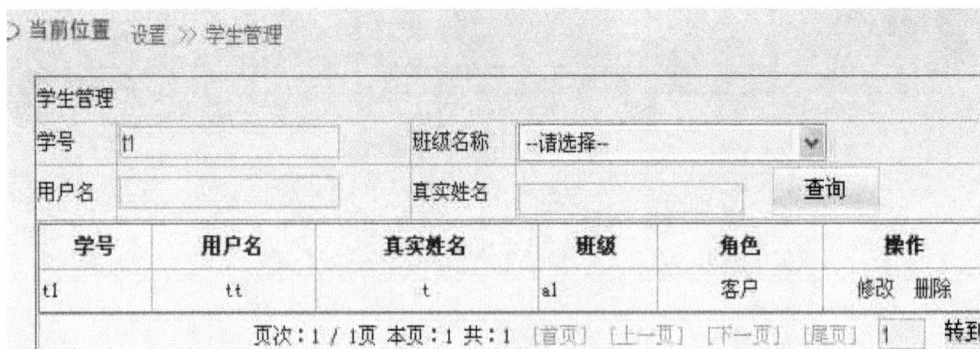

图 6-21　学生查询

学生查询功能分精确查询、模糊查询和组合查询。

案例管理

提供案例模块的目的，是为了拓展学生知识面，使学生能及时了解到更多专业知识,通过对具体案例的学习,加以总结,从中提取经验。

在浙科酒店管理模拟教学软件中,案例查看不需要登录,直接在软件的登录页面内点击"案例"链接,即可查看。案例查看不受角色限制,将以单独的章节进行介绍说明。

案例内容及案例分类由教师添加,并可随时编辑、更新。这使得提供给学生学习的案例具有及时性、新鲜度,最大限度地提高了学生的学习热情。

案例管理操作:

在菜单区内点击"案例管理",进入案例列表页面,如图 6-22:

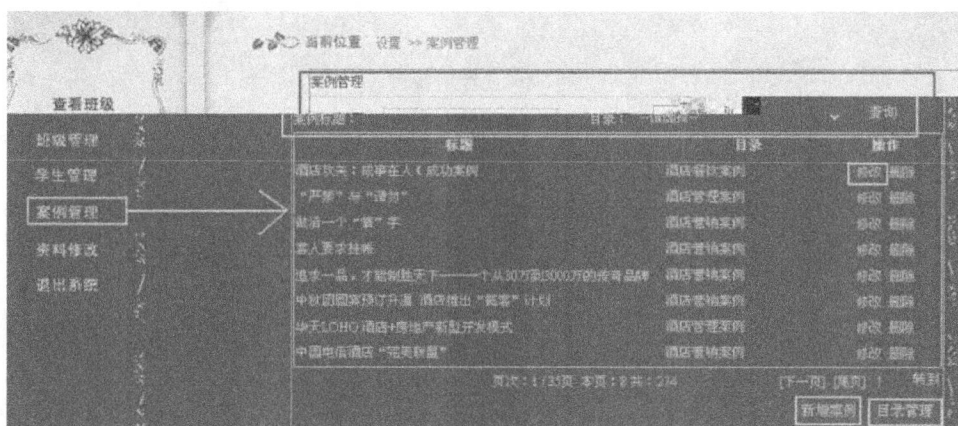

图 6-22　案例管理

教师可在此进行案例目录管理和案例管理、案例查询。

案例目录管理

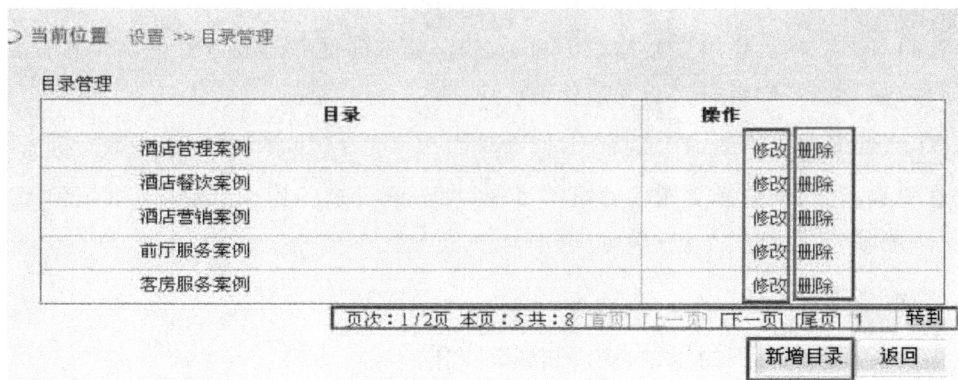

图 6-23　目录管理

新增目录:

点击"新增目录"按钮,在页面下方将显示一行新案例目录的输入框,如图 6-24:

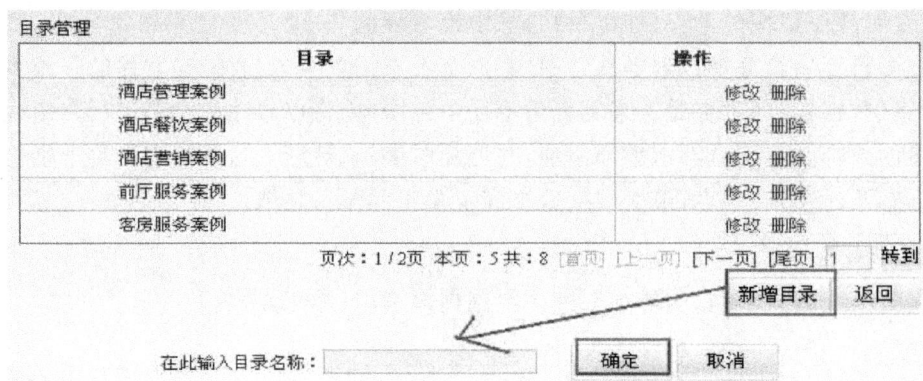

图 6-24　目录管理

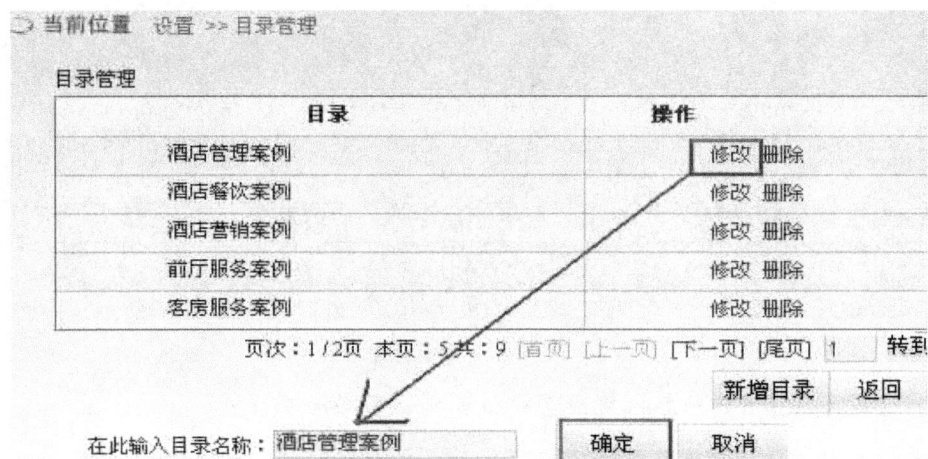

图 6-25　目录管理

在目录名称输入栏内直接修改该目录名称,修改时注意不要与其他目录名重复。修改后,点击"确定"按钮,完成修改。

目录删除:

在目录列表中,选择要删除的案例目录,点击该目录的操作"删除",系统弹出对话框"是否删除?",可选择按钮:确定/取消。

案例管理

案例管理包括案例的添加、修改和删除操作。

案例添加:

在案例管理页面内(案例列表下方),点击按钮"新增案例"。进入新增案例编辑页面,如图 6-26:

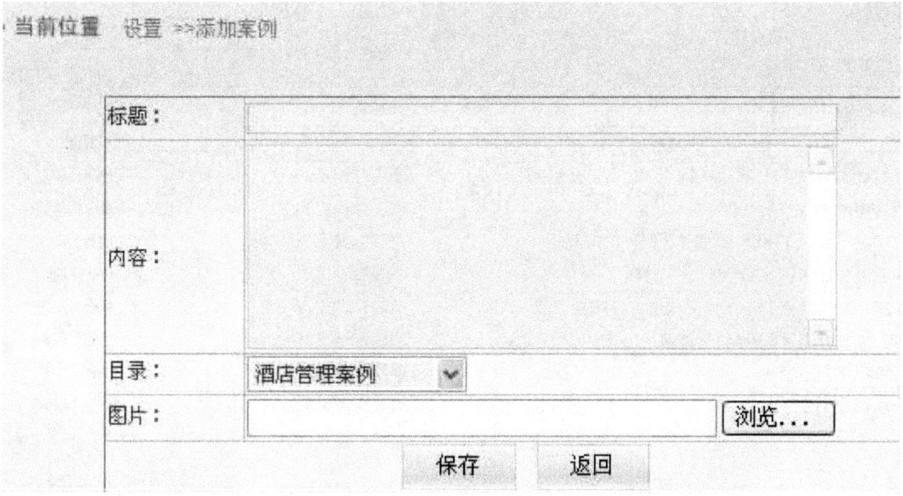

图 6-26　新增案例

案例修改：

在案例列表中，选择要修改的案例，并点击操作"修改"。

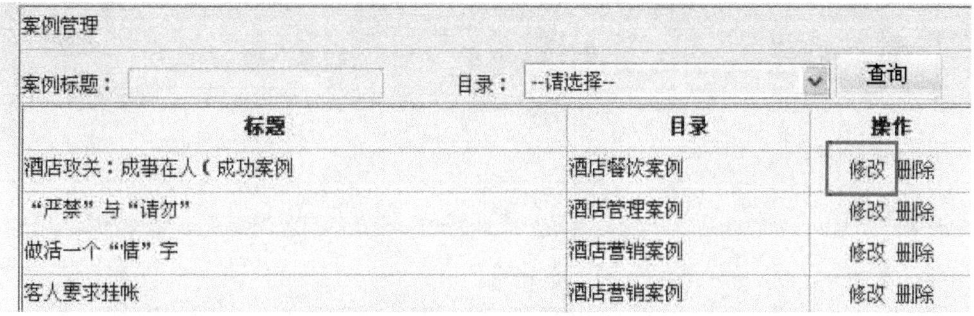

图 6-27　案例修改

进入该案例修改页面，在页面内可修改案例标题、内容、目录和图片，修改后点击保存按钮，完成案例的修改，并返回案例列表页面。

案例查询

案例标题查询：在案例标题输入框内输入要查询的案例标题，点击"查询"按钮，在案例列表中，将显示标题中包含输入字符的案例。

若输入标题，并选择目录，将显示所选目录下案例标题包含输入字符的案例列表。

目录查询：选择目录，若不输入标题，则显示该目录下的所有案例。

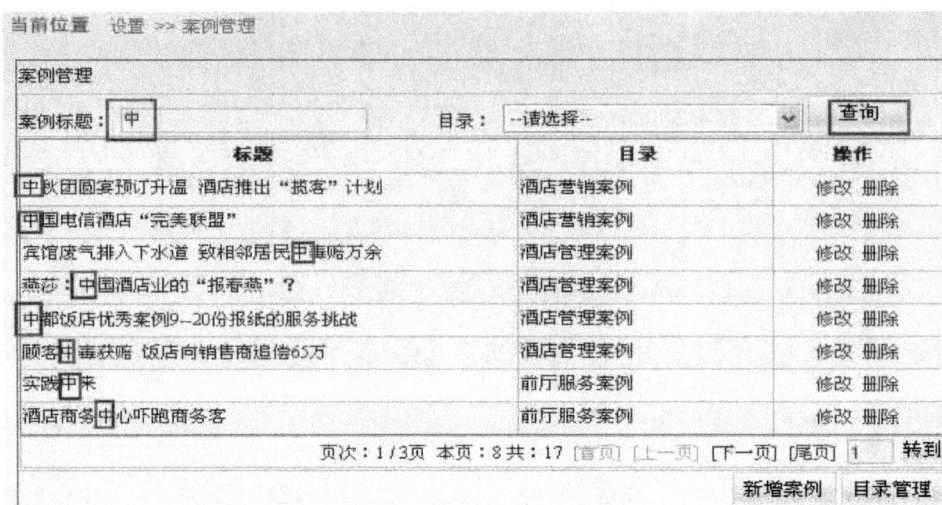

图 6-28 案例查询

修改资料

资料修改是教师对自己的密码及真实姓名进行管理。该功能在管理员端也提供。

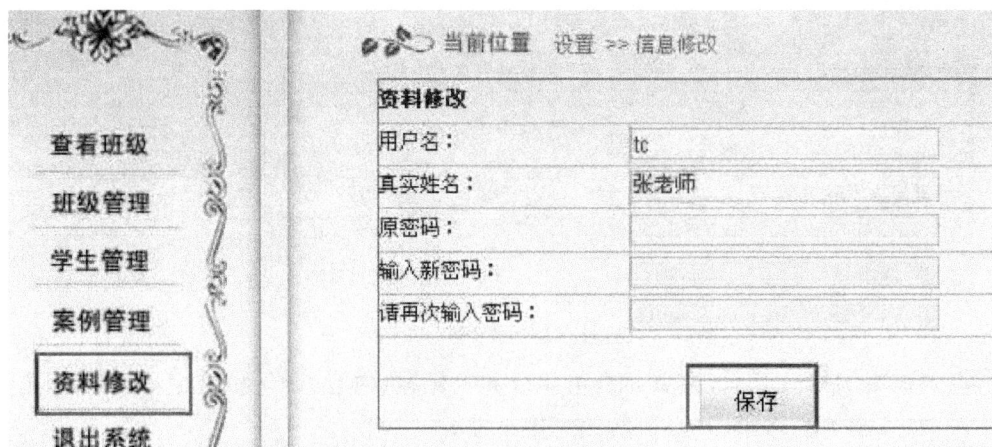

图 6-29 资料修改

酒店经营者

学生用户根据教师提供的用户名和密码,在软件登录页面内,输入用户名和密码,选择角色为"酒店",点击"登录"按钮,进入酒店经营者的实验操作页面。如图 6-30:

图 6-30　登录

学生扮演酒店经营者进行实验操作,需完成总经理、前厅部、客房部、餐饮部、康乐部、销售部、财务部、人事部和工程部的相关操作。

在酒店业务操作前,首先应在"总经理"端完成酒店资料的设置及酒店房间、房型、娱乐项目等设置。

总经理

在酒店经营者首页选择"总经理",进入总经理对酒店的管理和查询页面。如图6-31:

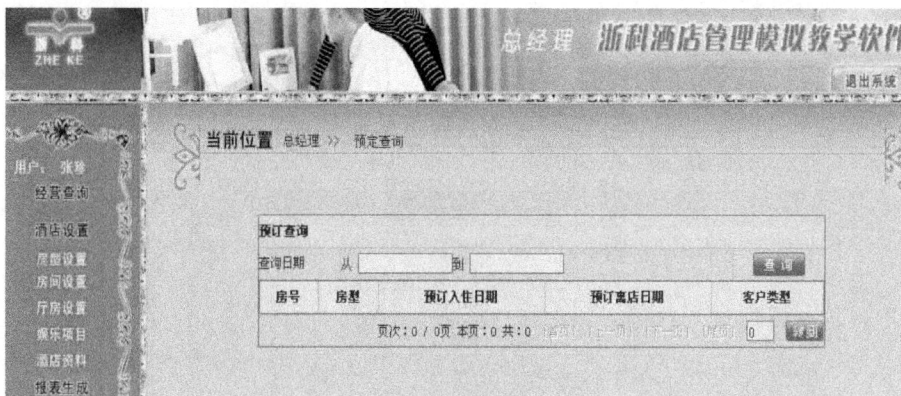

图 6-31　查询

总经理对酒店的管理,主要包含酒店经营查询、酒店设置和报表生成。当初次进入系统时,首先应进行酒店设置操作。设置完成后,待酒店的其他业务展开,便可查看酒店的经营状况。

酒店设置

房型设置：

房型设置，是向酒店中添加各类型的房间类型，如单人间、双人间、标准间等。房型设置将影响房间的设置。

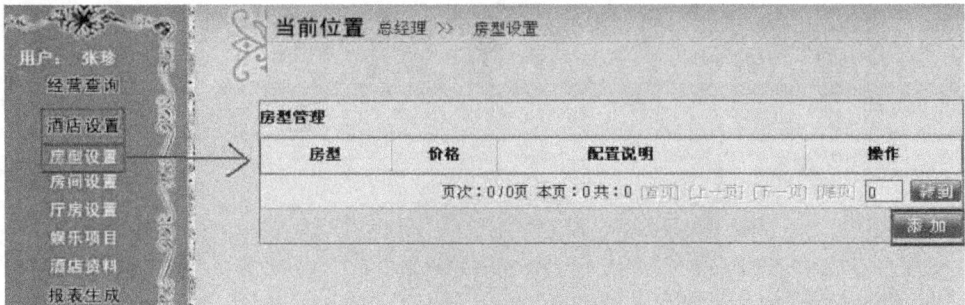

图 6-32　房型设置

在菜单区内点击"酒店设置"下的"房型设置"，进入房型管理页面。若已添加过房型，将显示房型列表。

房型添加：

点击"添加"按钮，进入房型添加页面，如图 6-33：

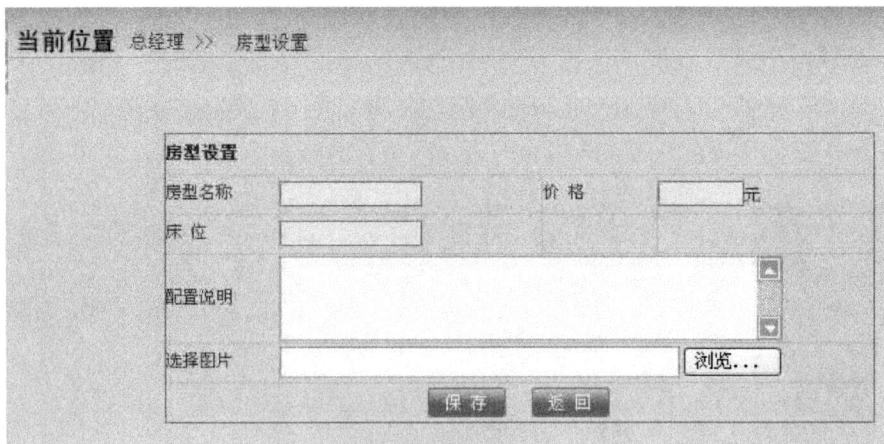

图 6-33　房型设置

房型修改：

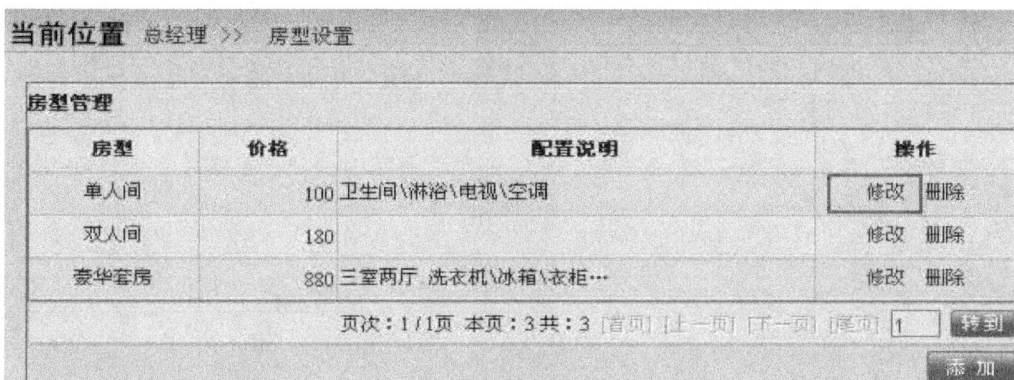

图 6-34　房型设置

在房型列表中，选择要修改的房型信息，点击其所在行的操作"修改"，进入该房型的修改页面。

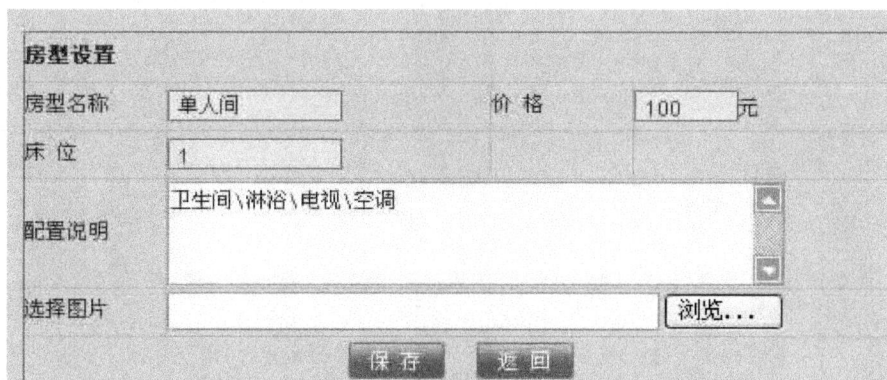

图 6-35　房型设置

房型删除：

在房型列表中，选择将删除的房型，点击其所在行的操作"删除"。

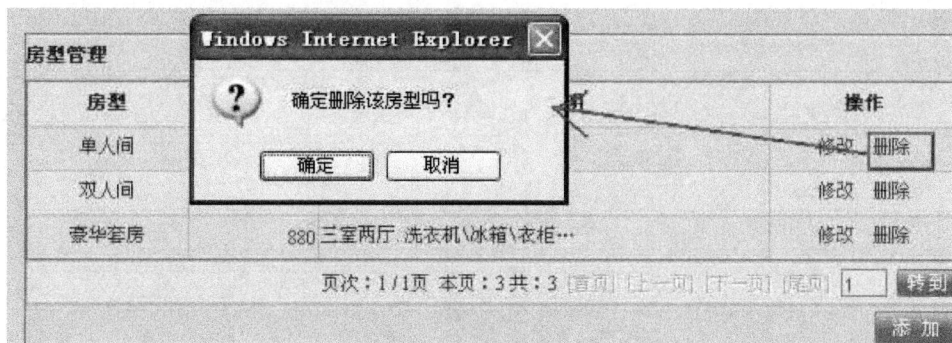

图 6-36　房型管理

房间设置

房型添加后,可进行该房型的房间添加和设置。

选择菜单区内,选择"酒店设置"的"房间设置",进入房间管理页面。若已添加过房间,将显示房间列表。

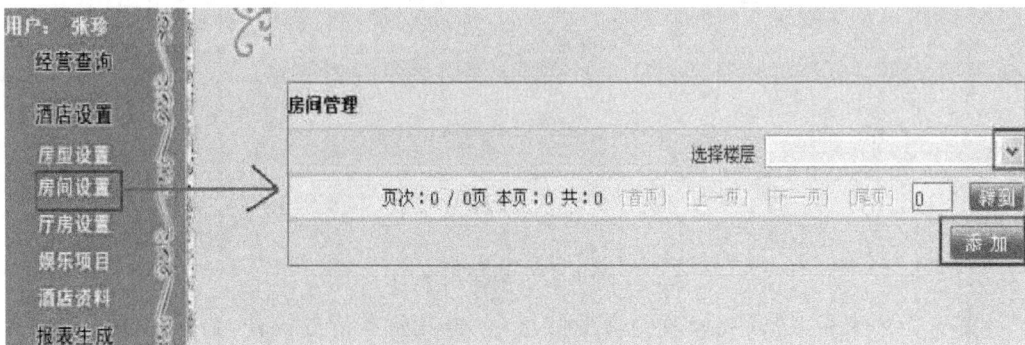

图 6-37　房间设置

房间添加:

点击"添加"按钮,进入房间添加页面,如图 6-38。添加房间的操作属于批量添加方式。

图 6-38　添加房间

选择楼层,输入房间号,并选择在"房型设置"中存在的房型,进行房间的添加。

楼层的生成:

图 6-39　房间管理

在房间列表中，总经理进行房间管理，可查看楼层房间，对房间进行修改和删除。

房间修改：

在房间列表中，选择要修改的房间，点击所在行的"修改"，进入该房间修改页面。

图 6-40　房间修改

修改房间信息，只能修改房间的房型。楼层、房间号都不能修改。

修改后，点击"保存"按钮，完成房间修改，返回房间列表。

厅房设置

选择菜单区内"酒店设置"下的"厅房设置"，进入厅房管理页面。如图 6-41：

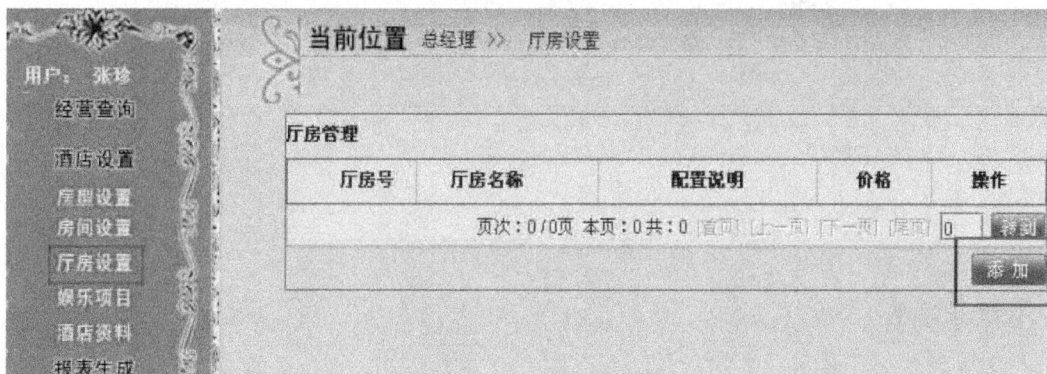

图 6-41　厅房设置

显示厅房列表（厅房号、厅房名称、配置说明、价格及操作）。

厅房添加：

点击"添加"按钮，进入厅房信息输入页面，如图 6-42：

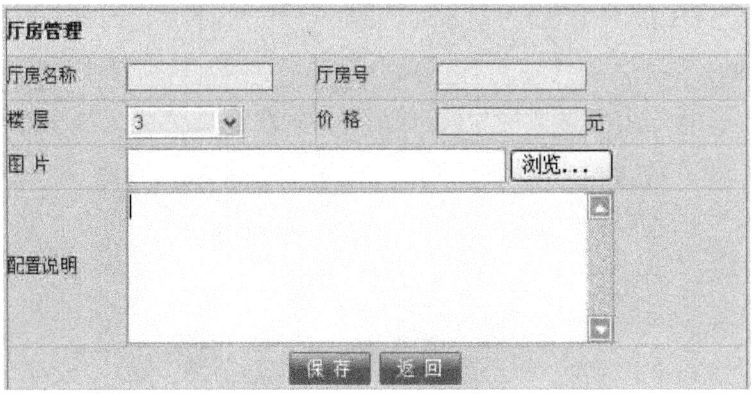

图 6-42　厅房管理

厅房修改与删除：

厅房修改与删除操作，是在厅房列表中进行的。

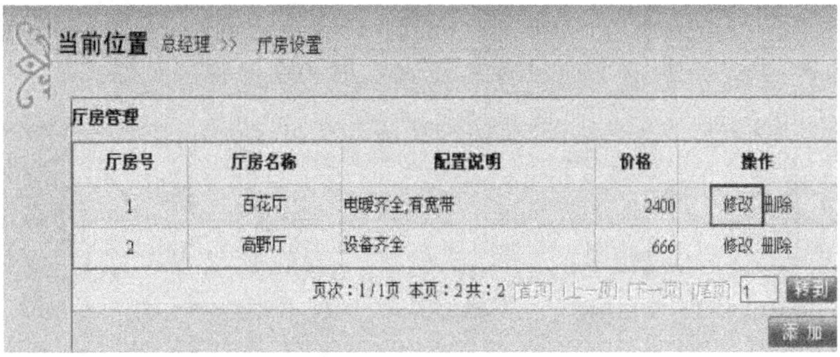

图 6-43　厅房设置

娱乐项目

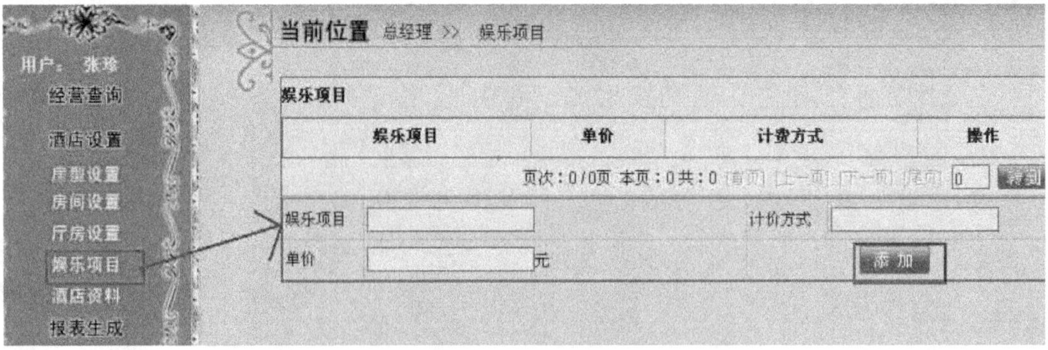

图 6-44　娱乐项目

娱乐项目添加：

在娱乐项目管理页面内，显示娱乐项目添加的输入框。

分别输入娱乐项目名称、计价方式、单价，点击"添加"按钮，进入厅房信息输入页

面,如图 6-45:

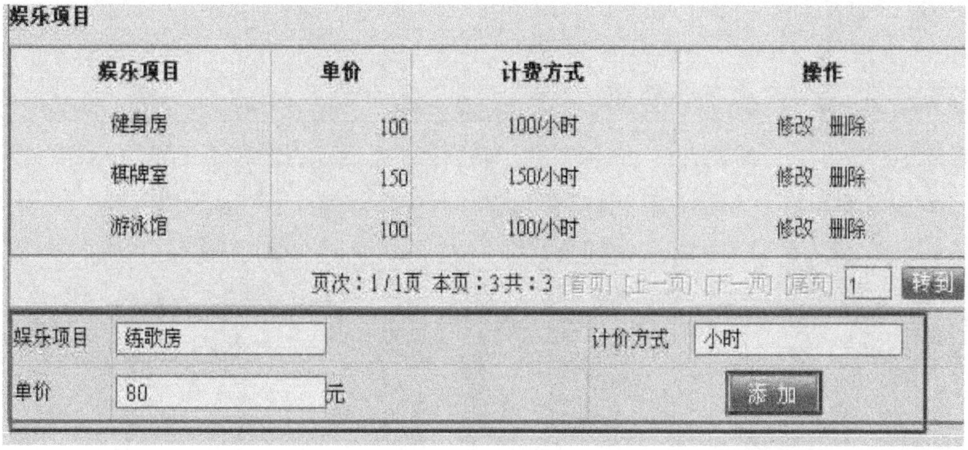

图 6-45　娱乐项目

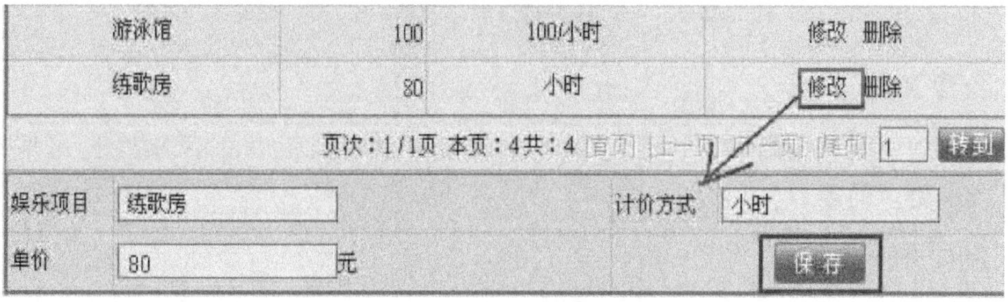

图 6-46　娱乐项目管理

修改娱乐项目名称、计价方式、单价,点击"保存"按钮,完成娱乐项目信息修改。

酒店资料

酒店资料是包含该酒店各方面信息的窗口。总经理在"酒店资料"中,设置酒店名称、介绍等信息。

如图 6-47,点击菜单区"酒店设置"下的酒店资料,进入该酒店信息设置页面。若已经添加过酒店信息,该页面内会显示当前酒店信息,并可修改酒店的信息。

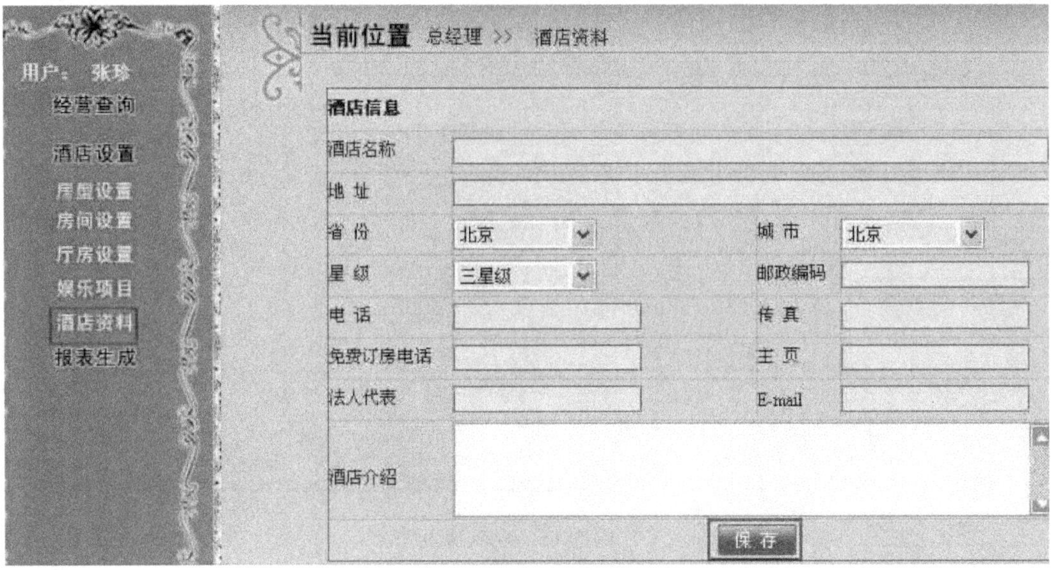

图 6-47　酒店资料

经营查询

　　总经理应及时查看酒店的经营状况,以便及时发现经营中的不当之处,采取措施,从而吸引更多的客户。

预订查询

　　在菜单区内选择"经营查询"下的"预订查询",打开酒店预订列表页面。如图 6-48:

图 6-48　预订查询

客房查询

　　在菜单区内选择"经营查询"下的"客房查询",显示该酒店客房信息:

客房查询	
当前客房的总入住率为 17%	
房型	**数量**
单人间	9
豪华套房	1
双人间	1
空房情况	42套
清洁情况	9套未清洁
维修情况	1套正在维修

图 6-49　客房查询

餐厅查询

在菜单区内选择"经营查询"下的"餐厅查询"：

餐厅查询		
查询日期 从 [　　] 到 [　　]		查 询
就餐场所	**台量**	**营业额**
白合花餐厅	5	1044.95
川味馆	1	105.32
页次：1 / 1页 本页：2 共：2 [首页] [上一页] [下一页] [尾页] 1 转到		
	总台量：2　总营业额：￥1,150.27	

图 6-50　餐厅查询

康乐查询

在菜单区内选择"经营查询"下的"康乐查询"：

康乐查询		
查询日期 从 [　　] 到 [　　]		查 询
康乐项目	**数量**	**营业额(元)**
ktv	14	1080
桌球	10	20
页次：1/1页 本页：2共：2 [首页] [上一页] [下一页] [尾页] 1 转到		
	总营业额：￥1,100.00	

图 6-51　康乐查询

投诉查询

在菜单区内选择"经营查询"下的"投诉查询"：

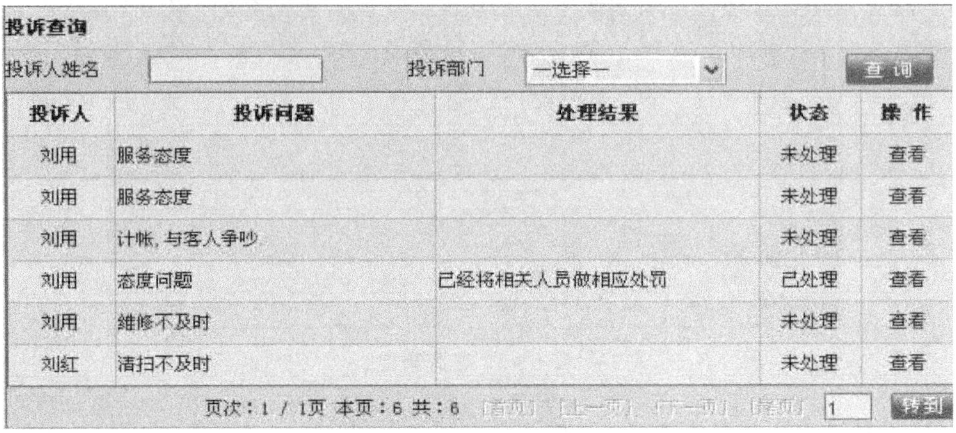

投诉人	投诉问题	处理结果	状态	操作
刘用	服务态度		未处理	查看
刘用	服务态度		未处理	查看
刘用	计帐，与客人争吵		未处理	查看
刘用	态度问题	已经将相关人员做相应处罚	已处理	查看
刘用	维修不及时		未处理	查看
刘红	清扫不及时		未处理	查看

图 6-52　投诉查询

报表生成

系统在"总经理"操作页面内设置了各种报表生成和打印功能。其中，报表包含：房间取消表、房间状态表、和约公司表、和约账务表、酒店经营日报表、客历档案、客人名单表、客人生日表、来自地区、散客预订表、团体主单表、团体预订表、维修房表、预订取消表。

在"报表生成"下，分别点击各表名，将以新的页面打开该报表，报表设有查询和打印功能。

如：

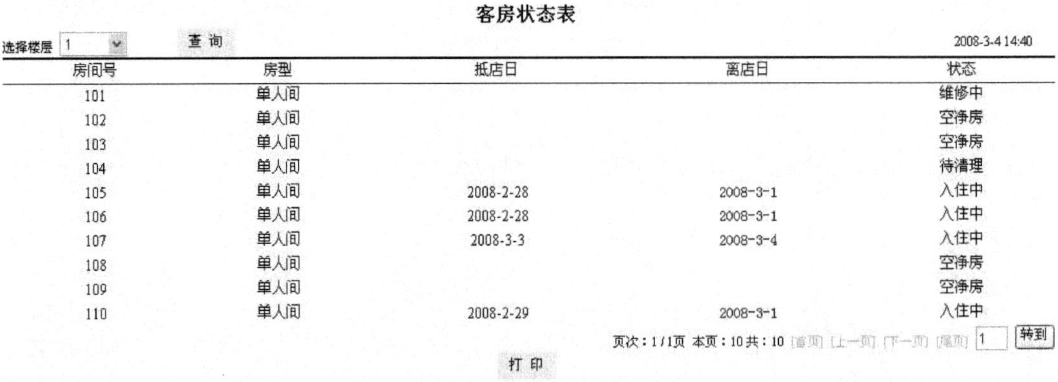

客房状态表

2008-3-4 14:40

房间号	房型	抵店日	离店日	状态
101	单人间			维修中
102	单人间			空净房
103	单人间			空净房
104	单人间			待清理
105	单人间	2008-2-28	2008-3-1	入住中
106	单人间	2008-2-28	2008-3-1	入住中
107	单人间	2008-3-3	2008-3-4	入住中
108	单人间			空净房
109	单人间			空净房
110	单人间	2008-2-29	2008-3-1	入住中

打印

图 6-53　报表生成

退出总经理操作页面

总经理操作完成后，在页面右上方点击"退出系统"按钮，退出总经理操作页面，返回酒店经营者主页面。然后选择其他部门，进行业务操作。

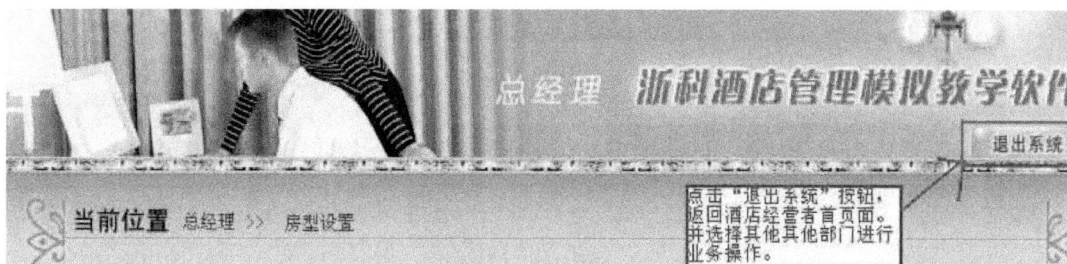

图 6-54　退出系统

6.4.4　前厅部

酒店前厅部操作业务，主要是处理客户预订并接待客户入住。在酒店总经理将酒店资料（包括：房型、房间、厅房、娱乐项目、酒店资料）设置完成后，方可进入酒店前厅部。未设置完成，则不能进入。

预订处理

客户端提交预订单在酒店前厅部的"预订处理"中进行审核。根据客户类型不同，分散客预订和团体预订。同时处理客户的预订取消和网上预订等操作。

散客预订

（客户）填写散客预订单——酒店前厅部——预订处理（散客预订）——预订处理——完成审核。

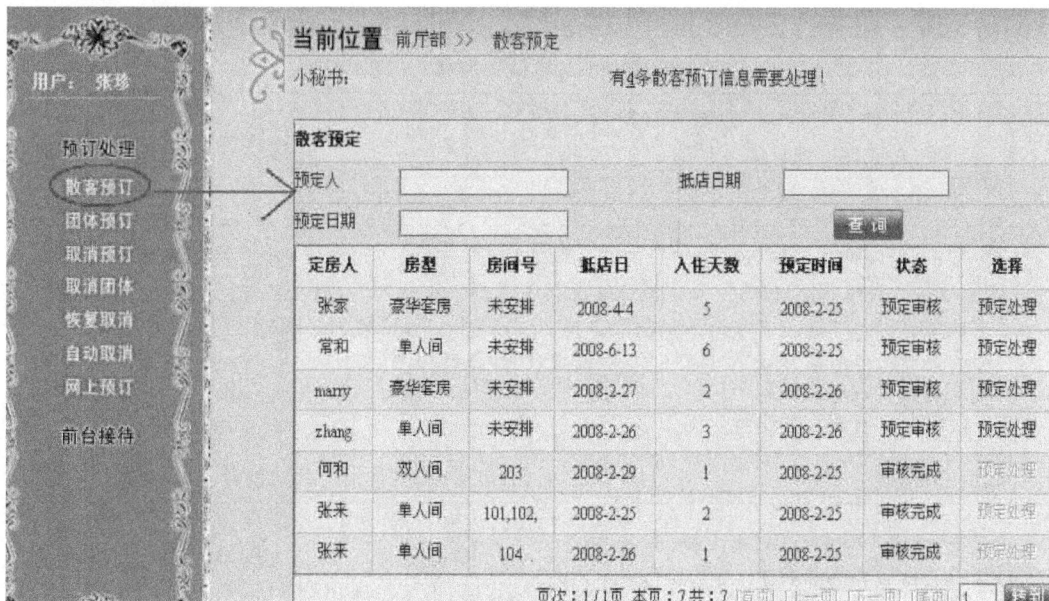

图 6-55　散客预订

散客预订处理

已处理过的预订操作变为灰色,未处理的预订在列表中为可操作状态。点击要处理的预订的操作"预订处理",打开散客客房预订单。如图 6-56。

酒店前厅部在该页面内进行房号安排,并可对预订单进行一定的修改。

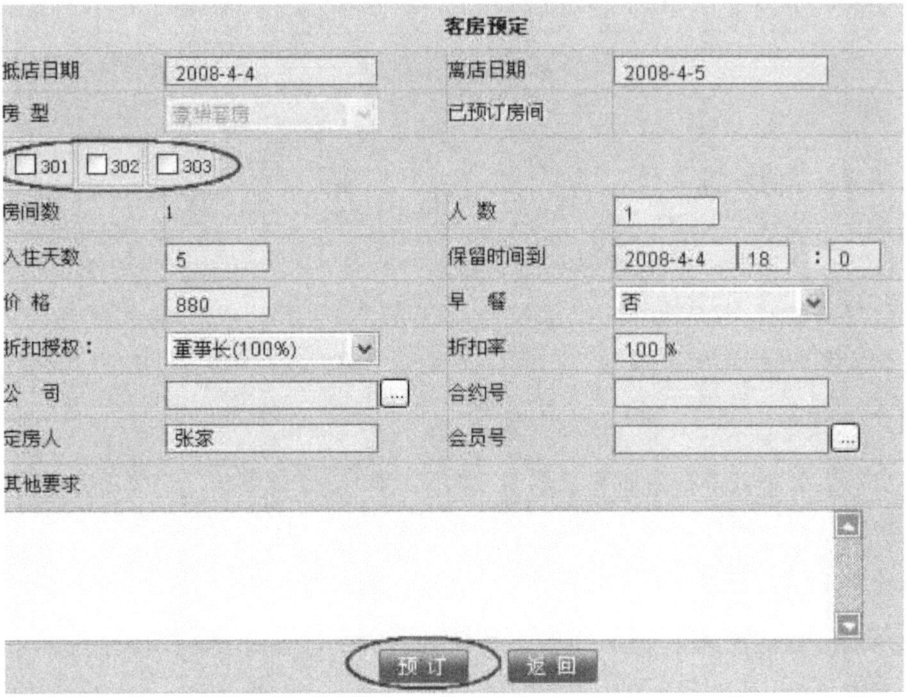

客房预定

抵店日期	2008-4-4	离店日期	2008-4-5
房　型	豪华套房 ▼	已预订房间	
□301 □302 □303			
房间数	1	人　数	1
入住天数	5	保留时间到	2008-4-4　18 : 0
价　格	880	早　餐	否 ▼
折扣授权:	董事长(100%) ▼	折扣率	100 %
公　司	...	合约号	
定房人	张家	会员号	...

其他要求

[　　预订　　] [　返回　]

图 6-56　散客预订处理

表 6-7　预订单处理

抵店日期:可修改,用鼠标点击抵店日期输入框,弹出的日历框内选择抵店日期	离店日期:可修改,应晚于抵店日期
房型:不可修改	

房号:页面内列出该酒店可供选择的该房型的房间。根据房间数量,选择数量相符合的房间。
□301 □302 □303 例如:房间数为"1",在供选择房间中选择一个房间号,点击该号码前的小框,选中的房号小框中显示"√"。若要取消该房间的选择,点击选中的号码前的√,取消选择。

可选择的房型房间为该预订时间内,未被预订、入住的房间。

若预订房间数量超过剩余房型房间数量,则无法完成该预订,请退出前厅操作,在"总经理"操作页面内添加设置符合的房型房间

房间数:不可修改	人数:可修改,四位以内的正整数
入住天数:点击"入住天数"输入框,系统根据修改后的抵店和离店日期,自动修改入住天数,无须手动输入	保留时间到:可修改。 　点击"保留时间"的输入框,系统自动填写所选的抵店时间作为保留时间日期。时刻也可进行修改

续　表

价格:不可修改。为该房型单价	早餐:可修改是否预订早餐
折扣授权:可修改	折扣率:根据折扣选择改变
公司:可修改	合约号:根据公司修改而自动修改
订房人:可修改	会员号:可修改
其他要求:可修改	

点击预订单内的"预订"按钮,完成该预订单处理。系统弹出提示框"预订完成"。点击提示框内的"确定",返回散客预订处理列表页面。

散客预订查询

随着酒店营业与客户预订量增加,预订查询成为一个必不可少的功能,在信息查询中,起到减轻工作量、准确查询的作用。

散客预订查询可从预订人、抵店日期、预订日期三个方向查询。

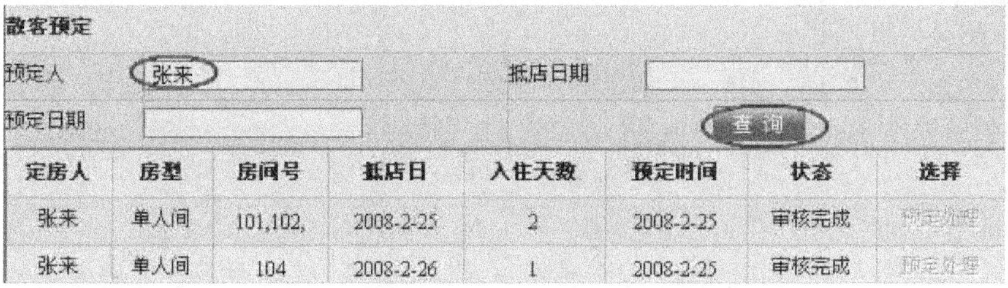

图 6-57　散客查询

团体预订

(客户)填写团队预订单——(酒店前厅部)预订处理——(酒店前厅部)团队预订——(酒店前厅部)预订处理——(酒店前厅部)信息审核——(酒店前厅部)预订房间——(酒店前厅部)完成处理。

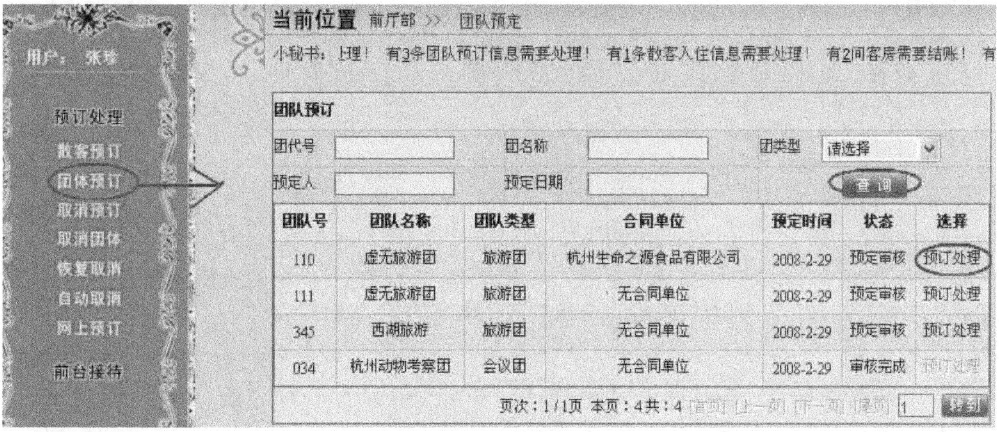

图 6-58　团体预订

团体预订处理

已处理过的预订操作"预订处理"变为灰色，预订处理 。未处理的预订在列表中为可操作状态。

点击要处理的预订的操作"预订处理"，打开团体客房预订单。如图 6-59：

点击提示框内的"确定"按钮，进入房号安排页面。进行房号安排。

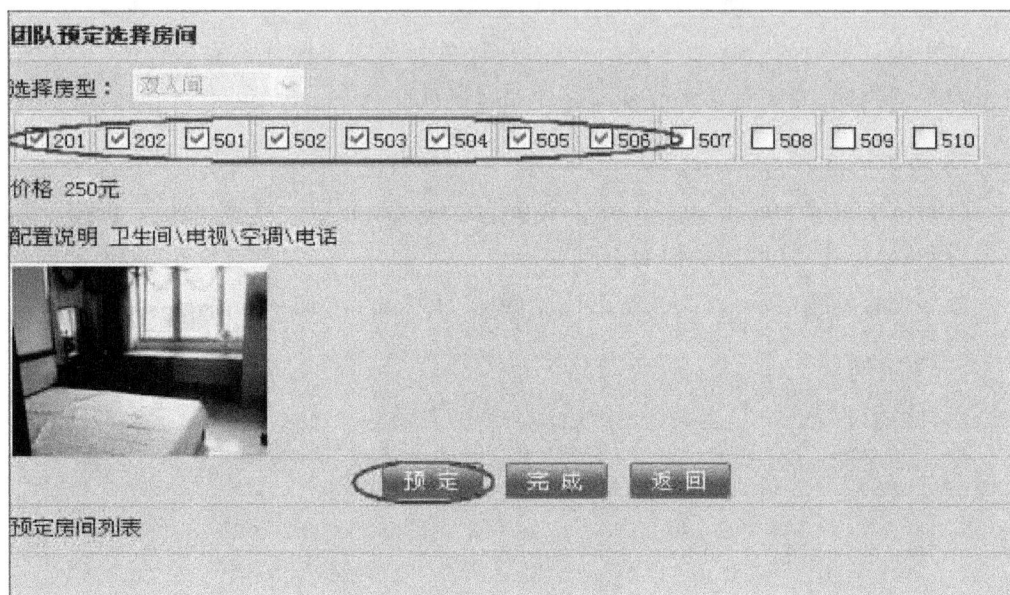

图 6-59　团体预订

房间选择页面内，显示本次预订的房型当前能提供的房间号、每个房间价格及配置说明和房型图片。

表 6-8　房间选择

房间数量：在预订信息页面内，显示本次预订的房间数量（点击"返回"按钮，可返回房间预订信息页面查看）。在房间选择页面内，所选的房间数量必须与预订的房间数量相同。若现能提供的该房型的数量不足，可能的原因是酒店该房型的数量不足，请退出前厅部的操作，进入"总经理"操作页面内，设置添加足够的房间。也可能是已退房的房间未及时清理，请在客房部内查看客房状态，对已退房的房间及时清理。

房号选择：页面内列出该酒店可供选择的该房型的房间。根据房间数量，选择数量相符合的房间。

例如：房间数为"8"，在供选择房间中选择八个房间号，点击要选号码前的小框，选中的房号小框中显示"√"。若要取消该房间的选择，点击选中的号码前的√，取消所选。

房间号码选择后，点击页面内的"预订"按钮，在页面下方的预订房间列表中，显示所选中的房间号，以及预订房间总价等信息。

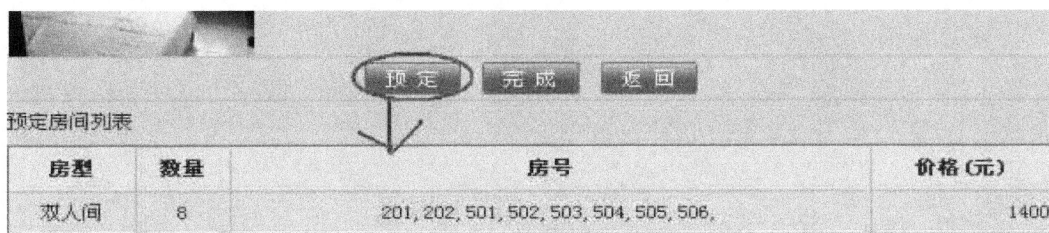

图 6-60　团体预订

取消(散客)预订

当客户提交散客预订后,在入住前,都可将预订取消。取消预订操作在客户和酒店前厅都可进行。

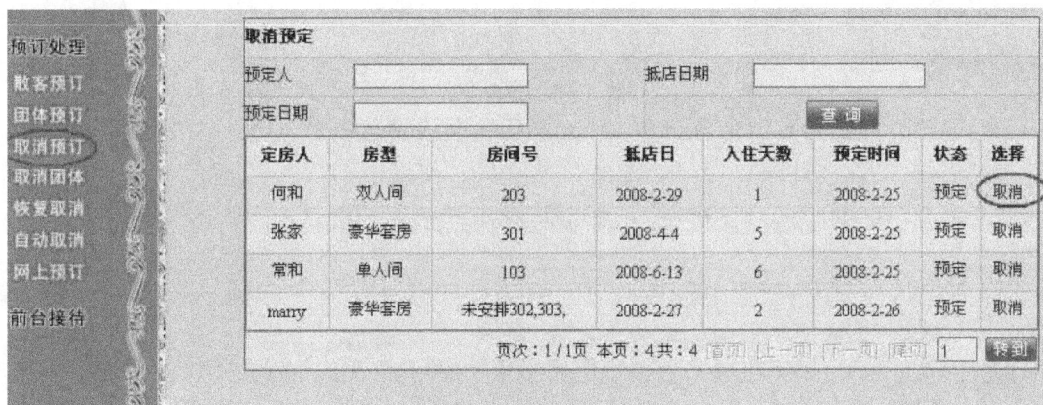

图 6-61　预订取消

预订取消后,客户端的该预订信息同时从预订单列表中自动取消。取消后,该预订信息不再保存在预订列表中。取消后的预订可再恢复。

取消团体

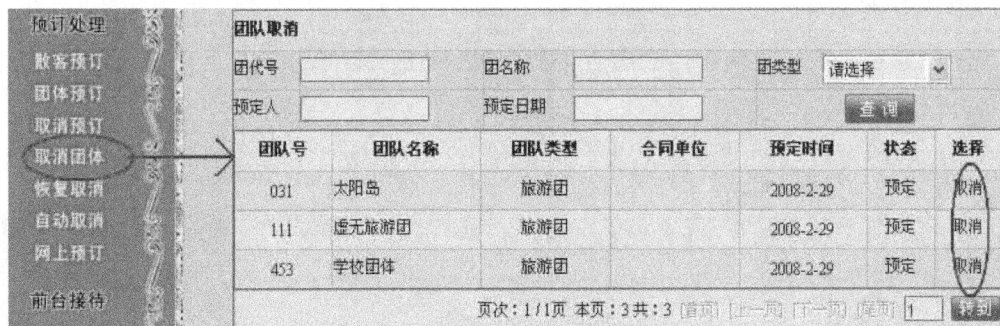

图 6-62　团体取消

恢复取消

点击"预订处理"下的"恢复取消",打开已取消的预订列表。(酒店前厅和客户都可取消预订,但只能在酒店前厅进行恢复)。

图 6-63　恢复取消

超过预订的抵店日期的预订单,酒店未及时审核或客户未及时入住等,将作为无效预订记录,自动取消并保存在前厅部的"自动取消"列表中。

点击菜单区的"自动取消",打开自动取消列表。如图 6-64:

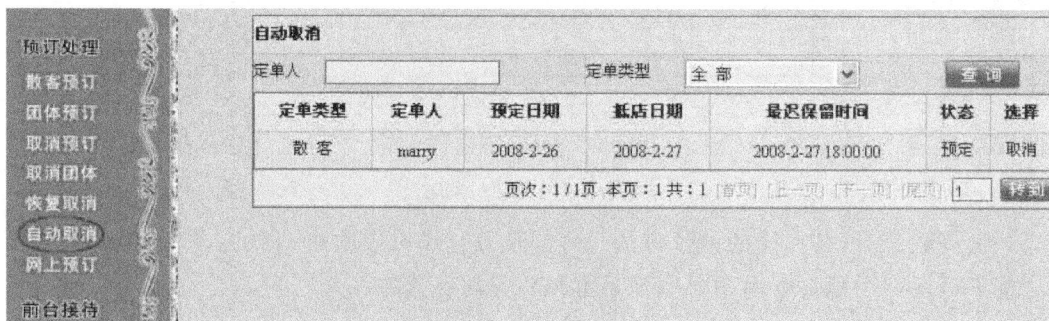

图 6-64　自动取消

网上预订

客户通过酒店行业网选择酒店后,提交酒店网上预订单。预订后由酒店前厅"网上预订"进行处理。

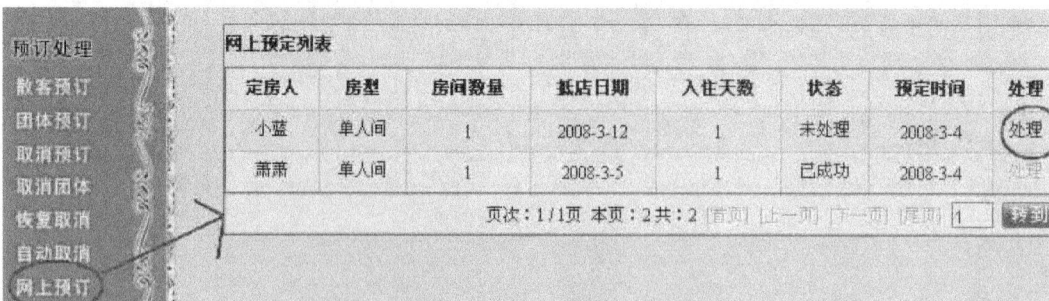

图 6-65　网上预订

前台接待

团队入住：

（客户）团队预订——（酒店前厅）信息审核、房间安排——（酒店前厅）完成团体预订处理——（客户）入住—— (酒店前厅)团体入住审核 ——（客户）退房

客户入住提交给酒店前厅部入住审核后，在酒店前厅部的"前台接待"菜单下选择"团队入住"，打开团队入住（客户提交的入住审核单）列表页面。

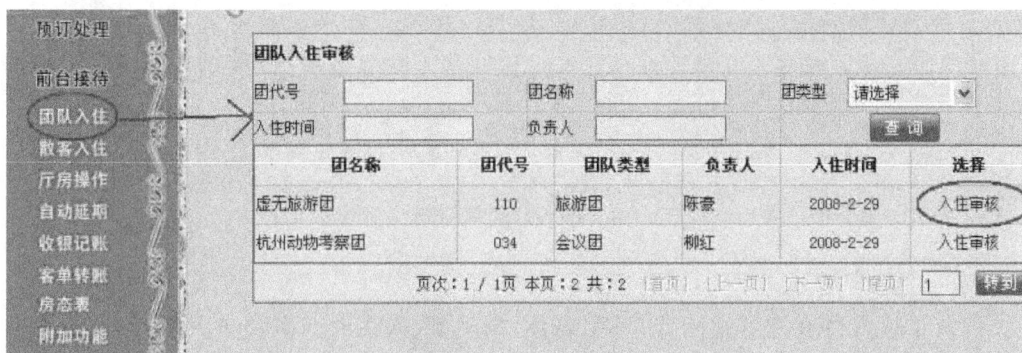

图 6-66　团队入住

团队入住列表：团队名、团代号、团队类型、负责人、入住时间（为客户提交入住信息的日期，可与预订抵店日期不同）及操作"入住审核"。

点击操作"入住审核"，打开团队信息页面，如图 6-67：

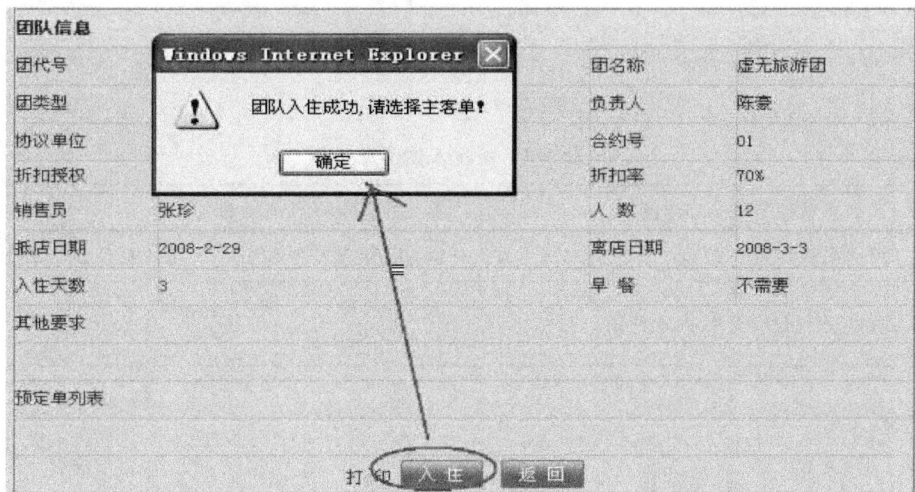

图 6-67　团队信息

在团体信息页面内点击"入住"按钮，系统提示"团队入住成功，请选择主客单"。

主客单:团队入住时

确定后,在页面下方显示“预订单列表”的房间信息:

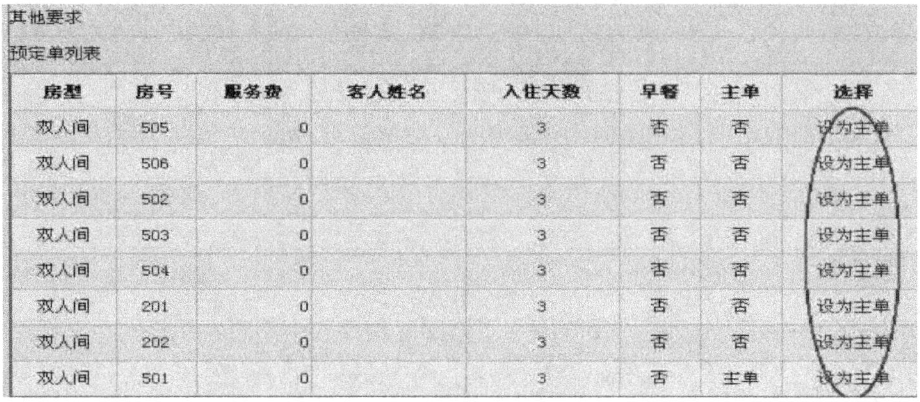

其他要求

预定单列表

房型	房号	服务费	客人姓名	入住天数	早餐	主单	选择
双人间	505	0		3	否	否	设为主单
双人间	506	0		3	否	否	设为主单
双人间	502	0		3	否	否	设为主单
双人间	503	0		3	否	否	设为主单
双人间	504	0		3	否	否	设为主单
双人间	201	0		3	否	否	设为主单
双人间	202	0		3	否	否	设为主单
双人间	501	0		3	否	主单	设为主单

图 6-68 预订单列表

团队入住查询:

团队审核入住查询可按团代号、团名称、团类型、入住时间和负责人进行查询。

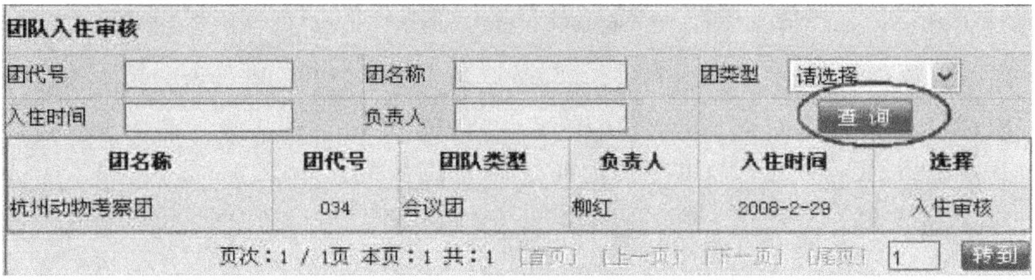

团队入住审核

团代号 团名称 团类型 请选择

入住时间 负责人 查询

团名称	团代号	团队类型	负责人	入住时间	选择
杭州动物考察团	034	会议团	柳红	2008-2-29	入住审核

页次:1 / 1页 本页:1 共:1 [首页] [上一页] [下一页] [尾页] 1 转到

图 6-69 团队审核

表 6-9 团队入住信息

团代号:显示该团代号的入住信息	团名称:该团队的入住信息
团类型:所选团队的入住信息	入住时间:所选入住日期的入住信息
负责人:该负责人的所有团队入住信息	组合查询:两项或多项组合查询,显示同时满足所输入项的入住信息

散客入住

如图 6-70 所示:在菜单区内选择“前台接待”下的子菜单“散客入住”。

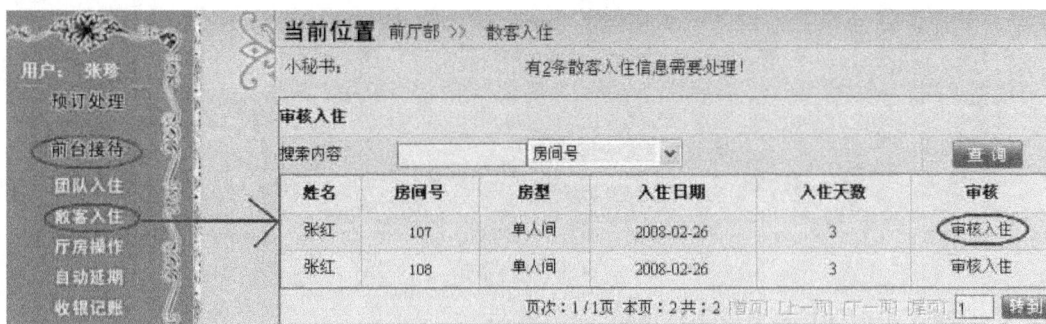

图 6-70　散客入住

图 6-71　散客入住

客人信息打印：

在客人信息页面内，点击"入住"按钮旁的"打印"，打开打印设置页面，打印该页。详细打印操作请参考第五章相关内容。

入住审核查询：

图 6-72　审核

审核入住查询可按姓名和房间号进行查询。

厅房操作

客户提交厅房预订单或取消预订后，需经过酒店审核通过才能完成酒店使用或取消操作。

点击菜单区内的"厅房操作"，进入客人厅房预订列表。如图 6-73：

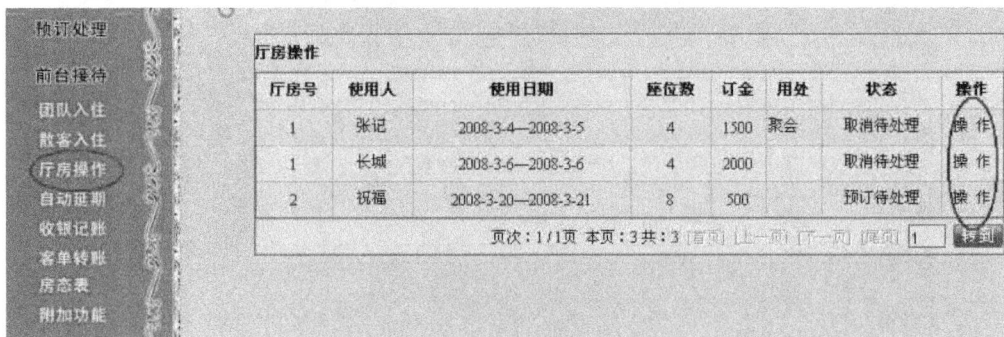

图 6-73　厅房操作

自动延期

在菜单区内选择"自动延期"，显示自动延期的预订列表，自动延期是将当天到期的客单再延续一天。

如图 6-74：

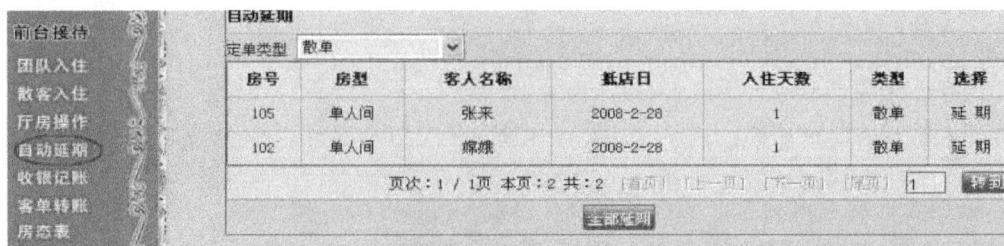

图 6-74　自动延期

点击要延期的房间对应的操作"延期"，系统弹出对话框"确认延期一天吗？"，可执行按钮"确定""取消"。

点击"确定"按钮,将该客单延期一天。

全部延期

点击"全部延期"按钮可将列表中的所有客单全部延期一天。

收银记账

点击左侧菜单区内的"收银记账",打开入住房间列表。如图 6-75:

图 6-75　收银记账

入住列表:序号、房型、客人名称、抵店日、入住天数、客户类型、状态(已结、未结),操作:"选择"。

打开该房间信息和记账列表。

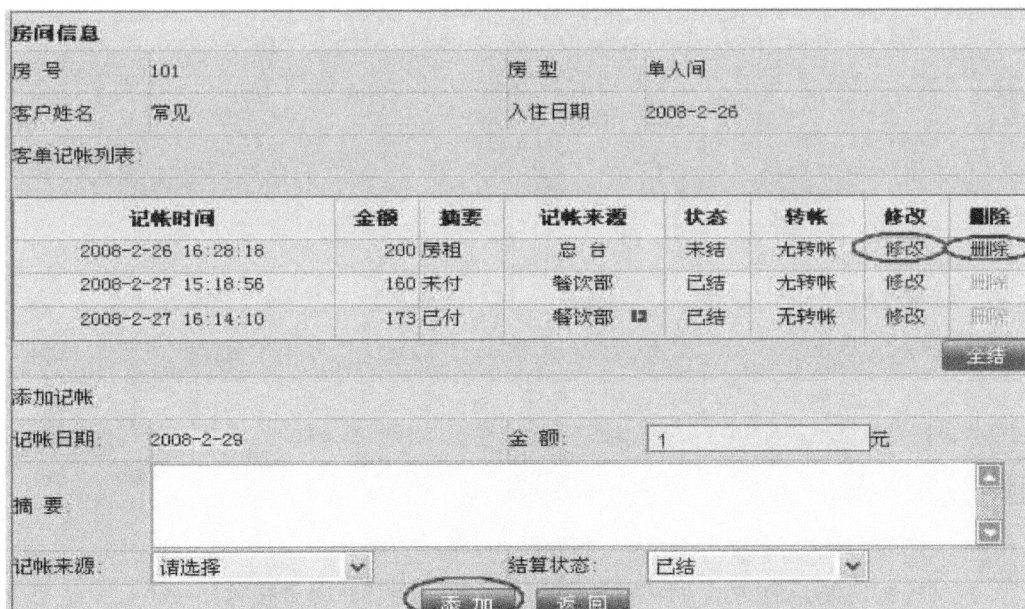

图 6-76　房间信息

对未结账的账单可进行删除和修改。(已结账的记录不能进行操作)

账单修改

在记账列表上点击要修改的记录所在行的"修改",在页面记账列表与添加记账之间将显示所选记账记录的修改栏,如图 6-77:

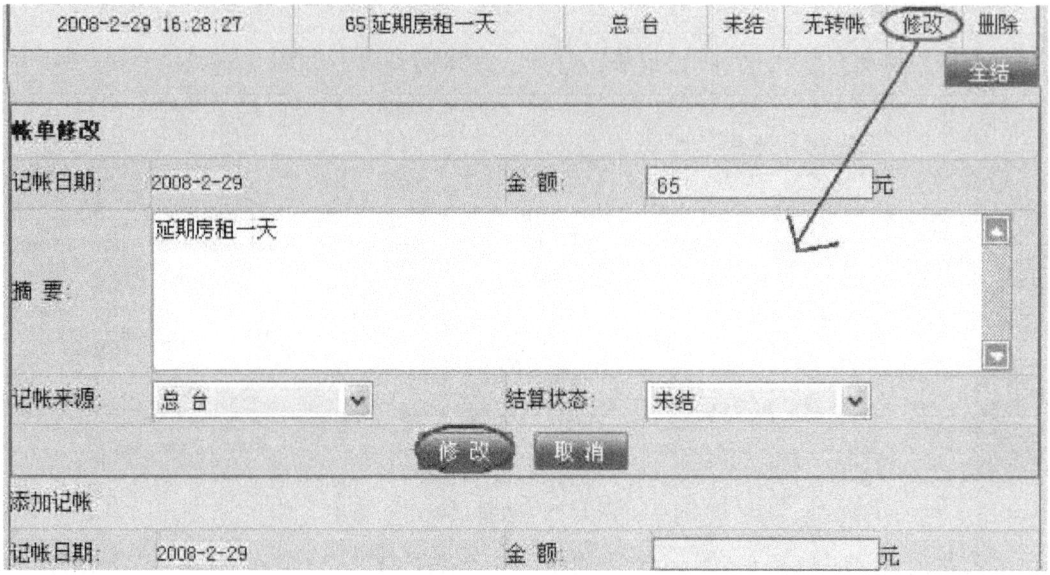

图 6-77　账单修改

结账

在结账信息页面内,若要对某一条记账记录进行结账操作,可点击该记账操作"修改",在该记账修改栏内,修改其结算方式为"已结",修改后,该记账记录状态为"已结"。

若要将列表中的所有未结记账一次性全结算,请点击记账列表右下角的"全结"按钮。

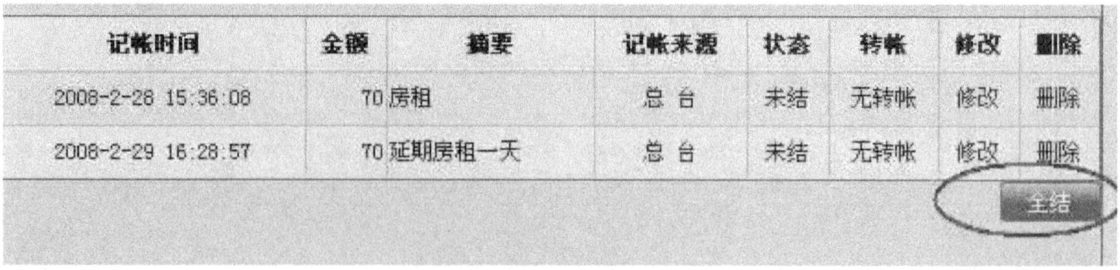

图 6-78　结账

客单转账功能是将转出方账单中未结的某账单或全部账单转移到"转入方"的账单中。(转出账目将由转入方结算)

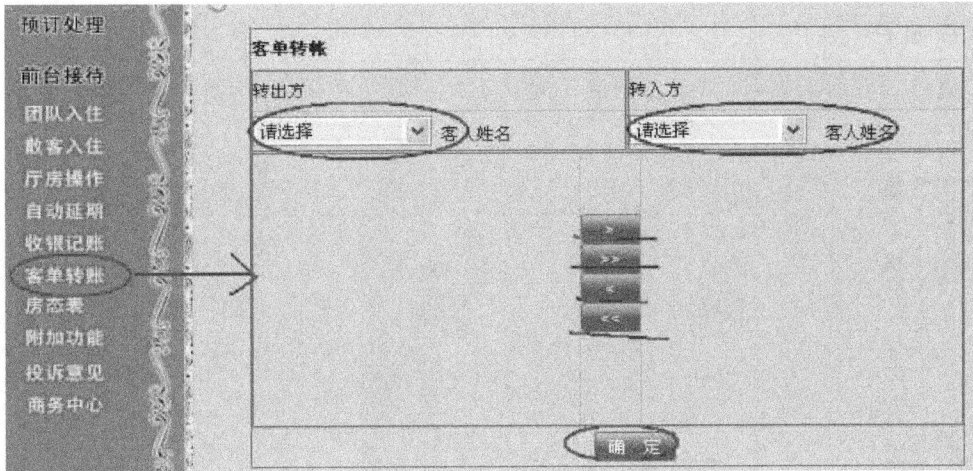

图 6-79　客单转账

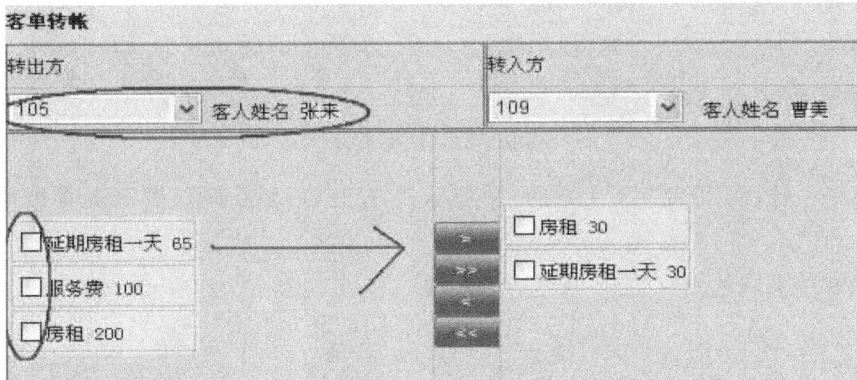

图 6-80　客单转账

图 6-81　客单转账

点击转出与转入账目之间的"〉"按钮,将账目转移到转出方的账目列表中。

表 6-10　客单转账

＞ 将转出方选中的账目中转移到转入方账目	＞＞ 将转出方所有账目中转移到转入方账目
＜ 将选中的转入账目转还到转出方(确定前)	＜＜ 将所有的转入账目转还到转出方(确定前)

房态表

通过查看房态表,即可了解酒店房间状态(空净房、在住房、待清理、维修房、退房请求、检查完成)。

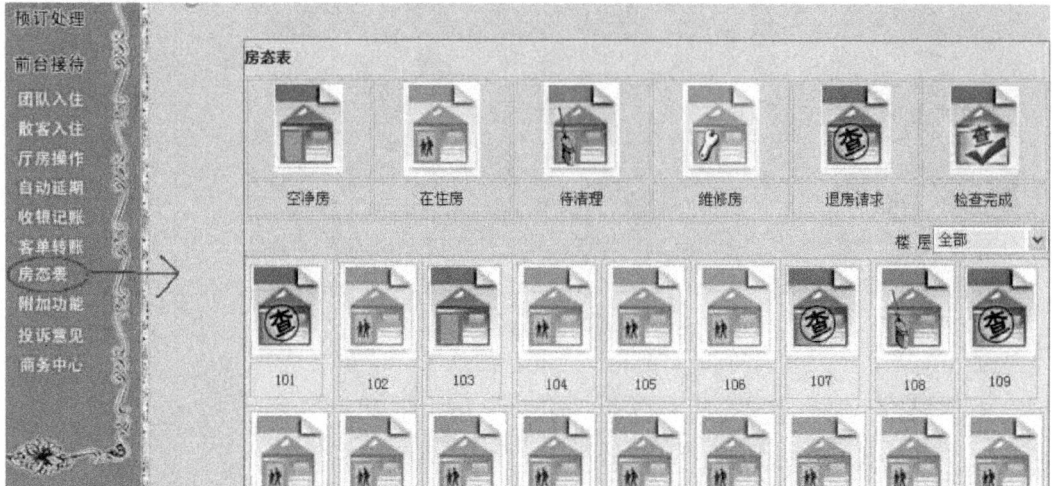

图 6-82 房态表

在菜单中选择"前台接待"下的"房态表",打开该酒店所有房态查看页面,如图 6-83。

系统通过不同的图标,显示各房间的状态。

图 6-83 房态表

前厅对各状态房间的操作:

表 6-11 房态表

空净房（查看房间信息及预订信息，可取消预订操作）	在房态表中，点击房间状态为"空净房"的图标。打开该房间的信息列表，如下图： 在房间信息内，显示房号、房型、楼层、状态。 若该房间已被预订（已安排房间，未入住），会在预订列表中显示预订信息：订房人、预订日期、抵店日期、入住天数。可选操作：查看详细预订信息、取消预订。 查看详细预订信息： 在预订列表中，点击"详细"，打开详细信息查看页面； 取消预订： 在预订列表中，点击"取消预订"，系统弹出对话框"确认取消该预订？"； 点击"确定"按钮，取消预订成功。预订取消后，该预订信息转入"恢复取消"中，可在其他菜单下完成其他操作。
在住房：房间信息、在住信息、预订信息	在房态表中，点击房间状态为"在住房"的图标。打开该房间的信息列表，在住房的信息列表包含：房间信息、在住信息、预订信息。 可执行操作：记账、退房。 记账：点击"记账"按钮，打开该房间在住客户的"收银记账"页面，进行结账、账目添加、修改、删除操作。详细操作请参考"收银记账"。 退房："房态表"——"在住房"——"退房"。 在房间信息页面内，点击"退房"按钮，系统提示：向房屋中心发送退房请求。 点击确定后返回房态表页面。此时，该房间状态变为"退房请求"。 退房请求发送给客房中心进行处理。

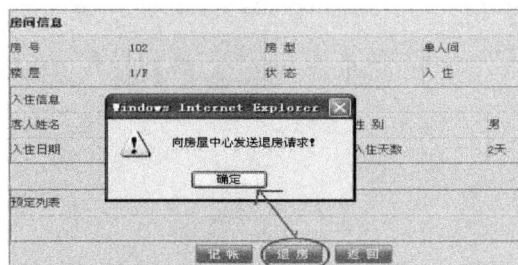

待清理:查看房间信息、预订信息	在房态表中,点击房间状态为"待清洁"的图标。打开该房间的信息页面,显示房间信息和预订信息。若该房间被预订,可执行查看预订信息或取消预订的操作。无其他可操作选项。 　　点击"返回"按钮,返回房态表页面。 　　房间清洁操作由"客房部"完成。清洁后为"空净房"。
维修房:查看房间信息、维修信息	房间在住过程中,若出现房间故障,待退房并清理后,进行维修。维修过程中,该房间状态为"维修房"。 　　在房态表中,点击房间状态为"维修房"的图标。打开该房间的信息页面,显示房间信息和维修信息。无其他可操作选项。 　　点击"返回"按钮,返回房态表页面。 　　房间维修操作由"工程部"完成。维修完成后房间状态为"空净房"。
退房请求:可进行记账操作	在房态表中,点击房间状态为"退房请求"的图标。打开该房间的信息列表,在住房的信息列表包含:房间信息、在住信息、预订信息。 　　可进行记账操作。 　　点击"记账"按钮,打开该房间在住客户的"收银记账"页面,进行结账、账目添加、修改、删除操作。详细操作请参考"收银记账"。
检查完成:退房、记账	在房态表中,点击房间状态为"检查完成"的图标。打开该房间的信息列表,可进行"记账""退房"操作。 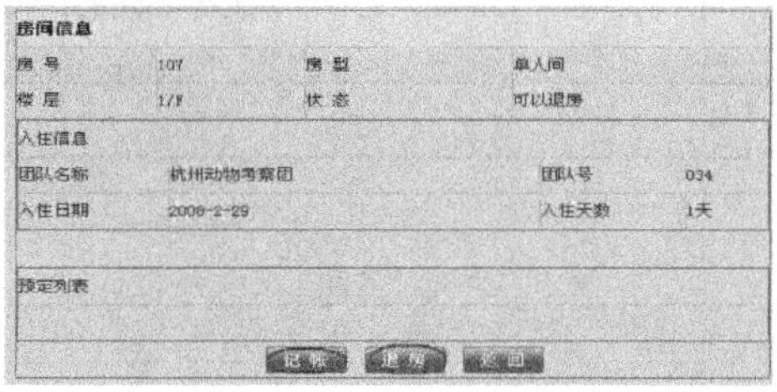 　　记账:点击"记账"按钮打开该房间在住客户的"收银记账"页面。详细操作请参考"收银记账"。 　　退房:点击"退房"按钮,系统提示,"退房操作完成"。确定后,返回房态表,该房间状态变为"待清理"。

附加功能

　　附加功能是指向在住客户提供的客人留言、车位记录、抵店/离店备注等服务。

　　在菜单区内,点击"前台接待"下的"附加功能"。打开在住房间列表,如图 6-84:

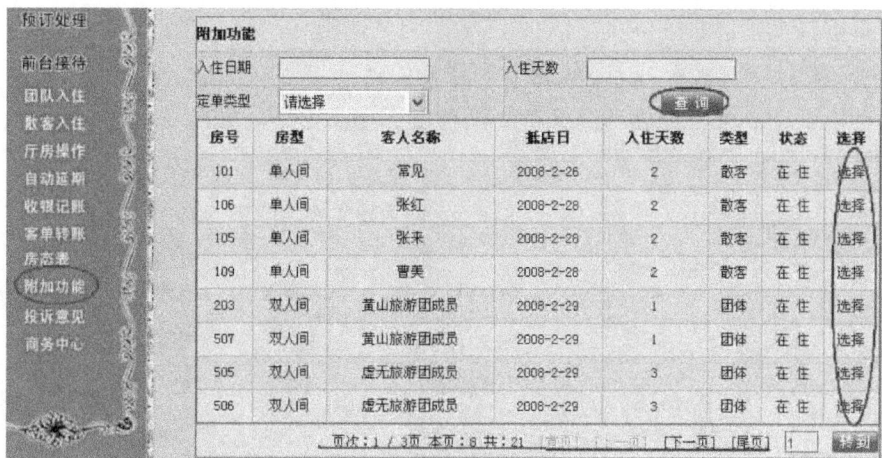

图 6-84　附加功能

房间信息包括：房号、房型、客人名称、抵店日、入住天数、客人类型、状态，以及操作选项"选择"。

附加功能使用：

在房间列表中，选择一个房间，点击"选择"，打开该房间的附加功能管理页面。如图 6-85：

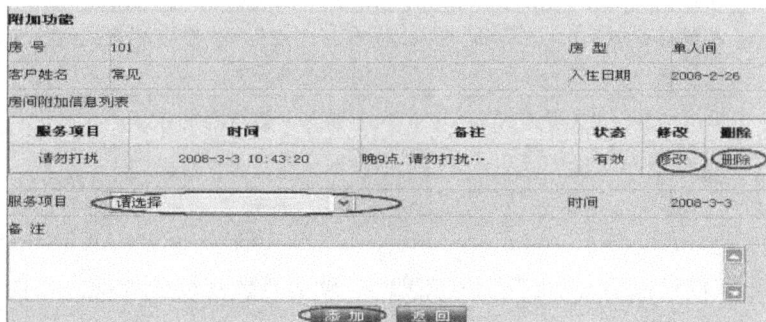

图 6-85　附加功能

附加功能修改：

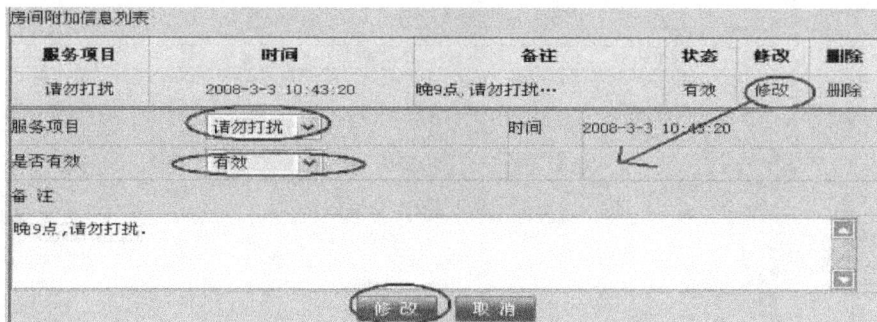

图 6-86　附加功能

房间查询功能：

为方便轻松管理附加信息，设置了房间查询功能。

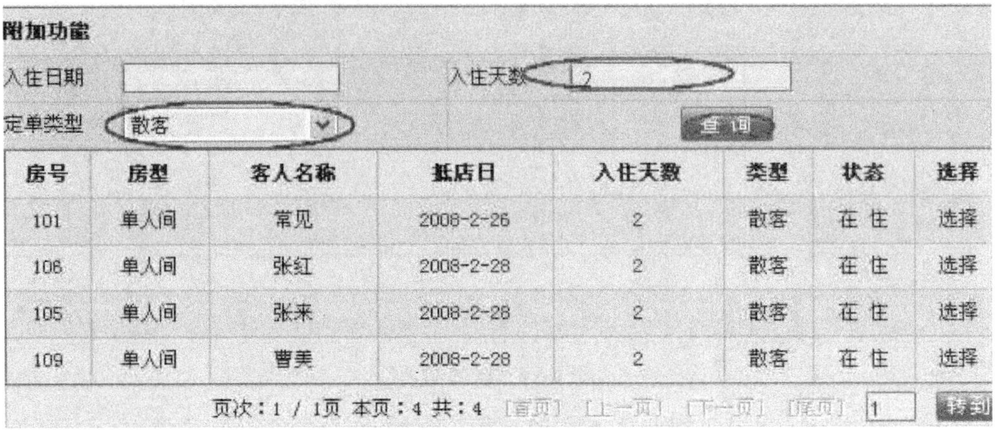

图 6-87 附加功能

"附加功能"—— 查询条件输入 —— 查询 —— 选择房间——附加信息管理。

在附加功能页面的入住房间列表上方，选择要查询的条件：

表 6-12 附加功能

入住日期	将鼠标移动到"入住日期"输入框内，点击鼠标，在弹出的日期选择框内选择一个日期，可查询到该日期入住的房间信息
入住天数	输入入住天数（正整数），可查询到与输入天数符合的入住房间
订单类型	点击"订单类型"下拉框，可显示该类型客人的入住房间列表
组合查询	选择两项或三项，输入后，可查询到同时满足输入条件的房间

完成查询条件输入后，点击"查询"按钮，将显示符合查询条件的入住信息。

投诉意见

客人在"投诉处理"中提交的对"前厅部"的投诉意见，由前厅部进行处理。

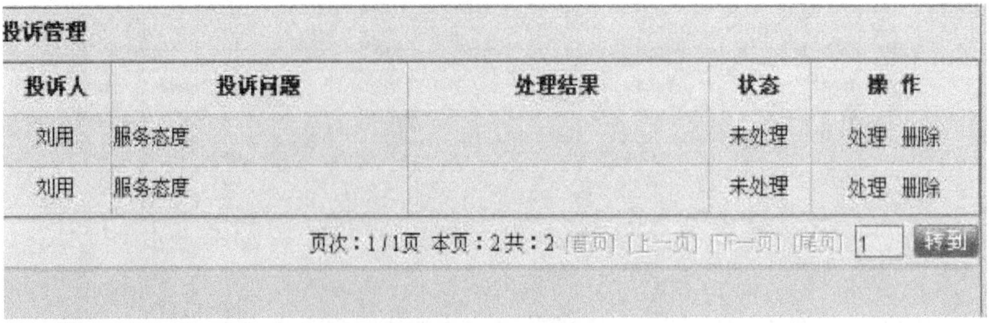

图 6-88 投诉处理

点击菜单区内的"投诉意见",打开该部门的投诉列表：投诉人、投诉问题、处理结果、状态。

可选操作：处理、删除、查看。

点击状态为"未处理"的投诉记录的操作"处理"，打开该投诉页面：

图 6-89　投诉管理

商务中心

客户提交的商务中心服务，在此进行处理。商务中心提供服务包括打印、复印和传真。

点击"前台接待"下的"商务中心"，打开商务服务列表：

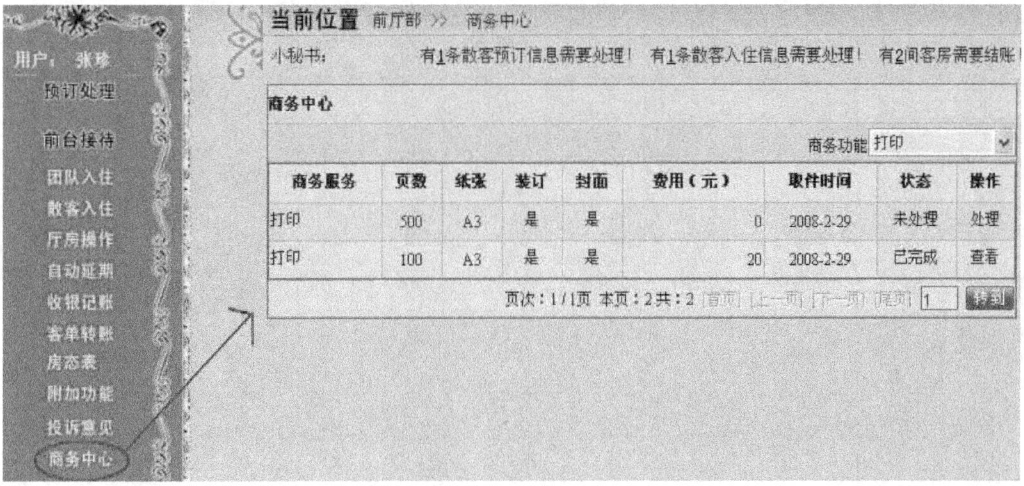

图 6-90　商务中心

选择列表上方的下拉框，选择一项商务服务功能（打印/复印/传真），在列表中将显示所选服务功能的客户提交记录。

商务功能处理：

在列表中，未处理的商务服务记录状态为"未处理"，点击操作"处理"。

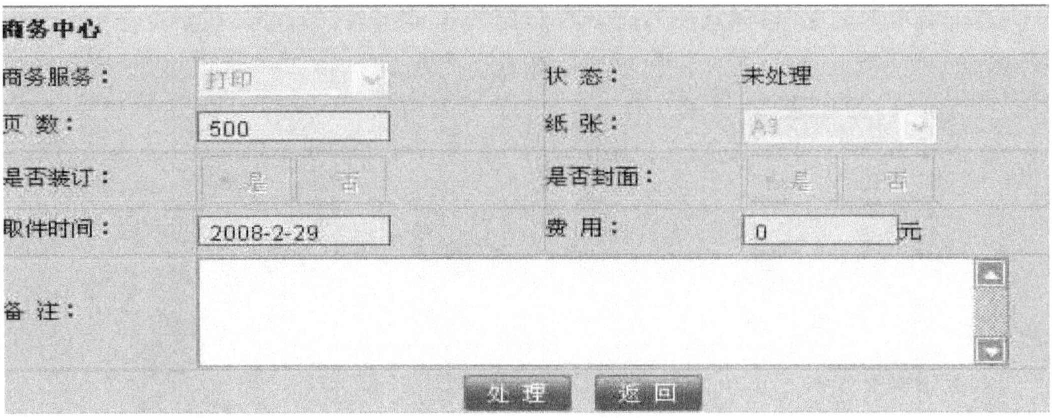

图 6-91　商务中心

客房部

客房部处理房间状态管理、失物管理、记账、洗衣操作，以及房态查看、房价查看等操作。客房部门在客房操作流程中，负责清扫房间、检查退房。

进入酒店客房部，默认进入"设置房态"页面。如图 6-92：

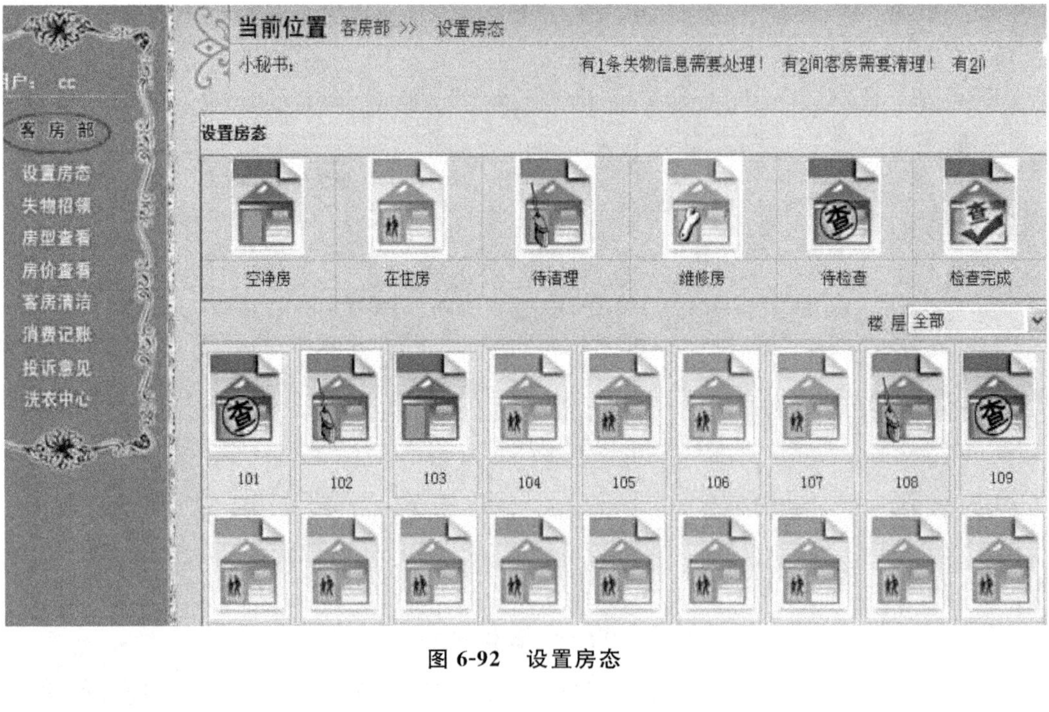

图 6-92　设置房态

设置房态

在房态设置页面内，查看每个房间目前的状态，或在页面楼层下拉框内选择要查看或操作的楼层，显示该楼层的所有房间及状态。

房间状态以图标形式表示。客房部对不同状态的房间可进行相应的操作：

表 6-13　设置房态

空净房：查看预订信息、添加维修记录。

　　空净房的标志为灰色，选择状态为空净房的房间，并点击该房间的房态标志，打开该房间信息页面。

　　页面内包含房间信息，若该房间已安排有预订（未入住），在预订列表中显示预订信息。

　　点击预订信息的操作"详细"，进入查看该预订详细信息：预订日期、抵店日期、保留时间等。（客房部对预订信息只能查看，不能进行其他操作，点击预订信息页面内的"返回"按钮，返回房间信息页面）

添加维修：在房间信息页面内点击"进行维修"按钮，进入维修信息添加页面。

　　选择维修的开始和结束日期（开始日期不能小于电脑当前日期，结束日期不能小于开始日期）；

　　输入维修原因；

　　维修费用由工程部门填写。

　　点击"添加"按钮，系统提示：维修申请已提交。确定后，返回该房间信息列表。

　　注：一个房间只存在一份维修申请，若已提交的维修申请工程部还未处理，不能再添加另外的维修申请。

在住房：在住房的标志为 🏠，选择状态为在住的房间，并点击该房间的房态标志，打开该房间信息页面。

　　在住房信息页面显示房间信息和在住客人信息。客房部无可执行操作。点击"返回"按钮，返回"设置房态"页面。

待清洁：选择状态为"待清洁"的房间，并点击该房间的房态标志 🏠，打开该房间信息页面。

　　客房部可进行清理操作。

　　点击房间信息页面内的"进行清理"按钮，系统提示：清理完成，该房间已设置为空净房。

　　确定后，返回"设置房态"页面，此时该房间状态变为"空净房"。

维修房间：在页面内选择状态为"维修"的房间，点击该房间图标，进入查看房间信息和维修信息。

退房请求:退房请求即"待检查"状态。图标为 。

在"设置房态"页面内点击房间图标进入该房间信息页面,显示房间信息、入住客人信息和预订信息。

可执行操作:退房检查。

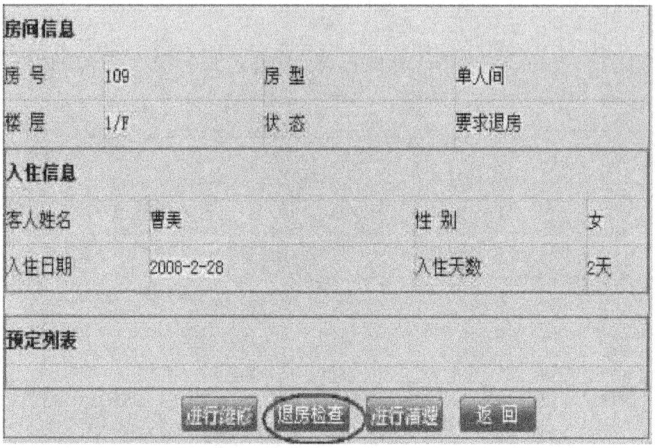

点击"退房检查"按钮,系统提示"客房检查添加消费记账?";

点击"确定"按钮,打开该房间的记账列表;

可添加账目,或修改其他账目。

点击"完成"按钮,提示"客房检查完成",确定并返回设置房态页面。该房间显示为"检查完成"状态。

(若客房账目中还有"未结"账目,在此也能完成客房检查操作,并提交给前厅部进行最终退房,退房前必须将所有账目结清)

检查完成:检查完成的房间标志为: 。选择该状态的房间,点击其图标进入查看房间信息,无其他可执行操作,点击"返回"按钮,返回"设置房态"页面。

失物招领

失物招领由客户在"我的房间"内提交失物信息,酒店客房部将失物归还给客户,即完成失物处理流程。

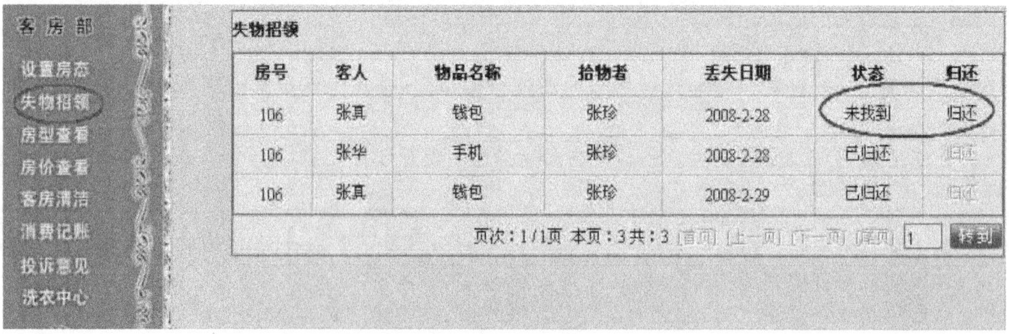

图 6-93 失物招领

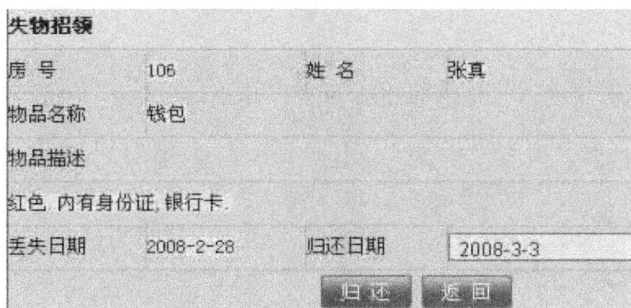

图 6-94　失物招领

房型查看

房型由"总经理"设置并管理，客房部仅有查看信息的权限。点击菜单区内的"房型查看"，打开本酒店的房型查看页面。如图 6-95：

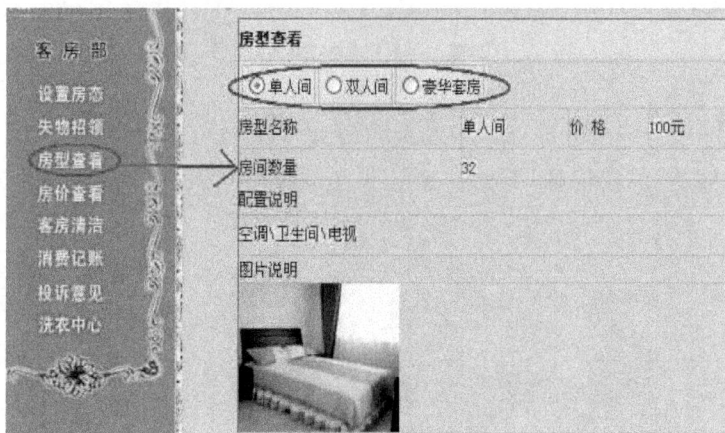

图 6-95　房型查看

房价查看

点击菜单区内"房价查看"，打开本酒店客房类型页面，如图 6-96：

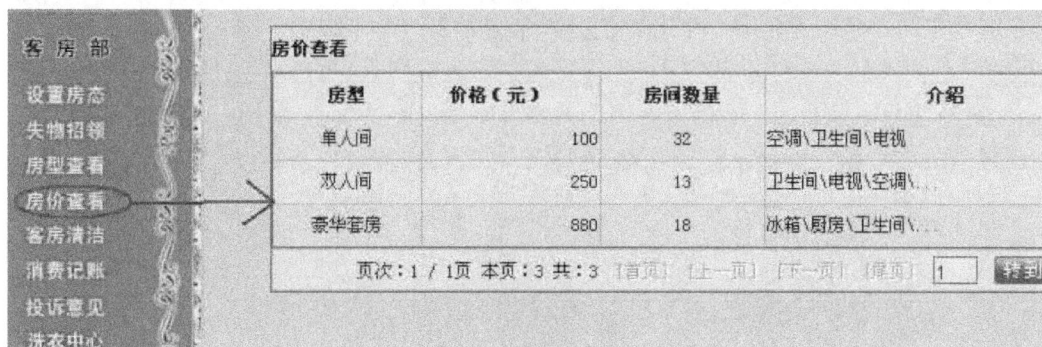

图 6-96　房价查看

客房清洁

在客房退房操作流程中,前厅部完成退房操作后,房间为"待清理"状态,可在"设置房态"页面内进行清扫操作。也可点击菜单区内的"客房清洁",进入待清理的房间列表,如图 6-97:

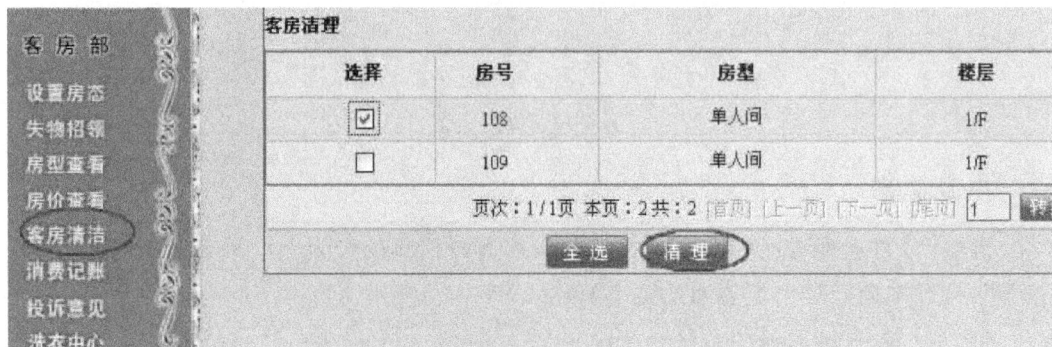

图 6-97　客房清洁

消费记账

进入客房部的"消费记账"页面。显示入住的客房列表:房号、客人姓名、入住时间、客单类型。

图 6-98　消费记账

洗衣中心

如图 6-99,在客房部页面内选择"洗衣中心",打开洗衣记录页面。

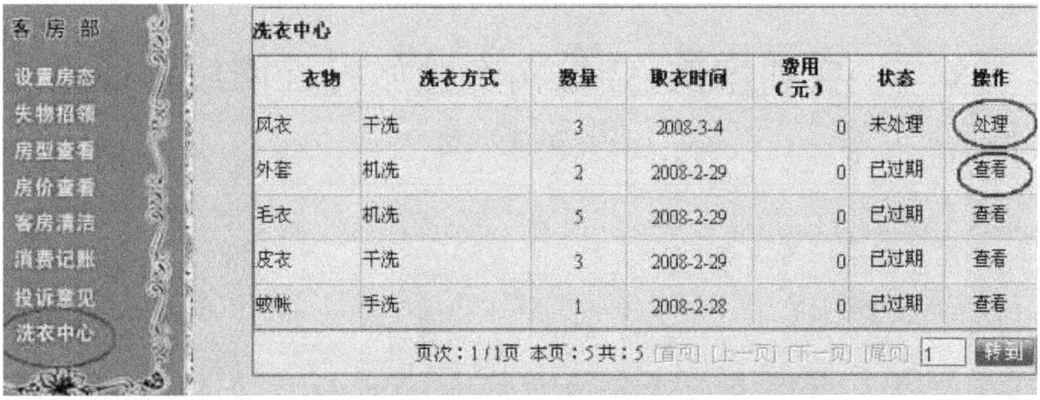

衣物	洗衣方式	数量	取衣时间	费用（元）	状态	操作
风衣	干洗	3	2008-3-4	0	未处理	处理
外套	机洗	2	2008-2-29	0	已过期	查看
毛衣	机洗	5	2008-2-29	0	已过期	查看
皮衣	干洗	3	2008-2-29	0	已过期	查看
蚊帐	手洗	1	2008-2-28	0	已过期	查看

图 6-99　洗衣中心

洗衣操作：

点击状态为“未处理”的对应操作“处理”，打开该洗衣信息页面：

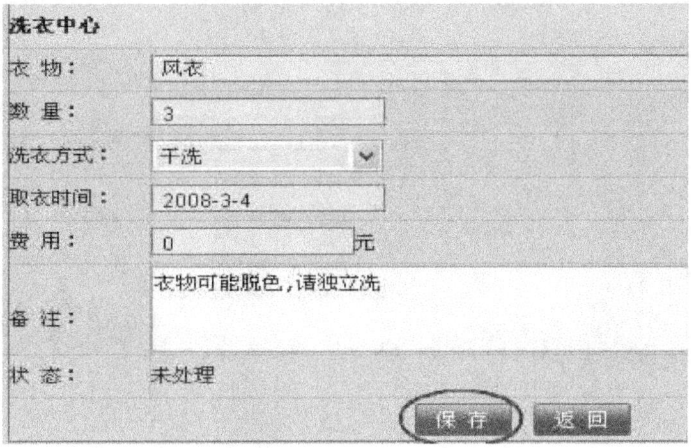

图 6-100　洗衣中心

6.5 实训案例:金棕榈智慧旅行社网站管理实训系统

网站后台维护模块

(1)登录界面如下:

图 6-101 登录界面

(2)点击网站管理,弹出右边列表(网站中相应的维护模块)。

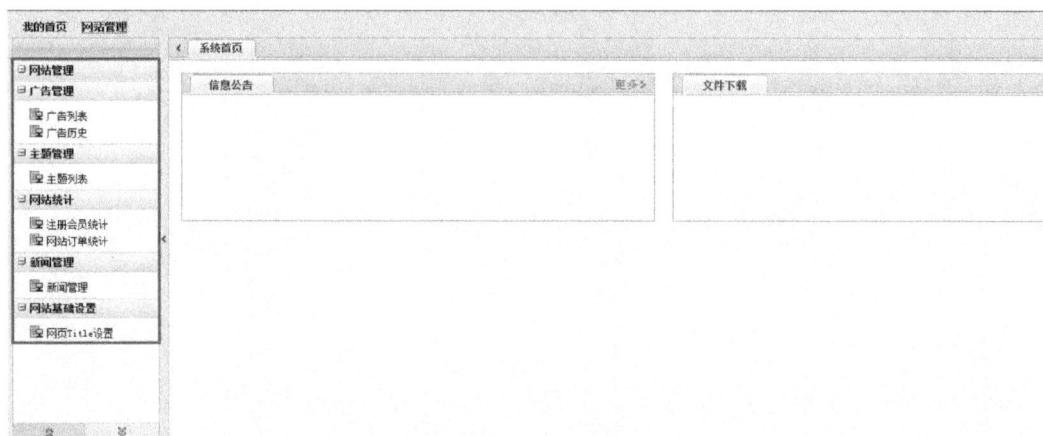

图 6-102 网点管理

（3）点击广告列表，可以新增广告。

图 6-103　广告列表

点击新增按钮，进入新增界面，此时可填写相应的基本信息。

图 6-104　广告管理

注意：其中广告指向 URL 可填写某一个网址，如 http：//www. sina. com，该链接将直接打开对应网站；也可以填写系统内本身存在的某一个有效团号，如 GN20130301dny，该链接将直接通过本软件打开对应的团队信息。

完成后点击新增按钮，完成广告的新增。

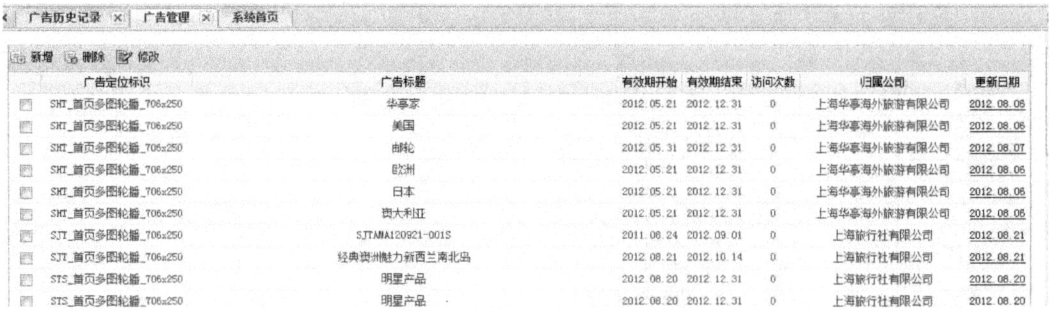

广告历史记录 × 广告管理 × 系统首页

新增 删除 修改

	广告定位标识	广告标题	有效期开始	有效期结束	访问次数	归属公司	更新日期
	SHT_首页多图轮播_706x250	华亭家	2012.05.21	2012.12.31	0	上海华亭海外旅游有限公司	2012.08.06
	SHT_首页多图轮播_706x250	美国	2012.05.21	2012.12.31	0	上海华亭海外旅游有限公司	2012.08.06
	SHT_首页多图轮播_706x250	邮轮	2012.05.31	2012.12.31	0	上海华亭海外旅游有限公司	2012.08.07
	SHT_首页多图轮播_706x250	欧洲	2012.05.21	2012.12.31	0	上海华亭海外旅游有限公司	2012.08.06
	SHT_首页多图轮播_706x250	日本	2012.05.21	2012.12.31	0	上海华亭海外旅游有限公司	2012.08.06
	SHT_首页多图轮播_706x250	意大利亚	2012.05.21	2012.12.31	0	上海华亭海外旅游有限公司	2012.08.06
	SJT_首页多图轮播_706x250	SJTAMA120921-001S	2011.08.24	2012.09.01	0	上海旅行社有限公司	2012.08.21
	SJT_首页多图轮播_706x250	经典贵州魅力新西兰南北岛	2012.08.21	2012.10.14	0	上海旅行社有限公司	2012.08.21
	STS_首页多图轮播_706x250	明星产品	2012.08.20	2012.12.31	0	上海旅行社有限公司	2012.08.20
	STS_首页多图轮播_706x250	明星产品	2012.08.20	2012.12.31	0	上海旅行社有限公司	2012.08.20

图 6-105　广告管理

如果要删除某条广告，只需要勾选对应的广告，点击删除按钮。

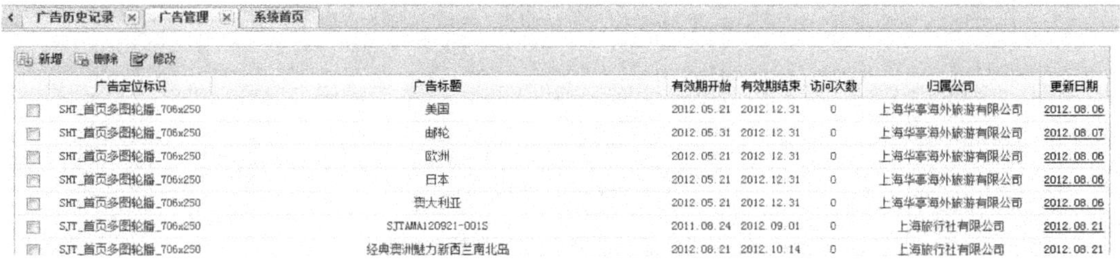

广告历史记录 × 广告管理 × 系统首页

新增 删除 修改

	广告定位标识	广告标题	有效期开始	有效期结束	访问次数	归属公司	更新日期
	SHT_首页多图轮播_706x250	美国	2012.05.21	2012.12.31	0	上海华亭海外旅游有限公司	2012.08.06
	SHT_首页多图轮播_706x250	邮轮	2012.05.31	2012.12.31	0	上海华亭海外旅游有限公司	2012.08.07
	SHT_首页多图轮播_706x250	欧洲	2012.05.21	2012.12.31	0	上海华亭海外旅游有限公司	2012.08.06
	SHT_首页多图轮播_706x250	日本	2012.05.21	2012.12.31	0	上海华亭海外旅游有限公司	2012.08.06
	SHT_首页多图轮播_706x250	意大利亚	2012.05.21	2012.12.31	0	上海华亭海外旅游有限公司	2012.08.06
	SJT_首页多图轮播_706x250	SJTAMA120921-001S	2011.08.24	2012.09.01	0	上海旅行社有限公司	2012.08.21
	SJT_首页多图轮播_706x250	经典贵州魅力新西兰南北岛	2012.08.21	2012.10.14	0	上海旅行社有限公司	2012.08.21

图 6-106　广告管理

此时广告删除。

如果要对已经生成的广告进行调整和修改，只需要勾选对应的广告，点击修改按钮。

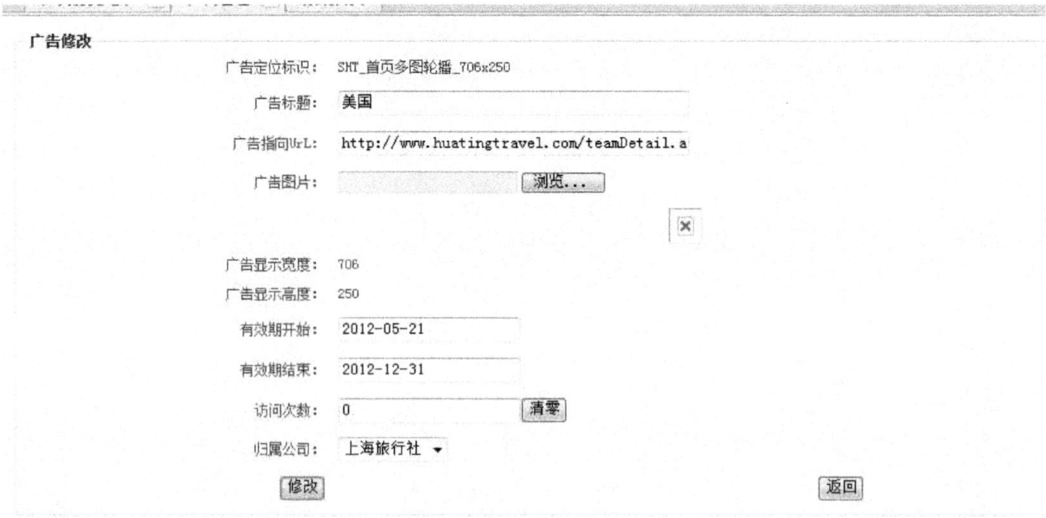

图 6-107　广告管理

完成修改后，再次点击此页面上的修改按钮，完成修改。

广告历史模块将介绍已经发布的广告的点击情况和访问信息,便于用户分析、查询。

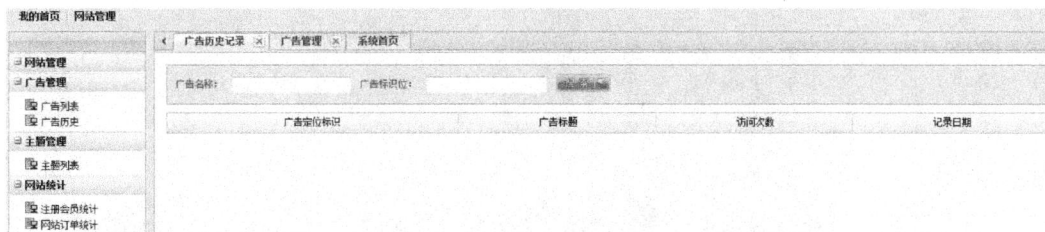

图 6-108　广告管理

(4)点击主题列表,可以增加主题和关联所需要的线路。

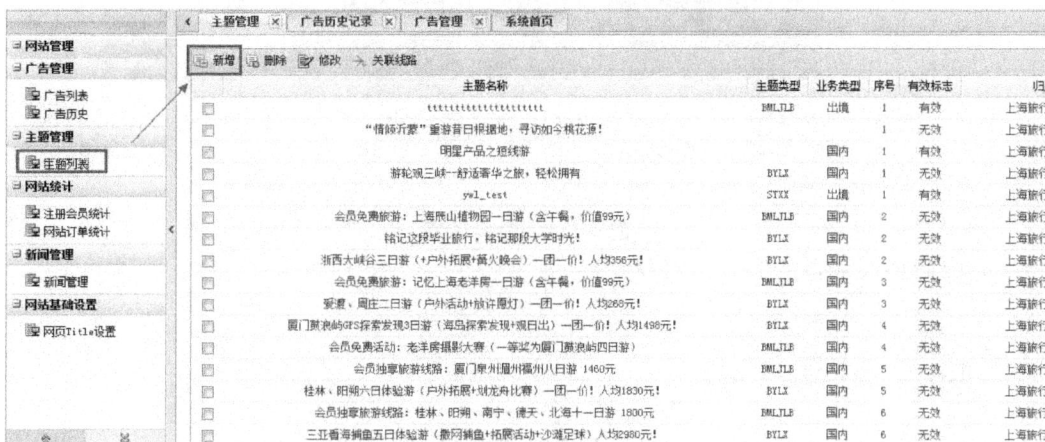

图 6-109　广告主题管理

点击新增按钮,弹出新增设计界面。

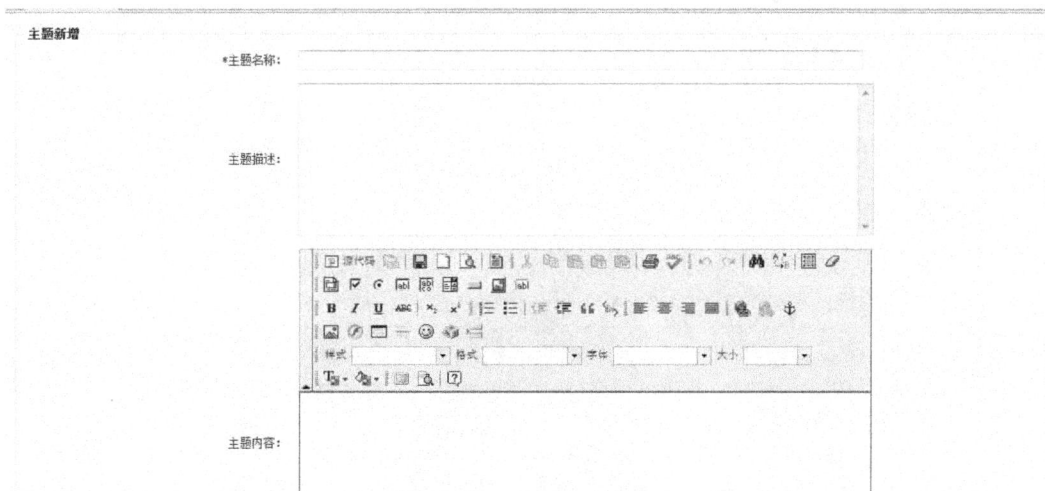

图 6-110　广告主题管理

此时可填写主题名称和主题描述。

主题内容可填写、设计对应的内容样式,如图:

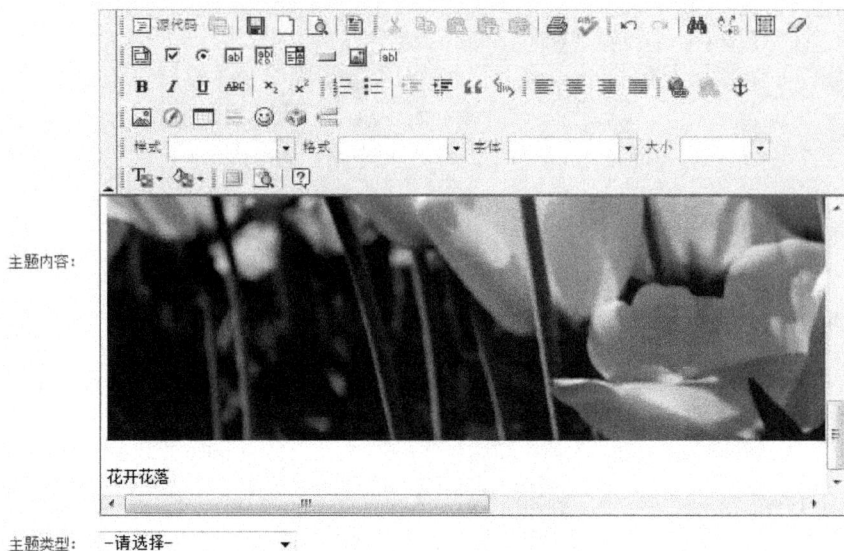

花开花落

主题类型: -请选择-

图 6-111 主题内容

完成后填写对应的其他分类信息。

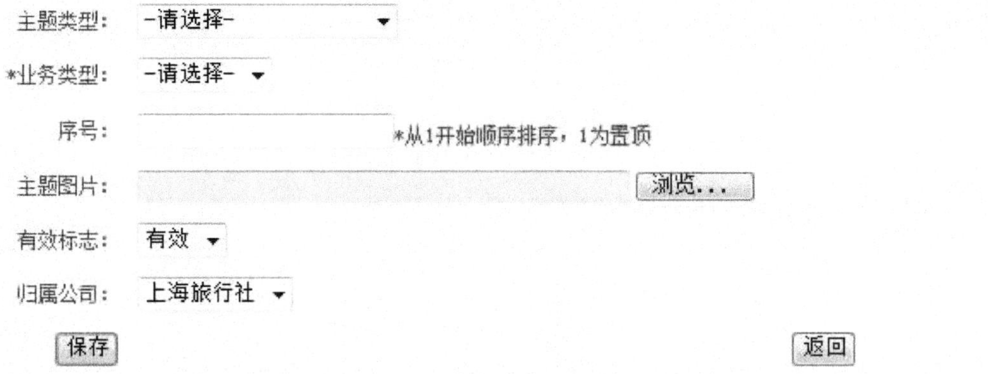

主题类型: -请选择-

*业务类型: -请选择-

序号: *从1开始顺序排序,1为置顶

主题图片: 浏览...

有效标志: 有效

归属公司: 上海旅行社

保存　　　返回

图 6-112 主题类型

最后点击保存按钮,完成主题设计。

完成后将出现主题预览。

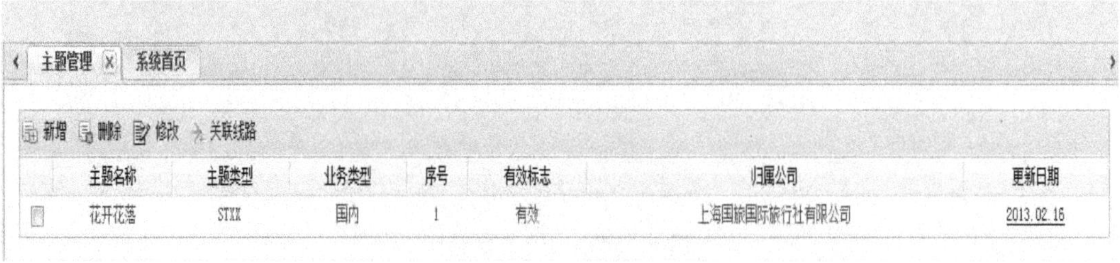

主题名称	主题类型	业务类型	序号	有效标志	归属公司	更新日期
花开花落	STXX	国内	1	有效	上海国旅国际旅行社有限公司	2013.02.16

图 6-113 主题管理

如需删除主题,只需要勾选对应的主题,点击删除按钮。

如需修改主题,只需要勾选对应的广告,点击修改按钮。

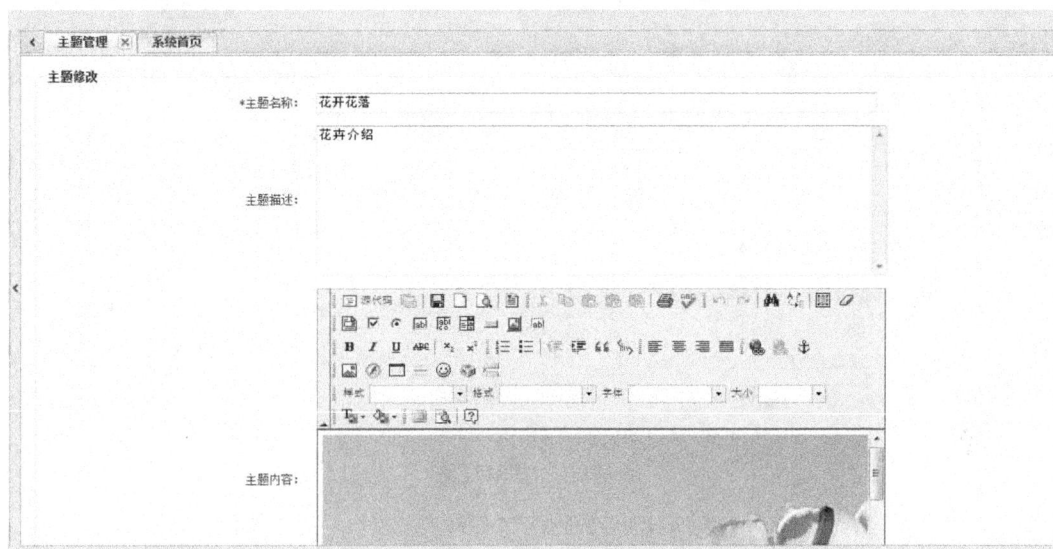

图 6-114　主题管理

勾选对应主题后,再点击关联线路按钮,将会调用数据库内的线路团队产品,并弹出窗口,供操作人员选择。

图 6-115　主题管理

点击关联按钮后,对应已经关联的线路状态将变为已关联。

同样,已关联的线路勾选后点击取消关联按钮,对应线路状态将变为未关联。

图 6-116 关联线路

(5)进入网站统计模块,此模块可按照查询条件查询对应的统计信息。

注册会员统计界面,此界面可统计对应时间段会员的注册情况。

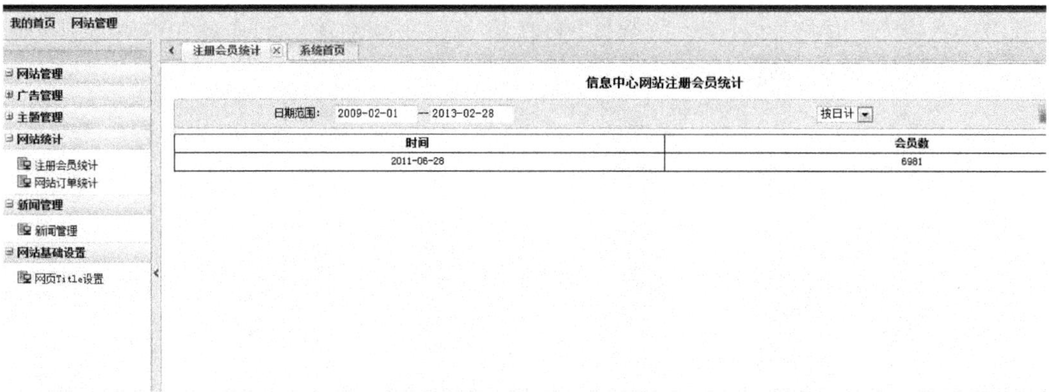

图 6-117 网站统计

网站订单统计界面,此界面会统计网站下订订单的数量和情况。

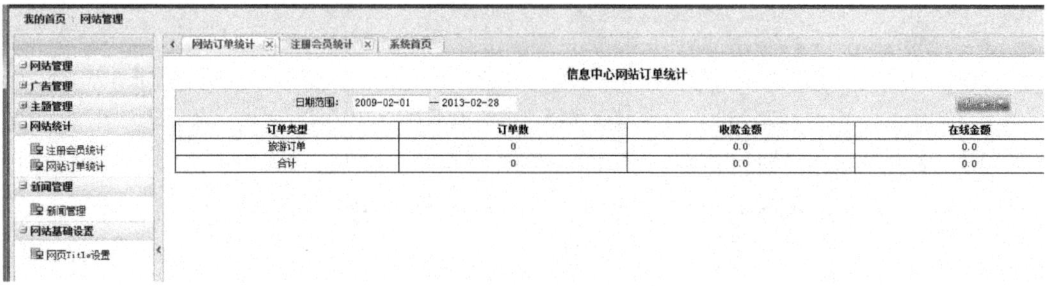

图 6-118 网站统计

（6）新闻管理模块可对网站新闻专题进行管理。

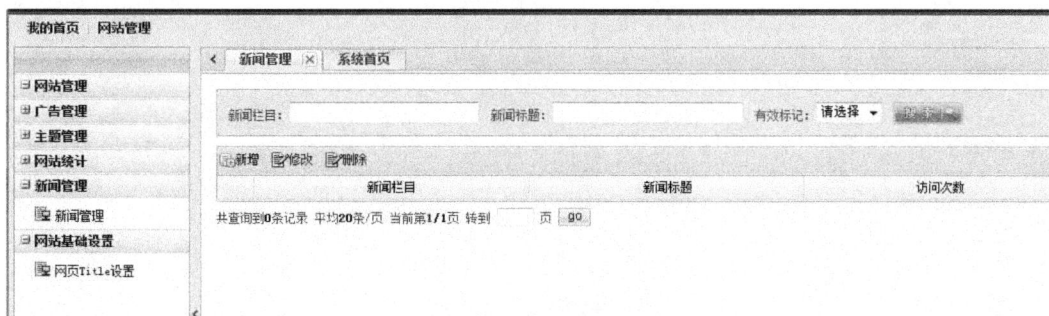

图 6-119　新闻管理

点击新增按钮可对新闻主题、信息进行维护。

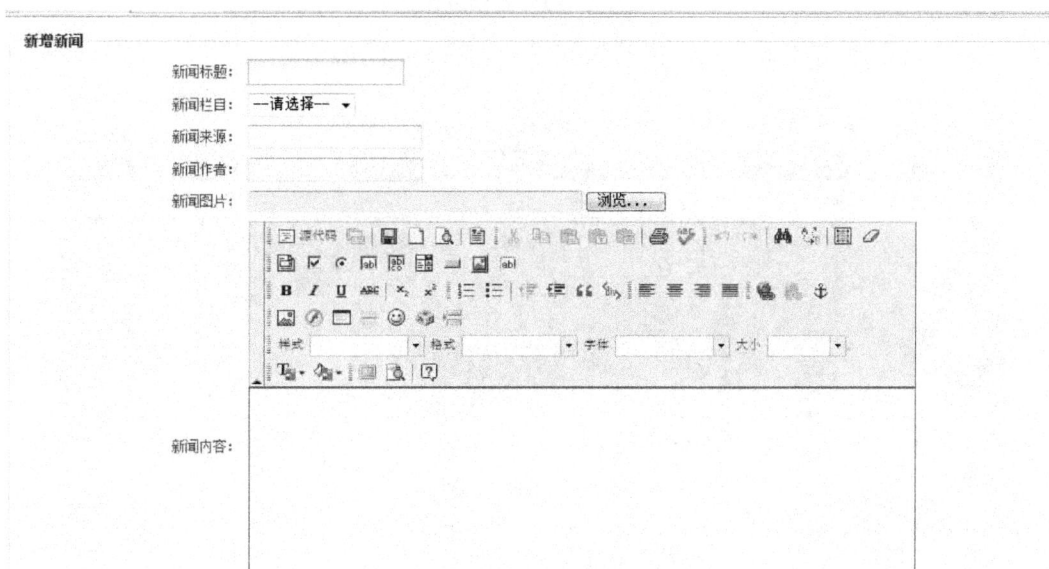

图 6-120　新闻管理

按要求填写完毕后，可以点击保存信息按钮进保存。

（7）网站基础设置模块。

此模块主要设置网站栏上的 title 名称，可自由设置。

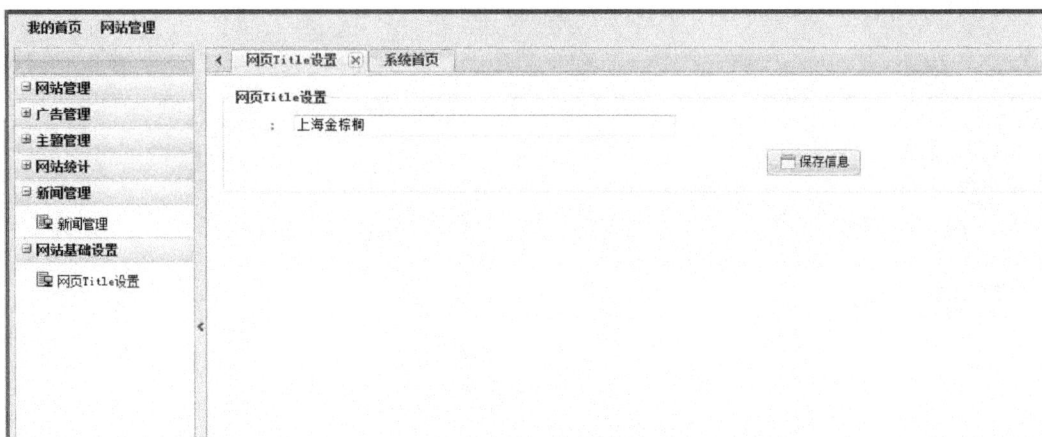

图 6-121　网站基础设置模块

（8）网站显示界面此界面为网站访问界面，主页如下图：

图 6-122　网站主页

　　点击网站首页右上角"登录"按钮，进行会员登入；在搜索线路栏填写需要查询的信息，可以查询到需要的信息；点击每个旅游模块，可以进入您所需要的界面，方便选择。

(9)进入线路页面,可进行线路的报名和行程的查看,点击参团报名可进行报名预订。

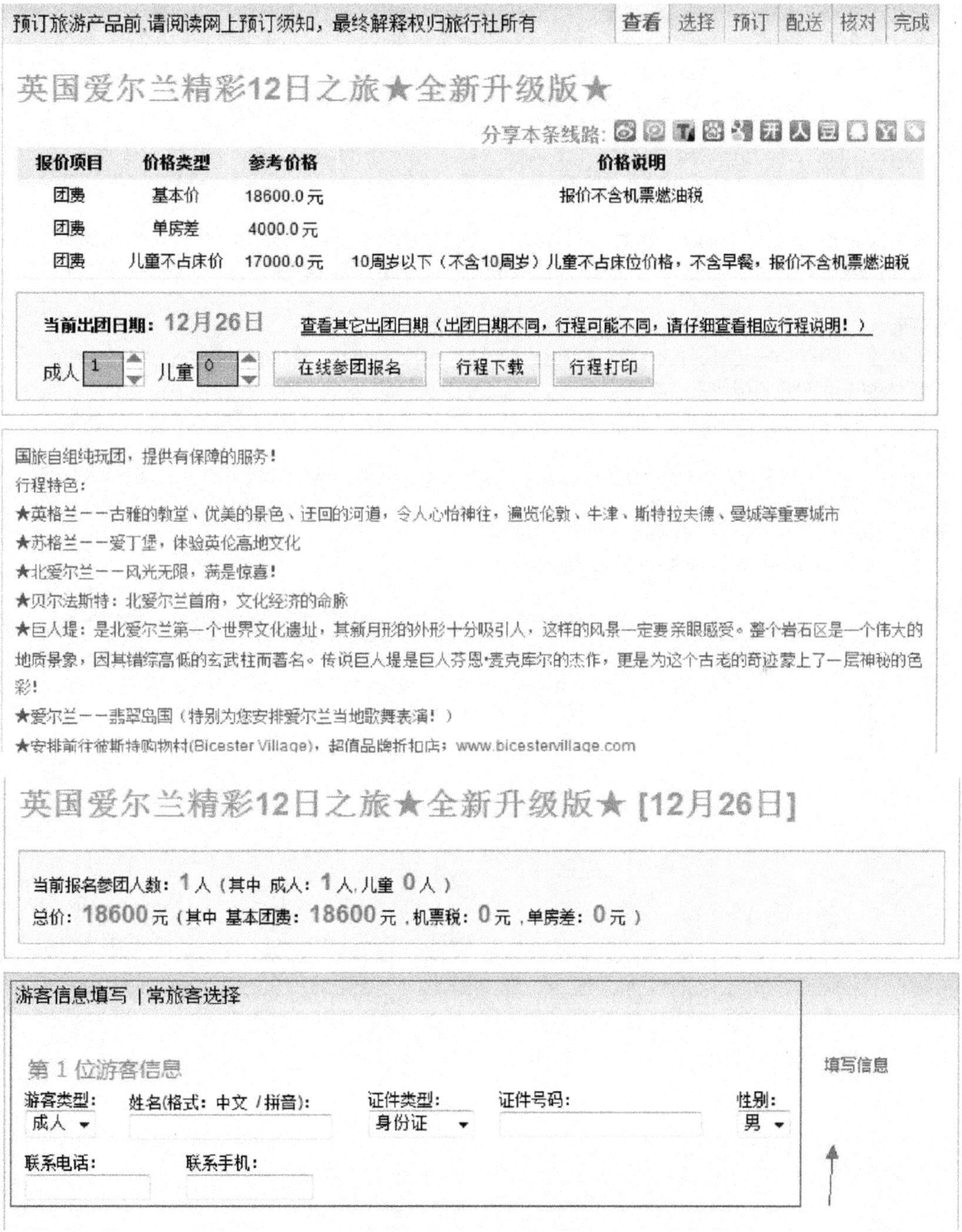

图 6-123　网站查看

（10）进入报名界面，填写游客的信息，核对金额，如无问题点击下一步。

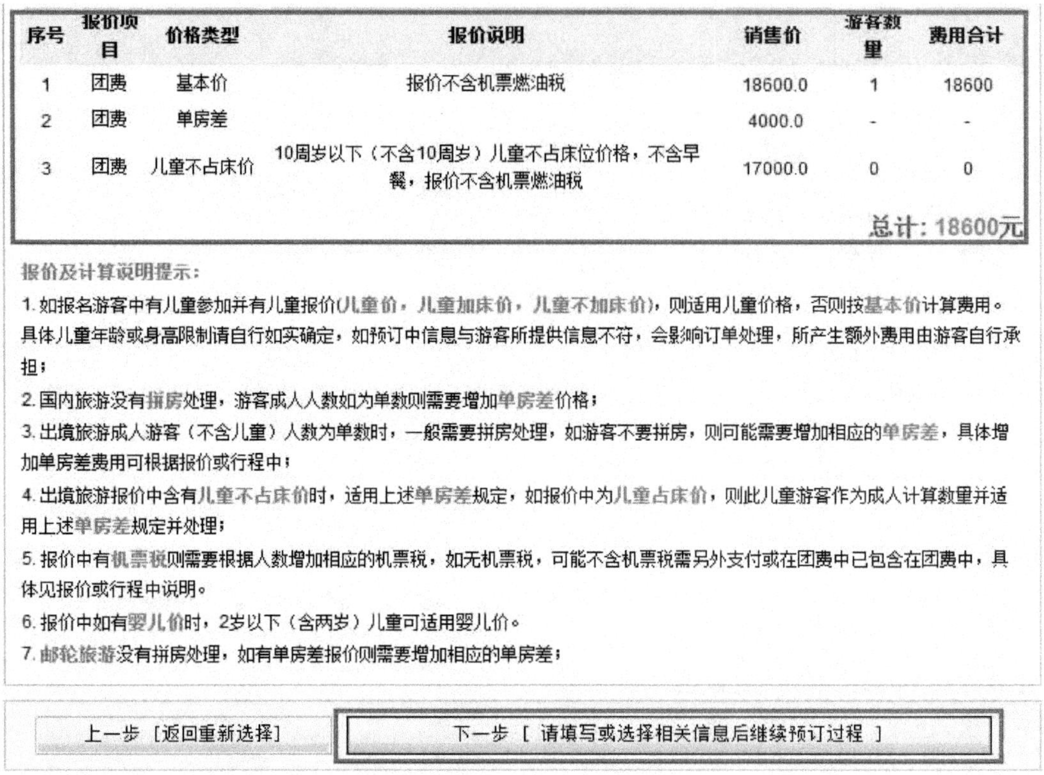

序号	报价项目	价格类型	报价说明	销售价	游客数量	费用合计
1	团费	基本价	报价不含机票燃油税	18600.0	1	18600
2	团费	单房差		4000.0	-	-
3	团费	儿童不占床价	10周岁以下（不含10周岁）儿童不占床位价格，不含早餐，报价不含机票燃油税	17000.0	0	0

总计：18600元

报价及计算说明提示：

1.如报名游客中有儿童参加并有儿童报价（儿童价，儿童加床价，儿童不加价），则适用儿童价格，否则按基本价计算费用。具体儿童年龄或身高限制请自行如实确定，如预订中信息与游客所提供信息不符，会影响订单处理，所产生额外费用由游客自行承担；

2.国内旅游没有拼房处理，游客成人人数如为单数则需要增加单房差价格；

3.出境旅游成人游客（不含儿童）人数为单数时，一般需要拼房处理，如游客不要拼房，则可能需要增加相应的单房差，具体增加单房差费用可根据报价或行程中；

4.出境旅游报价中含有儿童不占床价时，适用上述单房差规定，如报价中为儿童占床价，则此儿童游客作为成人计算数量并适用上述单房差规定并处理；

5.报价中有机票税则需要根据人数增加相应的机票税，如无机票税，可能不含机票税需另外支付或在团费中已包含在团费中，具体见报价或行程中说明。

6.报价中如有婴儿价时，2岁以下（含两岁）儿童可适用婴儿价。

7.邮轮旅游没有拼房处理，如有单房差报价则需要增加相应的单房差；

上一步 [返回重新选择]	下一步 [请填写或选择相关信息后继续预订过程]

图 6-124 网站报名

（11）核对和填写红框中的内容，以免发生错误；如无问题，勾选已读条款条例，点击下一步。

英国爱尔兰精彩12日之旅★全新升级版★ [12月26日]

当前报名参团人数：**1** 人（其中 成人：**1** 人，儿童 **0** 人）
总价：**18600.0** 元（其中 基本团费：**18600.0** 元，机票税：**0.0** 元，单房差：**0.0** 元）

联系人信息 | 常旅客选择　　　当前报名参团人数：1 人（其中 成人：1 人，儿童 0 人）　总价：18600.0 元

姓名：　　　手机：　　　电话：　　　传真：
　　　　　　13636396913

邮件地址：　　　　　　　　　联系地址：　　　　　　　　邮政编码：
781250322@qq.com

客人其它要求：

◆其他
对于因不可抗力或锦江国际旅游不能控制的原因造成的网络服务中断或其他缺陷，锦江国际旅游不承担任何责任，但将尽力减少因此而给用户造成的损失和影响。
本声明适用中华人民共和国法律，用户和锦江国际旅游一致同意服从中华人民共和国人民法院管辖。如其中任何条款与中华人民共和国法律相抵触时，则这些条款将完全按法律规定重新解释，而其它条款依旧具有法律效力。我们保留随时更改上述免责及其他条款的权利。

1. 上海市出境旅游合同示范文本(2004)
2. 上海国旅有关出境旅游事项的声明

☑ 我已仔细阅读该行程的所有说明条款、注意事项及相关的出游合同和补充说明等内容并同意接受。

上一步 [返回重新选择]　　　下一步 [请填写或选择相关信息后继续预订过程]

图 6-125　报名界面

（12）进入配送页面，选择相应的配送方式，完毕后点击下一步。

配送服务　　　当前报名参团人数：1人（其中 成人：1人，儿童 0人） 总价：18600.0元

● **市内自取**　（到我们指定的市内地点取）
自取地址：上海市北京西路1277号国旅大厦1408室　邮编：200040 (9:00-18:00)

○ **市内配送**　（配送人员送资料到指定地址，上海市内中环外另收30元快递费。）

配送区域：
选择区域 ▾

配送地址：

配送时段：
任何时段 ▾

○ **EMS邮递**　（邮递费：￥20）

办理资料投送　　　当前报名参团人数：1人（其中 成人：1人，儿童 0人） 总价：18600.0元

● **市内自送**　（自行送到我们指定的市内地点，选择出境旅游产品可以选择该项内容）
地址：上海市北京西路1277号国旅大厦1408室 (9:00-18:00)　　邮编：200040

发票信息　　　当前报名参团人数：1人（其中 成人：1人，儿童 0人） 总价：18600.0元

请先选择您是否需要发票

● 否　　○ 是

发票抬头：

发票明细：
团费 ▾

发票备注说明：

上一步 [返回重新选择]　　下一步 [请填写或选择相关信息后继续预订过程]

图 6-126　网站报名

(13)进入核对页面,对于前面报名的信息内容进行核对,以免出错;如无问题,点击下一步。

当前报名参团人数:**1** 人(其中 成人:**1** 人,儿童 **0** 人)
总价:**18600** 元(其中 基本团费:**18600** 元,机票税:**0** 元,单房差:**0** 元)

游客信息　　当前报名参团人数:1 人(其中 成人:1 人,儿童 0 人) 总价:18600 元

请仔细核对以下游客信息资料!

性别	类型	出生日期	联系手机	联系电话	证件有效期	护照类型

第 1 位游客: 冯超 (身份证:310102198909051238)

| 男 | 成人 | 1989-09-05 | | | -> | |

游客参团费用　　当前报名参团人数:1 人(其中 成人:1 人,儿童 0 人) 总价:18600 元

☑ 选择拼房 (说明:根据游客需要可选择是否拼房,默认为拼房处理,无单房差报价拼房不作处理。)

序号	报价项目	价格类型	报价说明	销售价	游客数量	费用合计
1	团费	基本价	报价不含机票燃油税	18600.0	1	18600
2	团费	单房差		4000.0	-	-
3	团费	儿童不占床价	10周岁以下(不含10周岁)儿童不占床位价格,不含早餐,报价不含机票燃油税	17000.0	0	0

总计:18600元

联系人信息　　当前报名参团人数:1 人(其中 成人:1 人,儿童 0 人) 总价:18600 元

请仔细核对以下联系人信息资料!

姓名	手机	电话	传真	邮件	联系地址	邮编
冯超	13636396913			781250322@qq.com		

客人其它要求:

配送信息　　当前报名参团人数:1 人(其中 成人:1 人,儿童 0 人) 总价:18600 元

请仔细核对以下配送信息资料!

配送方式	配送联系信息	配送时段
市内自取	自取地址:上海市北京西路1277号国旅大厦1408室 邮编:200040	工作时间:9:00-18:00

办理资料投送选择　　当前报名参团人数:1 人(其中 成人:1 人,儿童 0 人) 总价:18600 元

请仔细核对以下资料投送信息资料!

投送方式	投送地址相关信息	投送时段
市内自送	自取地址:上海市北京西路1277号国旅大厦1408室 邮编:200040	工作时间:9:00-18:00

上一步 [返回重新选择]　　下一步 [请检查核对内容 并继续后续预订过程]

图 6-127　网站预订

(14)进入完成订单页面后,可直接点击"点击这里"进入订单查询界面。

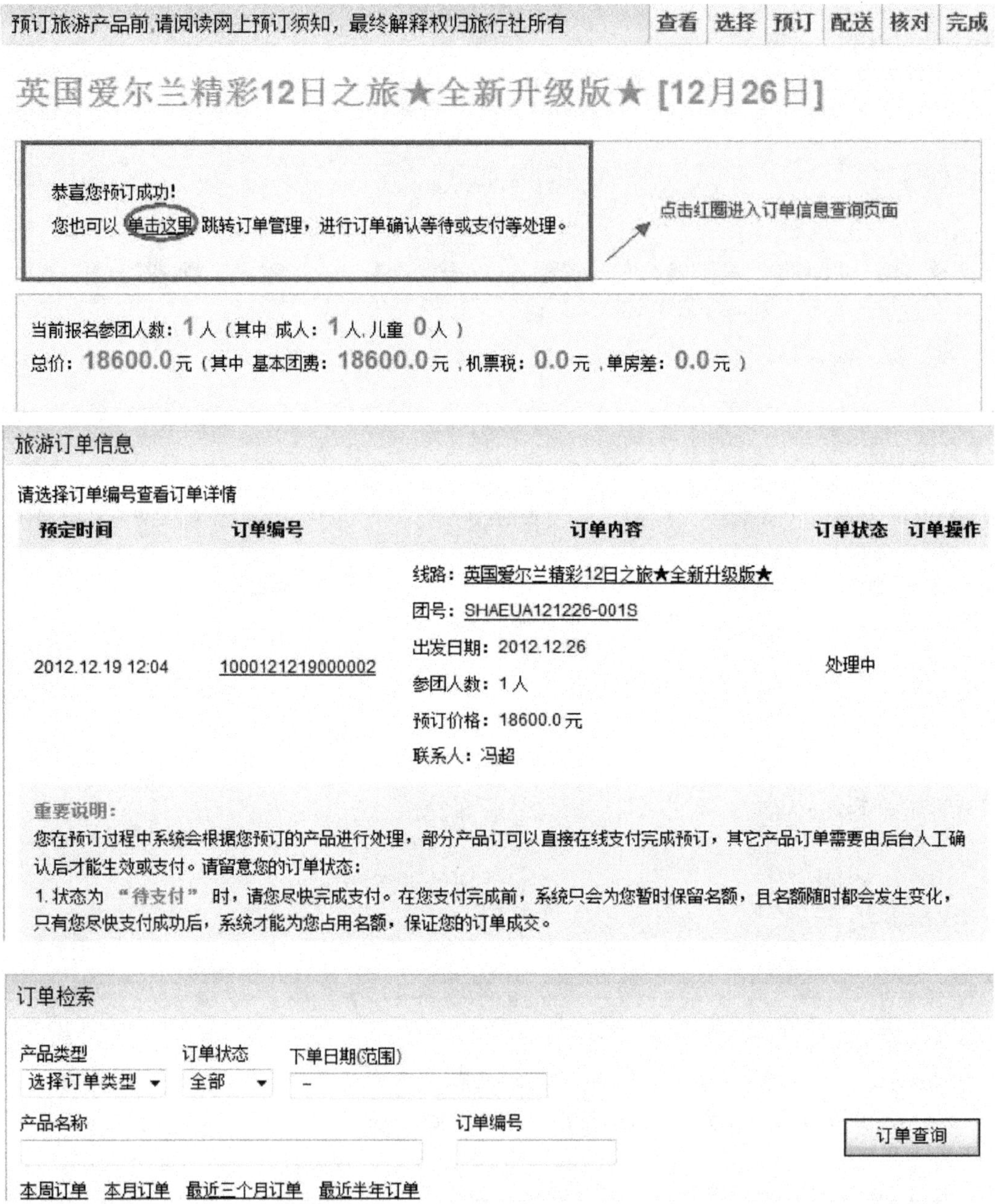

图 6-128　订单查询

(15)如果需要分类查询更详细的产品分类,则需要进入对应的二级页面进行分类查询。

图 6-129 为出境旅游产品页面,此页面主要展示出国、出境的产品,并根据不同的性质、目的地分类显示,便于游客自助查询。

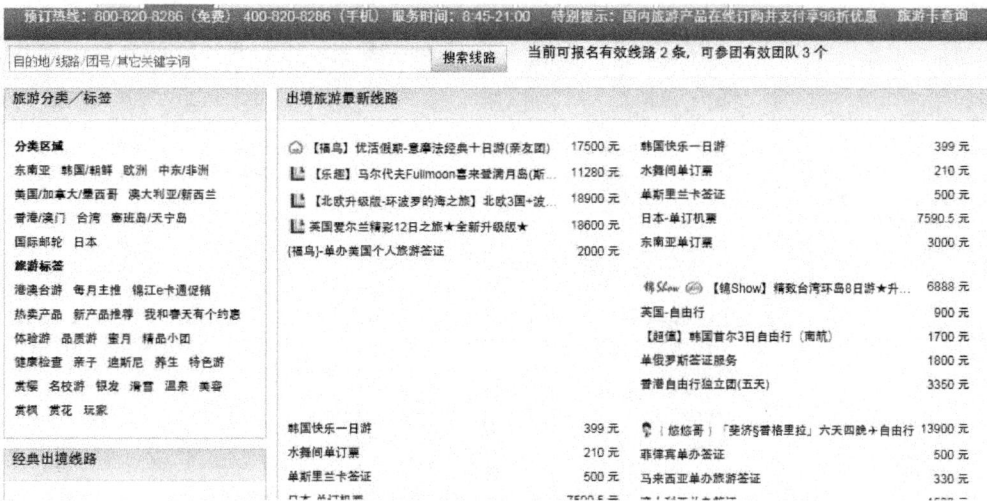

图 6-129　出境旅游产品

　　图 6-130 为国内旅游产品界面，主要介绍中国大陆的旅游产品，并分地域、长线短线、交通工具等分别呈现。方便搜索。

图 6-130　国内旅游产品

　　图 6-131 为自助旅游产品界面，次界面将所有单项预订的产品进行单独展示，方便游客自主选择对应的、交通、住宿、门票、签证、自由行线路等信息，自由组合出出行产品。

图 6-131　自助旅游产品

此界面主要为团体、公司等客户提供，游客可填写需要出行的人数、要求、目的地等资料，生成团队咨询单，由网站后台专业的旅游线路策划人员进行优化组合后，回复给游客，为游客量身定做的出行团队。

图 6-132　包团旅游界面

6.6　实训案例：智慧旅游综合实训室

6.6.1　目标

根据旅游管理专业(重点建设智慧旅游)的建设目标,结合专业特色与具体培养要求,构建全新的、符合旅游人才市场需求的实践教学体系,拟建设"杭州师范大学智慧旅游实训教学中心",将教学与实践、育人与经营结合在一起。建设智慧旅游实训教学中心有助于提高学生的专业实践能力、创新意识、创新精神和创新能力,变被动实践为主动实践,在学校实训室就能学习、体验到最新的智慧旅游相关行业知识和专业技能,为实习、就业(或创业)铺设成功之路。另外,建设杭师大智慧旅游实训教学中心,有助于杭师大经管学院旅游专业打造智慧旅游特色,塑造形象,吸引政府、企业参与合作,实现人才培养、社会效益与经济效益多赢的局面。

建设杭师大智慧旅游实训教学中心一方面可以为院校教学提供专业的项目咨询、科学的规划设计,集合先进的软硬件,搭建智慧旅游网站平台;另一方面可通过校企合作的资源优势,开展多种形式的创新增值合作,协力打造特色化、标杆性的旅游教育项目,实现"旅游专业技能校内模拟操作,校外理论实践结合",通过学生的综合实训,提升综合能力,最终实现智慧旅游应用型专业服务技能教学培训,做到"依据实时数据,体验真实经营,实现旅游管理智慧型、创新型人才培养目标"。同时,这也是智慧旅游实训室的建设目标。

6.6.2　完成的核心指标

智慧旅游实训教学中心的设计,一方面参考借鉴接轨国际、领先国内的设计风格与理念,另一方面参考国内领先的旅游行业经营店面,在布局创新构思、专业优势展现两方面进行设计和突破。整体分为三个阶段:基础建设、项目拓展、数据整合。

第一期建设项目即基础建设,主要用于学院的教学、研究。通过对现代智慧旅游业务的模拟操作,体验智慧旅游电商化、信息化等工作流程对旅游发展的优化和促进作用。项目整体以智慧旅游概念店建设为核心,以其他系列软件为辅。既满足了旅游院校提高学生对旅游相关业务的实践动手能力,也实现了教师对旅游行业各方面的课题研究,同时让学生和教师在课堂上就能体验旅游行业的实际业务工作,这不但能让学生学习到行业最新的知识和技能,也让教师对旅游业各个环节充分了解而不局限于本专业内容。

智慧旅游综合实训室涵盖了完整的以旅游产品营销为核心的旅游各类业务经营和

操作流程。学生可以在智慧旅游综合实训室中,按照不同的工作岗位进行角色模拟操作,全方位接触现代旅游业的运作流程和经营模式,学到行业最新的知识和技能。

基础建设(实训室建设):完成智慧旅游业务的模拟操作,体验智慧旅游电商化、信息化工作流程。

第二期建设项目为拓展项目建设,主要用于展示院校开展智慧旅游教育的成果、校企合作、学生自主创业、大数据数据科研等。项目整体以智慧旅游创业店建设为核心,以真实数据＋配套硬件为根本,以成熟的旅行社运营方案＋优质的培训服务为依托,力求构建一个完整的、独立的实体旅游营业中心,让学生不出校门就可依托专业技能进行创业。金棕榈的行业优势及专业指导还可以让院校学生提前了解各家产品提供方(旅行社或其他旅游行业)的公司文化、企业形象、公司福利等信息,这不但能让学生在校期间就对就业目标进行充分了解,同时在参与创业店经营的过程中也能与各产品提供方取得良好的沟通与交流,为毕业后加盟理想的企业打下坚实的基础。而通过智慧旅游创业店平台,通过校企合作,更可以让学生真实参与到互联网企业如携程、驴妈妈、去哪儿等的真实日常运作,得到实习的机会和体验。

拓展项目建设(创业店建设):展示智慧旅游教育的成果,完成智慧旅游校企合作、学生自主创业、大数据数据科研、教师智慧旅游课程研修班等任务。

创业店:包括金棕榈智慧旅游微商店管理销售平台、金棕榈智慧旅游保险销售平台、金棕榈智慧旅游网站管理平台(含网站)、金棕榈智慧旅游全景互动平台(含后台管理)。

第三期建设项目即数据整合阶段,以及形成以校园为核心的旅游物联网模式。以智慧旅游平台为主干,将旅游相关的其他领域的软件进行数据对接、整合,进一步提高数据的完整化、统一化、规范化。第三期的建设,可以让院校师生通过对统一化平台的管理了解智慧旅游时代的管理方法方式,体验旅游智慧化带来的便捷。学院旅游相关专业的院系师生可以通过整合后的数据平台进行一体化操作和学习,充分了解各行各业如酒店、饭店、景点、交通相互间的作用、衔接和操作,而不仅仅局限于本专业的软件操作;能更进一步了解智慧旅游一体化操作的便捷性和必要性,进而拓展思路,定位自身发展方向。高度整合化的软件平台,也是院校对外展示、宣传智慧旅游教育成果的展示平台,能更进一步扩大院校的知名度和教学地位,达到招生引资效果。

依托智慧旅游创业店平台,院校还可继而展开校企合作、就业实习、形象展示、专业培训及技能大赛等各项活动。如智慧旅游研修班课程培训系列,可以帮助院校师生更好地了解智慧旅游的概念、发展、应用,在充分理解的基础上创业,达到突出的教学效果。

6.6.3　智慧旅游综合实训室软件部分

金棕榈智慧旅游业务流程管理系统

金棕榈智慧旅游门店销售管理系统

金棕榈智慧旅游地接管理系统

金棕榈智慧旅游邮轮管理系统

金棕榈智慧旅游客户关系管理系统

金棕榈智慧旅游金财神财务管理系统

参 考 文 献

[1] 陈涛,徐晓林,吴余龙.智慧旅游:物联网背景下的现代旅游业的发展之道[M].北京:电子工业出版社,2012.

[2] 杨正洪.智慧城市:大数据、物联网和云计算之应用[M].北京:清华大学出版社,2014.

[3] 黄先开,张凌云.智慧旅游:旅游信息技术应用研究文集[M].北京:旅游教育出版社,2014.

[4] 余来文,封智勇,林晓伟.互联网思维:云计算、物联网、大数据[M].北京:经济管理出版社,2014.

[5] 赵伟.大数据在中国[M].南京:江苏文艺出版社,2014.

[6] 马费成.信息资源开发与管理[M]北京:电子工业出版社,2014.

[7] 上海市互联网经济咨询中心.互联网经济[M].上海:上海远东出版社,2014.

[8] 维克托·迈尔-舍恩伯格,肯尼思·库克耶.与大数据同行:学习和教育的未来[M].赵中建,张燕南,译.上海:华东师范大学出版社,2014.

[9] 谭磊.数据掘金:电子商务运营突围[M].北京:电子工业出版社,2013.

[10] 张学记,等.智慧城市:物联网体系架构及应用[M].北京:电子工业出版社,2014.

[11] 李云鹏,晁夕,沈华玉,等.智慧旅游:从旅游信息化到旅游智慧化[M].北京:中国旅游出版社,2013.

[12] 李云鹏.智慧旅游规划与行业实践[M].北京:旅游教育出版社,2014.

[13] 拉普兰特,等.CIO的智慧:企业信息化管理的最佳实践[M].栗霞,宋艺,王玉玲,译.北京:机械工业出版社,2013.

[14] 韦曼.云经济学:企业云计算战略与布局[M].赛迪研究院专家组,译.北京:人民邮电出版社,2014.

[15] 陈非.互联网思维颠覆世界[M].北京:中华工商联合出版社,2014.

[16] 仲昭川.互联网哲学:互联网＋时代的人类智慧[M].北京:电子工业出版社,2015.

[17] 陈能成,等.智慧城市综合管理[M].北京:科学出版社,2015.

[18] 陈国青,卫强,张瑾.商务智能原理与方法[M].北京:电子工业出版社,2014.

[19] 孙家广,刘强.软件工程:理论、方法与实践[M].北京:高等教育出版社,2005.

[20] 田保军,刘利民.软件工程实用教程[M].北京:清华大学出版社,2015.

[21] 熊庆宇,杨正益,吴映波,等.软件工程实训项目案例Ⅱ——Android 移动应用开发篇[M].重庆:重庆大学出版社,2014.

[22] 文斌.面向云计算的按需服务软件工程[M].北京:国防工业出版社,2014.

[23] 张少彤.智慧城市的发展特点与趋势[J].电子政务,2013,(4).

[24] Giacomo Del Chiappa, Rodolfo Baggio. Knowledge transfer in smart tourism destinations:Analyzing the effects of a network structure[J]. Journal of Destination Marketing & Management,2015(2).

[25] 张凌云,黎巎,刘敏.智慧旅游的基本概念与理论体系[J].旅游学刊,2012(5).

[26] 李云鹏,胡中州,黄超,等.旅游信息服务视阈下的智慧旅游概念探讨[J].旅游学刊,2014(5).

[27] 付业勤,郑向敏.我国智慧旅游的发展现状及对策研究[J].开发研究,2013(4).

[28] 刘军林,范云峰.智慧旅游的构成、价值与发展趋势[J].重庆社会科学,2011(10).

[29] 徐静,陈秀万.我国智慧城市发展现状与问题分析[J].科技管理研究,2014(7).

[30] 张永民.智慧城市总体方案[J].中国信息界,2011(3).

[31] 看大数据应用如何在酒店行业发挥作用[EB/OL].(2014-08-16)[2014-08-18]http://www.68dl.com//bigdata_tech/2014/0816/43.html.

[32] 吴英鹰.大数据背景下旅游企业网络营销的创新——基于 AISAS 消费者行为分析[J].中国商贸,2013(35).

[33] 曾岚玉.大数据时代下旅游目的地信息系统需求分析[J].技术与市场,2014(10).

[34] 唐晓云.用大数据把握旅游管理部门宏观调控的主动权[J].旅游学刊,2014(10).

[35] 该怎么应对处置大数据存储问题[EB/OL].(2014-09-07)[2014-09-10]http://www.68dl.com/research/2014/0907/4984.html.

[36] 美国政府:打造大数据为基础的创新平台[EB/OL].(2014-09-07)[2014-09-10]http://www.68dl.com/research/2014/0907/2870.html.

[37] 华为用"大数据剖析"构建安全[EB/OL].(2014-09-08)[2014-09-10]http://www.68dl.com/research/2014/0908/5249.html.

[38] 面向服务的大数据剖析平台解决方案[EB/OL].(2014-09-21)[2014-10-12]http://www.68dl.com/research/2014/0921/8507.html.

[39] 刘晓曙.大数据时代下金融业的发展方向与趋势及其应对策略[J].科学通报,2015(60).

[40] 薛辰.国际大数据研究论文的计量分析[J].现代情报,2013(33).

[41] 涂新莉,刘波,林伟伟.大数据研究综述[J].计算机应用研究,2014(31).

[42] 徐子沛.大数据[M].桂林:广西师范大学出版社,2012.

[43] 符健.解读大数据[R].证券研究报告,2011.

[45] 陈敏.大数据时代:打造银行的数据化能力[J].金融电子化,2013(5).

[46] 方方."大数据"趋势下商业银行应对策略研究[J].新金融,2012(286).

[47] 王艳.银行如何应用大数据[J].中国经济报告,2013(12).

[48] 孙浩.金融大数据的挑战与应对[J].金融电子化,2012(7).

[49] 罗建华,陈建科.基于旅游电子商务中数据挖掘应用的研究[J].电子商务,2011(8).

[50] 张翔.LC集团旅游品牌建设研究[D].西北大学,2011.

[51] 查良松.信息技术及其在旅游业中的应用[J].黄山学院学报,2005(5).

[52] 大数据挖掘:智慧旅游的核心[EB/OL].(2016-02-15)[2016-02-17]http://www.xzbu.com/2/view-7198425.htm.

[53] 维克托·迈尔舍恩伯格.大数据时代:生活、工作与思维的大变革[M].盛杨燕,周涛,译.杭州:浙江人民出版社,2013.

[54] 唐晓云.用大数据把握旅游管理部门宏观调控的主动权[J].旅游学刊,2014(10).

[55] 马建光,姜巍.大数据的概念、特征及其应用[J].国防科技,2013(2).

[56] 李业志,陈艳,胡悦.大数据在互联网经济发展中的应用[J].计算机光盘软件与应用,2014(8).

[57] 李聪.大数据背景下中小企业融资问题探析[J].现代商贸工业,2013(24).

[58] 奇兰涛,杨唯实.大数据环境下银行数据分布与存储架构设想[J].中国金融电脑,2013(7).

[59] 李庆莉.大数据战略[J].中国金融电脑,2013(7).

[60] 陈柳.大数据时代下金融机构竞争策略研究[J].海南金融,2013(12).

[61] 易敏,冯伟.大数据:商业银行竞争新领域技术报告[C].中国经济报告,2013(12).

[62] 孙玉玲.大数据时代数字出版产业的发展趋势[J].出版发行研究,2013(4).

[63] 尹培培.大数据时代的网络舆情分析系统[J].广播与电视技术,2013(7).

[64] 杨正洪.智慧城市大数据、物联网和云计算之运用[M].北京:清华大学出版社,2014.

[65] 赵伟.大数据在中国[M].南京:江苏文艺出版社,2014.

后　　记

　　本教材编写的主要目的是在杭州师范大学经济与管理学院旅游管理专业本科生"智慧旅游导论"课程教学与实训中使用。在此衷心感谢浙江航大科技开发有限公司夏熙林经理、杭州卡米信息技术有限公司韩冬成总经理、上海石基信息技术公司孙健老师、宁波君瀚电子科技有限公司储素平经理和金棕榈企业机构教育事业部陈亮经理,以及深圳市中视典数字科技有限公司的大力支持和帮助。同时,作者向所有为本书编写给予支持和帮助的人士表示诚挚的谢意。最后,还要特别感谢浙江工商大学出版社的张婷婷女士,她细致、辛苦的工作使得本教材得以顺利出版。

主编　张建春